财务会计与审计管理

张杰琪◎著

吉林出版集团股份有限公司
全国百佳图书出版单位

图书在版编目（CIP）数据

财务会计与审计管理 / 张杰琪著. -- 长春 : 吉林
出版集团股份有限公司, 2023.9
ISBN 978-7-5731-4355-6

Ⅰ. ①财… Ⅱ. ①张… Ⅲ. ①财务会计②财务审计
Ⅳ. ①F234.4②F239.41

中国国家版本馆CIP数据核字(2023)第190021号

财务会计与审计管理

CAIWU KUAIJI YU SHENJI GUANLI

著　　者	张杰琪	
责任编辑	孙　璐	
助理编辑	牛思尧	
开　　本	787 mm × 1092 mm　1/16	
印　　张	11.5	
字　　数	270千字	
版　　次	2023年9月第1版	
印　　次	2023年9月第1次印刷	
出　　版	吉林出版集团股份有限公司	
发　　行	吉林音像出版社有限责任公司	
	（吉林省长春市南关区福祉大路5788号）	
电　　话	0431-81629679	
印　　刷	吉林省信诚印刷有限公司	

ISBN 978-7-5731-4355-6　　定　价　48.00元

如发现印装质量问题，影响阅读，请与出版社联系调换。

前　言

我国的经济正处于快速发展中，随着市场竞争越来越激烈，对市场大环境可能造成影响的因素越来越多，我国企业组织形式的复杂程度也在不断地提升。在这样的背景下，各企业如何对其复杂的组织机构进行管理就显得尤为重要了。特别是在对企业来说意义非凡的扩张阶段，选择以什么样的形式进行扩张，扩张之后又以怎样的模式进行管理，都是各个企业需要考虑的问题。企业在运作过程中面临着各种各样的风险，有来自企业本身的，有来自行业的，也有来自市场的。目前个别企业将大部分的精力放在了生产销售方面，很少具备风险意识，没有很好地进行风险管理，对风险没有进行预测，当风险来临之时就不能采取很好的方法进行规避。

财务会计能够反映企业的经营活动，是企业管理的重要组成部分，对企业的经济发展有一定的影响。而财务审计管理是企业财务管理的重要组成部分，也是保证财务管理工作的基础，其可以增强费用投入的真实性和有效性，可以降低审核工作的纰漏和财务管理风险，能够提高财务管理的效率和水平。合理使用会计、审计能够有效地提升企业财务管理的质量和水平。在经济不断发展的今天，企业需要加强财务管理，提升会计、审计水平，这样才能够保证企业资金使用合理，推动企业向前发展。

本书探讨了财务会计的基本理论；对财务会计中的基本要素进行了阐述，包括资产、负债、所有者权益、收入、费用和利润；随后探讨了审计方面的基本理论知识，并对财务的审计实务做了阐述，包括销售与收款循环审计、采购与付款循环审计、生产与存货循环审计和货币资金审计；从审计计划、现场、资源质量、信息等的管理方面对审计管理的基本理论进行了论述。

由于作者写作时间紧张，精力有限，书中错误在所难免，恳请广大读者批评指正，以便修订与完善。

目　录

第一章　财务会计概述 ··· 1

　　第一节　财务会计的界定 ·· 1

　　第二节　财务会计的目标 ·· 6

　　第三节　财务会计易出现的问题 ·· 10

　　第四节　财务会计的趋势 ··· 13

第二章　财务会计货币资金管理 ··· 18

　　第一节　财务会计货币资金的基础知识 ·································· 18

　　第二节　财务会计现金的控制与处理 ···································· 24

　　第三节　财务会计银行存款的管理 ······································ 28

　　第四节　财务会计其他货币资金的管理 ·································· 35

第三章　财务会计固定资产管理 ··· 39

　　第一节　财务会计固定资产的内涵 ······································ 39

　　第二节　财务会计固定资产的取得 ······································ 44

　　第三节　财务会计固定资产的自建 ······································ 47

　　第四节　财务会计固定资产的折旧 ······································ 50

　　第五节　财务会计固定资产的支出 ······································ 55

第四章　内部财务审计基础知识 ··· 59

　　第一节　内部审计的定义与内涵 ·· 59

　　第二节　内部审计的独立性与职业审慎 ·································· 61

　　第三节　内部审计的模式、作用与角色 ·································· 65

第五章　内部审计的组织模式与人员 ·· 69

　　第一节　审计委员会与代理理论 ·· 69

　　第二节　内部审计的组织模式 ·· 72

　　第三节　内部审计人员 ··· 77

第六章 内部控制与内部审计 ······· 81

第一节 内部控制的重要性与局限性 ······· 81

第二节 内部控制审计 ······· 84

第三节 反舞弊 ······· 88

第四节 内部审计价值的提升 ······· 91

第七章 审计报告 ······· 94

第一节 审计报告定义与分类 ······· 94

第二节 审计报告中的事项 ······· 105

第三节 比较信息 ······· 110

第四节 注册会计师对其他信息的责任 ······· 114

第八章 审计信息化的产生与发展 ······· 118

第一节 审计信息化的产生 ······· 118

第二节 审计信息化与传统审计的区别 ······· 124

第三节 我国审计信息化的发展策略与方向 ······· 126

第九章 信息化审计模式 ······· 131

第一节 账套式审计模式与数据式审计模式 ······· 131

第二节 远程联网审计模式与连续审计模式 ······· 137

第三节 导入式智能审计模式与神经仿生系统审计云模式 ······· 142

第十章 我国审计制度的创新 ······· 145

第一节 我国审计制度的创新路径 ······· 145

第二节 我国审计制度运行环境的优化 ······· 163

参考文献 ······· 176

第一章 财务会计概述

第一节 财务会计的界定

　　财务会计现代企业的基础性工作，也是以提供会计信息为目的的信息系统。财务会计的目标就是人们期望通过会计达到的目的。会计目标虽然是人们主观认识的产物，但并不属于纯主观范畴，会因为受到经济、政治、法律和社会文化背景的影响不断变化。随着社会发展，经济结构不断完善，会计制度也随之改变。目前，如何构建有中国特色的会计理论研究体系，已经成为众多有关学者研究的首要问题，其中非常重要的一点就是要以财务会计目标作为构建有中国特色的会计理论的起点。而会计目标又会受到会计环境的制约，所以有关学者及研究人员应该从会计环境出发，研究两者的关系，结合我国特有的经济环境，借鉴西方成熟技术和理论方法，寻找适合我国的财务会计目标。

　　会计要素在整个会计理论体系中，居于相当重要的地位。现代会计学家认为，会计要素的重要性并不低于会计假设和会计原则，它是会计理论研究的核心和连接会计实践的关键，是会计规范体系中极为重要的内容。作为会计理论体系中最基本的会计概念，会计要素的发展和演变与账户体系和财务报表的内容密切相关。随着经济和社会的迅速发展，目前人们所理解的会计要素，与传统会计已有一定区别。然而，会计要素从何而来、应该如何定义，它在财务会计理论体系中究竟处于什么地位，其具体组成是什么，对于类似问题会计学界并没有一致的意见。总的来看，近年来一个重要发展趋势是财务会计逐渐引入经济学的相关概念，试图使财务报表和其他财务报告能够更真实地反映企业的财务状况、经营业绩和现金流量。

一、财务会计的相关概念

（一）财务

财务泛指财务活动和财务关系。前者指企业在生产过程中涉及资金的活动，表明财务的形式特征；后者指财务活动中企业和各方面的经济关系，揭示财务的内容本质。因此，企业财务就是企业在生产过程中的资金运动，体现着企业和各方面的经济关系。财务不仅是国民经济各部门、各单位在物质资料再生产过程中客观存在的资金运动及资金运动过程中所体现的经济关系，更主要的是财产和债务，即资产和负债等。财务理论是指一套以原则为形式而进行的科学推理或对财务实践的科学总结而建立的系统化和理性化的概念体系。从揭示的内容看，财务理论的内容是对财务实践的理性认识。财务理论来源于财务实践，是人们在长期的财务实践活动中获得从感性认识上升为理性认识的结果。从理论的结构看，财务理论是具有内在联系的各个要素之间排列组合起来的一个整体，即由基本理论、实践运用预测和发展方面的要素组成。从理论的形成看，它是财务实践的结果，又是研究者总结实践履行思想的结果。

（二）会计

认识会计的定义，首先必须弄清会计的本质，所谓会计的本质，是指在从产生到发展进步的历史过程中，会计这一客观社会现象各因素间的内部联系，它由会计的内在矛盾构成，是会计这一事物比较深刻的、一贯的和稳定的方面。

从会计产生和发展的历史观察各个时代的会计，其在各个阶段均有着不同的反映和控制的具体内容，其发展水平以及所采用的方法也不同，也就是说，各个不同时代的会计，具有各个时代的特征。各个时代的会计特征，决定了各个不同时代会计的个性。在人类社会中，由于存在着物质资源的有限性和社会需要的无限性之间的矛盾，客观上就要求人类节约使用经济资源且合理分配经济资源，即资源的最优配置。尽管各个时代会计管理所追求的具体目标及其性质不同，但其共同点都是为了使资源的配置最优。

会计是在社会生产实践中产生的。人们在进行生产时，对劳动耗费和劳动成果进行记录与计算，以获得关于生产过程和结果的经济信息，据以总结过去、了解现状和安排未来。会计就是适应这种需要而产生的。在人类社会的早期，会计只是生产职能的附带部分，单个商品生产者甚至只用头脑记账。

当社会生产力发展到一定的水平，出现了剩余产品、社会分工和私有制，特别是商品经济有了一定发展之后，会计才逐渐从生产职能的附带部分分离出来，成为独立的职能。经济活动的量化与软科学是相辅相成的。随着经济的发展，整个经济活动的过程、环节、要素包括的范围越来越广，这就意味着会计所要研究的内容即量化的内容随之扩大。从生产过程中物的要素的量化到人力与物力的量化结合，从微观主体量化到宏观主体量化，从现在要素的量化到将来事项的量化，人力资源、社会责任、未来事项及自然经济资源配置的综合效果，已成为会计研究的重要内容。会计作为一门软科学，在现代社会中日益得到体现。

（三）经济

经济就是对物资的管理，是对人们生产、使用、处理、分配一切物资这一整体动态现象的总称。这一概念微观上指一个家庭的家务管理，宏观上指一个国家的经国济民。在这一动态整体中，包括人类的生产、储蓄、交换、分配的各项活动，其中生产是这一动态的基础，分配是这一动态的终点。

独立的市场主体是市场经济的基石，而企业是最主要的市场主体。在市场经济中，作为市场主体的企业生产什么、生产多少以及如何生产，是由市场需求的规模和结构决定的，企业要对市场供求、竞争和价格的变化作出灵活反应。市场机制要达到提高效率、优化资源配置的结果，必须具有一个完善的市场体系。完善的市场体系要求在市场中必须有足够多的买者和卖者以及他们之间的充分竞争，以避免产生买方或卖方的垄断现象，否则市场的资源配置功能的充分发挥就会受到限制。市场经济是以社会化大生产为基础的高度发达的商品经济。伴随着社会分工的深化和社会生产的增长，必然要求市场的扩大，从而要求各民族、各地区和各个国家连成一个相互依赖的有机整体，把分散的地方市场联合为统一的全国市场，并把国内市场联合成为世界市场。在市场经济的运行过程中，如市场的准入、市场的交易、市场的竞争都必须由法律来规范、保证和约束，政府管理部门也要按照相应的法律法规体系来协调与管理市场上的各种经营活动。没有好的法制环境，市场主体的独立性、市场竞争的有效性、政府行为的规范性和市场秩序的有序性都将缺乏根本的保证。因此，从根本上讲，健全的法制是市场经济的内在要求。

二、财务会计的概念解读

（一）经济系统角度

经济系统是由相互联系和相互作用的若干经济元素结合成的，是具有特定功能的有机整体。广义的经济系统指物质生产系统和非物质生产系统中相互联系、相互作用的若干经济元素组成的有机整体。亚太地区经济系统、国民经济系统、区域经济系统、部门经济系统、企业经济系统都是广义的经济系统。经济系统的目标的多样性：任何系统都有一定的目标，经济系统既要考虑到经济效益，又要考虑到社会效益，还要照顾到对生态环境的影响。既要考虑长远目标又要考虑近期目标。这些目标有的是相一致的，有的是相矛盾的，相关学者必须根据实际情况研究经济系统的具体目标，有时需要同时考虑多种目标。

在我国市场经济发展的过程中，形成了一系列相互联系和相互依存的程序，这些程序组合在一起形成了统一的程序。我国企业建立了会计系统，市场中企业的发展需要经济系统提供有效的信息。企业为了维护自身利益向市场提供各种信息，市场参与者有效利用这些信息，使作出的决策科学有效。

在整个决策过程中需要市场上各个企业和参与者利用这些信息进行科学的决策，同时在整个运行过程中需要企业和参与者之间加强控制，在相互协调的过程中共同进步。

工作人员可以对财务会计进行详细的解读，认真研究系统各个组成部分的特征。工作人员观察财务会计的核心就是对财务会计中的财务报表进行确认。经过确认形成的财务报表会对财务会计系统的性质和整体目标有所影响。其他的财务报告对系统来说是一种补充，可以对财务报告进行有效的预测和估计。

财务会计信息系统将企业中各项经营活动中形成的信息、数据整合到了一起，该系统中所有的信息和数据对于企业经济决策都是非常有利的，然后再将这些经济信息与数据提供给信息决策使用者。财务会计信息系统可以公开呈现出企业内部产生的经济信息。市场是各企业赖以生存、发展的大环境，在市场运作过程中企业必须要以自身利益为出发点，因此系统为决策者提供的经济信息也必然要从企业利益考虑，外部人员在应用这些企业信息时，则必须按照企业当前已经公开的信息和数据，与其自身的主观行业判断相结合，在此基础上才能作出对于自身而言科学合理的预测，这样作出的决策往往说服力是比较强的。对于企业财务信息系统来说，一定要保证输出信息真实有效，既不能损害企业利益，又不能让投资者经济利益受损，好财务会计工作，保证系统输出精准高效，以便真实地反映出企业经济状况。

为实现这一目标，首先要确保财务报表真实，其次做好财务信息检查，最后接受会计准则审计，且要注意与权威部门的联系，采用合适的财务政策，只有这样才能提高财务报告质量。

（二）企业发展角度

企业一般是指以营利为目的，运用各种生产要素，向市场提供商品或服务，实行自主经营、自负盈亏、独立核算的法人或其他社会经济组织。在商品经济范畴内，企业作为组织单元的多种模式之一，按照一定的组织规律有机构成经济实体，一般以营利为目的，以实现投资人、客户、员工、社会大众的利益最大化为使命，通过提供产品或服务换取收入。它是社会发展的产经济的融合发展，挑战与机遇并存的新的发展形势是当前企业发展面临的重要环境，企业的市场竞争压力日益激烈。财务会计在企业的管理中处于核心位置，财务会计管理各个部门的财务信息为企业的战略发展提供依据，是企业经营发展的基础。搞好企业财务会计，对于改善经营管理、提高经济效益起着关键的作用。

企业在经营过程中为社会创造了丰富的财富价值，能够制造货物提供劳务，其主要以实现利润的最大化为目的。同时企业可以向大众公开发行证券，并购其他公司，从而在分配的基础上实现再分配社会资源的首次分配主要依靠的是市场，但是再次分配需要政府完成。企业主要的任务是在企业内部转化社会资源，在此基础上获取必要的生产要素。企业在追求利润的过程中，与企业经济相关的其他工作人员的行为，会直接影响会计工作的落实。企业在发展过程中有助于为市场提供科学的财务报告。通过企业及时提供信息，对推动企业的运行和市场经济的发展有一定的强化作用。除此之外，企业又是寻租者，要通过公开发行证券，实现对其他公司的并购，在再分配的基础上，实现社会资源的扩大。企业内部主把资源变成生产要素，使得他们有机结合起来，成为现实的生产力，促使社会财富扩大。在资源配置中，第一次配置由市场完成，再次配置则由企业完成。企业就是将资源转化为生产要素，再转化为生产力，进而扩大企业财富。

（三）信息数据角度

会计，是把企业的经济数据变成企业经济信息的重要工具。财务会计是在企业发生的交易和事项中变成为企业财务信息的活动。企业的资源和主权以及变动是伴随着交易发生而变化，这种情况客观存在。但是把交易数据变成财务信息的过程中存在的经济变化一般情况下是无法了解的。会计信息是反映企业财务状况、经营成果以及资金变动的财务信息，是记录会计核算过程和结果的重要载体，是反映企业财务状况，评价经营业绩进行再生产或投资决策的重要依据。会计信息是指会计单位通过财务报表、财务报告或附注等形式向投资者、债权人或其他信息使用者揭示单位财务状况和经营成果的信息。会计数据是记录下来的会计业务，是产生会计信息的源泉。在会计工作中，从不同的来源和渠道取得的各种原始会计资料、原始凭证及记账凭证等都称为会计数据。如某日仓库的进货量、金额，某日某产品的产量、费用等。

与其他各种类型的数据相比，财务数据的含量更大，内容更集中，其中包含的信息更加丰富。通过对大数据含义的解读，人们发现"大数据时代"集中管控对整个集团的发展具有重要的意义。财务数据的集中管控，不但保证了对集团财务状况的准确分析和预测，而且提供了更多的企业运营情况资料，有助于股东、领导者通过数据对集团状况进行了解。财务数据的总结，可以帮助集团财务人员更全面地了解自身的财务状况，对某一阶段的集团收支情况进行检查，做出合理的财务分析，并更加有效地评价集团的财务状况和各个分支机构的财务运营情况。这些数据还能够揭示集及其下属公司在之前的运营过程中出现的各种问题，从而为财务预算分析提供参考依据。

（四）市场环境角度

市场起源于古时人类对于固定时段或地点进行交易的场所的称呼，指买卖双方进行交易的场所。发展到现在，市场具备了两种意义，一个意义是指交易场所，如传统市场、股票市场、期货市场等；另一意义为交易行为的总称，即市场一词不仅仅指交易场所，还包括了所有的交易行为。故当谈论到市场大小时，并不仅仅指场所的大小，还包括了消费行为是否活跃。广义上，所有产权发生转移和交换的关系都可以成为市场。市场是商品交换顺利进行的条件，是商品流通领域一切商品交换活动的总和。市场体系是由各类专业市场，如商品服务市场、金融市场、劳务市场、技术市场、信息市场、房地产市场、文化市场、旅游市场等组成的完整体系。同时，在市场体系中的各专业市场均有其特殊功能，它们互相依存、相互制约，共同作用于社会经济。

由于市场用途的不同可以分为金融市场、资本市场等多个市场，而与财务会计所关联市场则是资本市场。不受政府干预的市场基本可以定义为有效市场，这样的市场中所带有的会计信息也具有真实性与公开性，这主要是指具有收益性的财务信息。对于所有上市企业来说，要进入资本市场中，这就需要有可靠的财务报告作为依据，上市公司需要严格按照相关规定开展工作，做好财务报告，编制好财务信息。

第二节　财务会计的目标

一、财务会计的主要职能

（一）核算职能

公司财务核算工作需要适应企业生产规模的发展，需要科学有效的管理，需要及时地服务决策，提高企业的竞争能力。公司的财务管理水平应当与公司的发展阶段匹配，无论财务管理水平相对于发展阶段超前还是滞后，都会制约公司的发展。具体而言，财务机构的职能、财务机构和岗位的位置、相应的财务和会计基础管理制度，根据公司的发展都需要进行调整和优化。财务预算体系是企业日常经营运作的重要工具是企业管理支持流程之一，与其他管理支持流程相互作用，共同支持企业的业务流程、营销管理、计划管理、采购与生产管理、库存管理。通过实施全面预算管理可以明确并量化公司的经营目标、规范企业的管理控制、落实各责任中心的责任、明确各级责权、明确考核依据，为企业的成功提供了保证。公司财务核算工作需要适应企业生产规模的发展，提高企业的竞争能力等，通过对管理需求分析可以明确地形成完整的财务核算体系。

企业的高级管理人员直接得到一手信息的机会很少，必须通过报告系统得到经过整理、分析的信息。企业的报表分为对外报送的财务报表，以核算信息为主的财务报表，报送管理层的财务报表，以经营管理信息为主的管理报表。很多情况下，企业将二者等同依靠核算口径的财务报表获取管理信息。虽然有管理口径的报表但是过多的信息以控制为主没有融入非财务的信息，而且管理报表的结构、信息归集的口径、报送的频率等与管理决策的要求相距较远因而不能有效地支持决策。

（二）监督职能

财务监督是运用单一或系统的财务指标对企业的生产经营活动或业务活动进行的观察、判断、建议和督促。它通常具有较明确的目的性，能督促企业各方面的活动合乎程序与要求，促进企业各项活动的合法化与管理行为的科学化。它是公共组织财务管理工作的重要组成部分，也是国家财政监督的基础，它对于规范公共组织的财务活动，严格财务制度及财经纪律，改善公共组织财务管理工作，保证收支预算的实现具有重要意义。

通过对公共组织财务活动的监督审查，可以实现对该单位的财务收支及经营管理活动进行监督和鉴证的作用，可以揭发贪污舞弊、弄虚作假等违法乱纪行为或严重损失浪费行为无效率等不经济的行为，并依法追究有关责任人的责任，提请给予行政处分或刑事处罚，从而纠错揭弊，保证党和国家法律、法规、方针、政策、计划及预算的贯彻执行，维护财经纪律和各项规章制度，保证公共组织的财务报告及其他核算资料的正确可靠，保护国家财产的安全和完整，维护社会主义经济秩序，巩固社会主义法制。通过财务监督，可以揭示公共组织在财务活动、财务管理工作中存在的问题与不足，以及财务管理制度方面存在的薄弱环节，并有针对性地提出改进建议和补救措施，从而改善财务管理工作，提高财务工作质量。通过对其财务活动进行全面分析，能够及时掌握各公共组织人力、财力、物力等各种资源的使用情况，督促各公共组织加强和改进对人、财、物的管理，深入挖掘内部潜力，增收节支，用有限的资金创造更多的社会效益和经济效益。

（三）预测职能

随着社会经济的发展和经济管理的现代化，会计的职能也会随之发生变化，一些新的职能将不断出现。一般认为，会计除了会计核算、监督两个基本职能之外，还有分析经济情况、预测经济前景、参与经济决策等各种职能控制。随着管理对会计要求的提高，会计核算不仅仅包括对经济活动的事后核算，还应包括事前核算和事中核算。事前核算的主要形式是进行经济预测，参与决策；事中核算的主要形式则是在计划执行过程中，通过核算和监督相结合的方法，对经济活动进行控制，使之按计划和预定的目标进行。国家历来对会计工作都相当重视，要求每一个企业家、厂长、经理，除懂得必需的经济理论外，还需要具备一些财务会计方面的知识，即各项财务制度、经济法律，商品的流转、核算，并通晓资金、费用、利润情况及企业计划、预算、统计知识。运用计划、统计的数据，分析内部、外部情况，进行组织指挥工作。因此，一个标准的企业家，既要具备生产知识，更应较多地懂得财务知识，有经济头脑，熟悉本企业的成本，资金利润等各项经济指标，随时掌握产、供、销各个环节的活动，只有这样才能在经营工作中抓住主要矛盾，解决关键问题，开拓新路径，取得新成绩。

计划应以科学预测为基础，通过预测来反映企业经过努力在未来可能达到的收入、成本和利润水平。未来的科学技术发展、管理水平提高以及市场供求关系变动都会影响预测的结果，因此随着市场经济的发展，员工不能仅注重于企业内部，还应面向市场，注重市场信息的收集、处理与分析，使预测的结果更为科学合理，接近实际。科学预测的结果只能反映经过努力可能达到的水平而并非是应当达到的水平，因此不能根据预测的结果直接确定目标。计划过程一般由两部分构成：一是在量本利分析的基础上根据未来通过努力应当达到的销售水平和成本费用水平所进行的总体计划或定期计划；二是根据所预测的执行不同行动方案所得的经济效益进行最优选择，又叫作个别项目的计划。综合这两部分工作，就可以科学地确定目标以及明确为实现目标应采取的具体措施。一般情况下，会计可以用实际数量与计划数量进行对比，以此评估经济计划的完成情况，并分析本财年和上财年之间或者和同行业先进水平之间的差距，找出不足并研究导致其产生的原因，以扬长避短。对企业经济效益的正确评价必须依靠会计职能中的分析职能，运用足够的会计核算数据、综合各方面的情况来计算企业的经济效益指标，再通过研究来制定出可行性方案标准，正确评估、测算企业已经取得的经济效益并进一步理解其利弊条件，在接下来的经营活动中逐步避免旧问题的出现，防止新问题的产生，以不断提高经济效益水平，摒弃落后管理方式，不断完善相关市场机制，促进企业经济平稳健康发展。

（四）决策职能

在社会主义市场经济体系不断发展完善的背景下，企业自身也必须作出相应变革以适应现实的社会经济条件，故而必须通过科学的经济预测来作出正确的决策，来推出一系列真正具有市场竞争力的产品。企业会计的工作接触面较广，且信息灵通，因此能够综合各方面的具体情况，反映出经济活动的全过程，与此同时，会计在以实际工作中获得的经济数据结合统计资料以及生产计划等指标的基础上，对企业运营的经济环境进行细致科学的剖析，能够帮助企业制定出适合自身真实发展状况的决策，取得更好的经济效益。

总而言之，经济效益的提高与会计的工作是紧密联系、不可分离的，只有充分的发挥会计职能，不断提高会计监管力度，才能促进企业经济效益的不断提高。因此，良好的会计工作可以帮助企业科学地预测经济状况，从而规避风险，做出正确的决策，进而保证企业的长远发展目标。

（五）评价职能

企业绩效评价，是指运用数理统计和运筹学原理，特定指标体系，对照统一的标准，按照一定的程序，通过定量定性对比分析，对企业一定经营期间的经营效益和经营者业绩作出客观、公正和准确的综合评判。企业绩效评价的基本特征是以企业法人作为具体评价对象，评价内容重点在盈利能力、资产质量、债务风险和经营增长等方面，以能准确反映上述内容的各项定量和定性指标作为主要评价依据，并将各项指标与同行业和规模以上的平均水平对比，以期求得某一企业公正、客观的评价结果。

二、财务会计的核心目标

（一）报告委托责任

随着社会经济的发展，为了满足用户了解企业面临的机会和风险以及企业现状和发展前景的需要，财务会计报告的内容不应再仅为企业的财务状况、经营情况和现金流量，而应尽可能广泛地披露如企业背景信息、知识资本信息、社会责任信息、未来信息等的表外信息，进而有助于信息使用者作出合理的经营决策。此外，随着企业对员工的素质要求不断提高，财务会计报告还应提供给公司管理者与公司员工相关的组织管理和人力资源价值方面的信息。同时，随着无形资产在企业价值中占的比重越来越大，仅突出有形资产的传统财务会计报告的弊端越来越明显，有必要对财务会计报告内容的编排形式与内容进行科学合理的改革。

财务会计报告的相关性、真实性、可靠性将直接影响受托责任履行情况的评价，因此就产生了所有者对财务会计报告质量的要求。在报告受托责任的会计目标下，会计信息是反映过去一定期间经营者履行资本保全和资本增值责任的情况，这就要求所提供的会计信息是所有者所需要的会计信息，也要求所提供的会计信息必须原原本本地反映经营者履行责任的情况，由此就产生了财务会计报告的相关性、真实性和可靠性的质量要求。这也说明，在报告受托责任的会计目标下，会计信息的客观性和可验证性是其根本特征。

（二）信息需求提升

我国的资本市场中的，财务会计信息需求群体与资本市场发达的国家有明显区别。在我国目前条件下，财务会计信息需求者群体可按与资本市场的关系最直观地划分为两大部分，即上市公司财务会计信息需求者群体和非上市公司财务会计信息需求者群体。在这两大群体中，还可以按照企业资本规模大小、产权结构、企业组织形式、公司治理结构、经营行业特点等细分为若干层次的财务会计信息需求者群体。这些群体对财务会计信息的要求各有其特点且在企业发展的不同时期有其侧重点。只有这样，才能满足我国目前条件下财务会计信息需求者对多元化、多层次的财务会计信息需求。

投资者一方面需要公司未来业绩和经营风险的信息以助于其决策，并且还需要更多以现行价值为基础的计量和披露，注重信息的相关性；另一方面投资者需要与经理努力程度高度相关的可靠的会计信息，且历史成本更具可的环境中，能最好的解决逆向选择问题的会计系统往往不能令人满意地解决契约有效问题。但投资者同时面临逆向选择和道德风险问题，因为能同时完全满足相关和可靠的会计信息并不存在，即现实环境是财务会计在一份报告中无法同时满足投资者的上述两种会计信息的需求，从而导致财务会计信息的供给者必须在有助于投资者决策和满足有效契约所产生的两种会计信息需求间进行权衡。

（三）信息处理公布

能否高效率地处理与发布财务会计信息，是投资者和债权人最关注的问题之一，这能使其对企业的风险和报酬作出及时反应，并且国家统计部门也应对其予以高度重视。财务会计信息披露得不及时，使统计部门每年要花大量的人力物力，进行各种统计调查，并对调查结果进行核算、估计。这不仅降低了核算数据的精确度，还可能延误国家宏观经济决策。因此，要提高财务会计信息的及时性，加快发展企业的财务会计电算化工作并形成全国性的财务会计信息收集、分析和检索网络。因此，有关部门有必要建立一套能够提供实时信息的财务报告制度，以确保财务会计信息处理与发布的及时性。

（四）专业人员培养

要实现企业的财务会计目标的创新，培养企业财务会计人员的创新和开拓能力，也是企业会计目标创新的重要方法之一。会计人员的创新意识也是十分重要的。因为企业会计相关的活动归根到底都是由会计人员来进行的，企业的发展需要人才，更需要创新型的人才，如果会计人员缺乏相应的创新能力，那么势必不能对会计目标进行创新。发挥企业会计人员的主观能动性，让会计人员的创新能力提高，力求实现财务会计信息系统职能与会计信息使用者需求的有机结合。只有具有创新精神以及创新意识的企业会计人员才能够在日常的工作过程当中时刻把创新工作放在首位，最终实现财务会计目标的创新。

财务会计人员的综合素质和水平直接决定着企业的财务管理能力进而影响着企业的生存和发展。从现实情况来看，对财务会计人员的培养还存在诸多的问题，如缺乏对现代化信息技术的应用、理论和实践培养难以结合、缺乏必要的培训考核等。这些都是企业在日常经营和发展过程中需要关注的重要问题，因此要提出针对性的措施对其进行有效的解决。随着企业发展环境的不断变化，企业面临的市场竞争不断激化，而财务会计工作在企业发展过程中的作用不断提高。从这一层面上讲，提升对财务会计人员的综合培养有助于促进企业的健康发展，新时期企业要想实现对财务会计人员的有效培养，必须要从强化对现代信息技术的应用、提升理论和实践培养的结合度、强化培训考核提升培训效果等方面出发，切实提升财务会计人员的综合素质和能力。

第三节 财务会计易出现的问题

一、财务会计易出现的主要问题

（一）财务会计信息失真

所谓财务会计信息，是指经济活动的主体按照法定会计制度向会计信息的使用者提供的主体经济状况的数据信息。财务会计信息是决策的重要根据，不能真实反映经济活动的客观状况，以虚假的数据信息误导会计信息使用者，甚至导致决策失误的现象即为财务会计信息失真。财务会计信息失真的危害非常严重，虚假的、错误的信息会对经济行为产生误导，导致经济活动主体在制定生产规划、投融资、经济利益分配、微观调节或宏观调控的政策时出现偏差，导致决策错误，甚至引发不同程度的社会矛盾。同时，对于企业来说，失真的财务会计信息一方面可能导致企业经营在短期内出现虚假繁荣，而长期则会导致其经营不力；另一方面可能诱发更为严重的经济犯罪。无论哪种后果，都会导致企业难以正常发展。千千万万的企业是社会经济活动的重要参与者，一旦这种企业财务会计信息失真成为普遍现象，整个社会的经济秩序就会遭受严重破坏，进而引发经济危机和社会动荡。

企业的会计信息是经济信息的基础与组成，也是国家制定经济发展宏观调整政策的依据。如果企业会计信息失真问题严重，就很容易造成宏观方面的经济决策出现偏颇，甚至是扰乱正常的经济秩序，造成区域经济发展的迟滞。企业会计信息失真对于企业的利益主体，尤其是投资人与债权人的合法利益造成的危害十分严重。如果企业提供虚假会计信息，夸大经营业绩，虚增利润提高股价，则会造成企业投资人的利益损失。如果企业粉饰资产负债数据，则有可能造成债权人决策失误导致其利益受损。这些虚假的会计信息由于会直接影响到企业经济活动各个环节，导致投资人投资损失、债权人失去资金利益，因而会对利益主体的合法利益造成侵害。

（二）从业人员素质有待提升

在企业财务会计工作过程中，普遍存在着财会人员工作质量参差不齐的现象，一些会计的业务精熟度往往会稍逊一筹，在岗位工作上也不能够做到游刃有余；还有一些企业的财务会计往往由于认识高度不够，不能够与时俱进，仍沿用滞后的财会管理策略和方式工作。同时，企业财务会计人员在繁重的工作压力下，往往疏于专业知识的学习，使得专业素质不能够得到快速的提升。

（三）财务基础相对薄弱

企业财务基础工作的重要性，在于提高会计工作水平、提升企业管理水平、促进长远发展。当前财务工作中存在的问题，集中在现金流量、记账凭证、内部控制、人员选用等方面。对此，应该树立正确观念、健全财务制度、提高人员素质、加强内部控制，推动企业的健康发展。随着我国经济的快速发展，很多的企业也进入了高速发展阶段，在快速发展中，很多企业往往更加注重企业规模、销售量等，而对企业的财务管理却并没有给予足够重视，这就导致当前我国很多的企业中没有健全的内部控制制度，也没有完善的财务管理制度，企业核算的工作程序也十分不规范，如有些企业虽然建立了完善的财务会计制度，但却没有严格认真地去执行，使财务会计制度成为只是应付上级领导或部门的检查工具，没有起到应该起到的作用。财务基础薄弱，财务控制力不强是现阶段我国企业财务会计中存在的一个主要问题，严重制约了我国企业财务管理水平的提高。

对于企业来说，其内部所开展的财务基础工作规范化能够给相关体系的建设及专业人员的综合素养水平带来更为严格的制约，同时还能够进一步增强企业相关管理者的规定标准，从而为财务工作的开展带来较为有效的监督与管理工作，帮助标准财务制度以及财经法纪的有效实施。在企业内部开展财务基础工作规范化管理能够帮助相关工作环节得以简化，摒弃旧模式下工作的繁杂，为企业经济活动的开展提供有力的监管与制约，最终达到增强企业会计工作水平的效果。对于企业来说，其内部所开展的财务基础工作对于其发展来说是十分关键的一个环节，而财务基础工作规范化管理工作的开展并非一件十分简单的事项，而是十分系统化的一个过程。作为企业内部的财务人员，必须要对这一问题给予充分重视，对于其重要性有一个清晰明确的认知，并不断地充实自己，实现自身综合素质的全面提升，只有这样才能够确保财务基础工作规范化管理的有效性，并最终推动企业的进步。

二、财务会计的影响因素

（一）经济环境

我国是以生产资料公有制为主体，多种所有制经济共同发展的社会主义国家，国有企业在整个经济中发挥主导作用。在经济体制上，我国实行的是社会主义市场经济体制，在这种体制下，市场调节和国家宏观调控两者缺一不可，而且国家势必通过会计准则的制定来体现其对会计信息的需求，因此政府行为对会计的影响是十分巨大的。

经济全球化以后国家之间的经济既相互竞争又相互依存。而其中高科技领域间的合作、竞争就是各国间进行经济合作的重要参考因素。知识经济的发展变化，使得财务会计的处境也发生了变化。会计总是会随着大环境的变化而变化。当前的知识经济，已经开始从根本上改变经济结构，对经济的运行状态等也都产生了巨大影响。首先，不可否认会计是现代化发展的重要部分。随着科技的不断进步，使用电子计算机进行的会计活动已经出现。知识经济的发展对财务会计提出了更高的要求，需要会计提供更加及时、准确和完整的信息，方便发生突发事件时，可以及时地作出决策。在知识经济的推动下，有关部门需要迎接挑战，对财务会计进行相应的改革。新的财务会计，在无形中拓宽了资产核算的范围。在知识经济的前提下，会计从业人员要充分认识知识生产力，对于新概念、新法律、新变革进行深入了解，从而达到在客观上，拓展无形资产的核算范围。对于社会的发展，会计从业人员需要不断转变观念，加强对科学知识的重视，进而达到提高企业经济效益的最终目的。

（二）政治环境

我国是社会主义国家，公有制经济在国民经济中占主导地位，企业的社会效益目标应高于利润最大化目标。由于我国国有企业众多，占社会资源的比重大，是国民经济的支柱，国家必然要求通过会计准则的制定来体现其对会计信息的需求。所以，制定会计准则要首先考虑国家的利益，这是由我们所处的政治环境所决定的。政府作为国家权力的执行机关，其中包括国家各级行政机关，这些机关的职能如何将直接关系到会计制度的建设。

（三）科技环境

科学是关于自然界、社会和思维的客观规律的知识体系，是人们在社会实践基础上产生和发展而成的经验总结。技术是进行物质资料生产所凭借的方法或能力。科技的发展是人类社会发展的直接动力和源泉，科学技术作为第一生产力，在人类社会的发展进程中已充分显示出其不可替代的龙头作用，人类二十世纪所创造的生产力，之所以超过以往人类社会所创造生产力的总和，其根本原因在于科技的进步和飞速发展。科技的发展，带来了人们科技理念的更新，带来了技术手段的变革甚至革命。

在全球科学技术飞速发展，社会经济不断进步的同时，会计学科无论是在会计的方法体系、会计信息的传播形式等方面，都与飞速发展的形势有着明显的差距。在全球经济一体化市场环境下，一方面会计信息开始走向国际化并为与其产品一起参与市场竞争提供了物质基础；另一方面会计信息的组织方式、传递机构等也开始逐步国际化和标准化。会计系统在会计目标的制定、会计程序与方法的选择、会计信息质量的要求、会计规范体系的建立和会计报表形式的采用等方面，在全球也将面临趋于统一的问题。在知识经济时代下，决定一个公司生存发展的是人力资本、知识产权、专有技术、信息资产等无形资产。由于无形资产在企业中地位的显著提高，会计核算的重点将从有形资产转移到无形资产上。知识产品中无形资产的计价、金融衍生产品的计量、人力资源会计的构建、新经济运行会计模式的建立等也会对会计发展提出新的挑战。

（四）教育环境

会计是社会经济发展到一定阶段的产物，纵观会计发展史，可以看到会计的发展深受社会环境的影响。而社会环境中的人文环境，又是影响和制约会计管理活动的重要因素。因此，通过人文教育对会计影响的研究，加强人文教育进而创建良好的人文环境，对于当今会计行业的发展有着十分重要的作用。由于会计人员整体素质不高，所以会计工作中采用的方法和技术以及财务报告的编制要求也不高。会计人员知识结构的老化或过于低浅，使得许多理论上完善的会计方法，要么无法实施，要么在实施时大打折扣。另外，部分会计信息使用者，受教育程度低，会计信息的有效性也因此降低。

随着经济的发展，当前市场条件下对于拥有创新精神的复合型会计人才的需求越来越高，但各类高校对于此类会计人才的供给却远远达不到社会所需。在市场经济环境下，社会各方要注重对会计人才进行社会责任感的教育，加强对学生竞争意识、开拓创新精神的培养，而不仅限于会计技能的熟练掌握。因为仅有会计专业知识的人才已经远远不能适应社会发展需要，这就要求新一代的会计人要有深厚的人文底蕴和扎实的专业功底，而这正是通过人文教育的加强才能够获得的素质。因此，只有加强人文教育，才能够满足市场经济对会计人才的需求。

第四节　财务会计的趋势

一、财务会计的未来趋势

（一）专业化趋势

财务会计工作主要是对财务会计信息进行分类、记录、计量、计算和报告。在这个过程中还必须要保证财务会计信息的准确性、及时性，并且财务会计系统的运行过程必须与经济运行主体的全过程相适应。要满足这个要求，财务会计人员就必须是高智能复合型人才，同时具备科技、管理知识以及创新思维。财会人员首先是要同时具备扎实深厚的财务会计、管理会计和审计知识，同时还应掌握相关专业的知识，熟悉企业业务流程、产品生产工艺等。

企业的业务往来都会有相应的会计信息产生，每一笔业务对应着一个会计信息。财会人员必须准确、及时记录这些会计信息，并对其进行全面的数据分析整理，最终为企业领导者和投资者提供简单明了、全面的企业财务报告，让领导者和投资者全面掌握企业的财务状况，为其决策和投资提供可靠的依据。这就要求财务人员必须具备较强的分析能力，能够通过对各种财务会计信息的分析，让领导者找到提高企业利润的方法及投资的正确方向以及最佳的营销策略。当代社会经济发展迅速，诚信在社会中变得越来越重要。作为财务会计人员，保证会计信息的真实有效是其最基本的职责，也是在工作中讲诚信的重要体现。随着当代网络信息的快速发展，财务会计也得到了迅速发展，企业信息的使用者都可以在网上查询到自己所需的信息，会计信息相对透明，这也就意味着所有人对会计信息的真实性都可以监督，因此这要求财务人员必须具有诚信的高贵品格。但是目前，我国会计人员仍有诚信缺失现象，有的会计职业素质相对较低，经不起金钱的诱惑，因此有关部门必须加强规范财务会计职业道德体系，大力开展会计职业道德教育，提高会计职业道德素质。

（二）多元化趋势

从国内实际情况来看，会计师事务所是我国最为主要的会计服务机构。

会计师事务所作为专业服务机构，其通常为会计单位提供包括审计、资产评估、管理咨询、造价咨询等诸多内容在内的服务。而其中审计业务在会计师事务所业务中占比超过八成，并主要以年度会计报表审计和上市公司审计为工作内容。我国会计师事务所成立时间短，自身的形象和信誉尚未完全建立，资本积累有限，工作方法、人员素质以及事务所的规模等方面有待提高。当前，市场竞争机制不断成熟，我国会计师事务所数量众多，针对如何适应会计师事务所的多元化和专业化的发展趋势，使其在市场竞争中不断稳固自身地位，国内会计师事务所可以考虑加入国际知名会计师事务所，依靠其品牌影响力来发展自己，并以国内实力雄厚的会计师事务所为支撑，参与国际财会服务机构的竞争，提高自身影响力，增强竞争力。

多元化的会计信息系统构建是一种比较理想的模型，在具体的设计和应用的时候还是有种种问题需要进行解决。考虑到很多的数据库基本元素独立性、共享性、多维性、集约性不足，将会计事项和数据库技术进行完美结合还是会有一定的问题。同一个会计数据要满足不同利益相关者的需求，就需要结合不同的会计政策进行处理，这就必然要求这些会计理论可以和数据库进行结合，但在具体的实践中还是有可能会出现差错。另外，网络技术的使用会带来企业会计信息的安全性。

（三）信息化趋势

信息化时代的到来，无疑会对包括会计在内社会经济的方方面面，产生巨大的冲击，并对传统会计模型提出新的挑战。现代信息技术对传统会计模型的冲击，主要表现在会计的存在和发展方面，除了受社会经济环境的影响外，主要还受信息技术的制约。从理论上讲，会计模型中的所有规则都应当与其所存在的客观社会经济环境相适应，然而所有这些规则的建立，却又都不能超越其在信息技术上实现的可能性。手工会计技术在传统会计模型中的地位，仅仅是记账、算账的工具，如果把现代会计信息技术仅当作自动化，而不对传统的会计模型进行重建，那就如同当企业面临困难时，只是花钱添购一些电子计算机一样。现代信息技术的发展引发了全球性的信息化浪潮，社会信息化已成为时代的主旋律。然而企业信息化是社会信息化的基础，会计信息化又是企业信息化的核心，因此加快会计信息化的发展必将成为下一阶段我国信息化建设的重要任务。

大数据时代为财务信息化提供了数据支持和技术环境，在此基础上，现代化的企业要抓住机会，注重信息化建设。首先，企业要投入大量的资金来建设信息化平台，好的平台便于信息的查询与分析。其次，信息化建设需要专业性、综合性的人才，会计从业人员要不断提升自身修养，与时俱进，在掌握财务知识和技能的同时，了解计算机和网络技术，从纷繁的数据中提取出决策有力的信息。最后，要学会借助新工具，要想从海量的数据中获取更多有价值的信息，云计算、数据挖掘技术等是会计从业人员必须要学会利用的工具，只有这样才能确保数据的准确性。

二、财务会计的发展策略

（一）加强财务监督

企业会计监督是企业财务管理的重要内容，良好的企业财务管理有利于保证企业财务平稳运行，也有利于规避企业财务风险，积蓄企业发展潜力，让企业发展永葆活力。因此，企业会计监督对企业内部管理来讲具有十分重要的现实意义，不断提高企业内部管理水平，加强企业会计监督是企业未来发展的必经之路。完善的管理来源于健全的制度，要实现企业内部有序管理首先要健全企业管理制度，照章执行，有法可依对于企业的发展来讲是有实际意义的。

在我国，部分企业只会在年末的时候对企业现金进行盘点，由企业出纳人员盘点出现金的实际存储数额，会计复核后和总账里的数额进行对比，检查两者是否一致，然后填写现金盘点表。一些企业特别是中小型企业，由于企业内部的会计人员责任心不强等原因，往往对企业现金盘点中发现的问题进行隐瞒，通过自己作假，企图蒙混过关。这就需要企业加强对企业财务会计人员的监督检查，提高财务会计人员的责任心，更重要的是可以及时发现问题，把企业的损失降到最低。此外，企业还要注重对银行的日记账和银行对账单的核对，对未达的账目真实性进行检查。在银行存款业务方面，企业应该安排工作人员每个月底和银行方面进行核对，在核对成功后才出会计报表。如果在核对过程中发现差错，就必须及时查明原因，尽快解决。

（二）利用现代先进手段

随着我国社会主义市场经济的不断发展，企业的经营活动日益增多，企业面临的市场环境也在不断变化，因此企业需要处理的财务会计信息量也在不断地增多，财务会计信息量的增多使企业对会计信息的时效性和正确性的要求越来越高会给企业财务会计管理带来极大的挑战。特别是随着信息化时代的到来，企业要想保证会计信息的真实、准确、可靠以及及时性，就必须改变传统的信息处理方式，对企业财务会计管理手段进行现代化改造，更多的利用计算机技术和各种网络技术来处理会计信息，这样不仅可以提高信息处理的质量和速度，更可使得企业财务会计信息迅速及时地转达给企业管理层，为企业管理者进行决策提供科学依据。

企业财务会计顺应信息化时代将有利于企业在高速发展的时代中站稳脚，也将有利于企业改善其经营管理模式，提高经济效益。信息化的财务会计工作将帮助企业相关领导人进行科学决策，同时增加上级领导决策的科学性与合理性。对于财务会计从业人员来说，财务会计顺应大时代数据可以提高财务会计工作者的工作效率与质量，可以更方便其进行各项财务会计的管理工作，能为企业带来更多的经济效益。信息技术在财务会计中的运用还可以加强企业对财政资金管理，提高资金使用效率，确保资金的合理使用，同时将有利于企业财政部门对资金加强统一使用与规划，使得资金的调度更加灵活高效，保证企业财政资金运行的安全性。

（三）培养优质专业人才

随着社会信息时代的迅速发展，各企业对人才质量以及数量的需求都随之提升。为了更好地解决企业财会管理问题，企业一定要从根本原因着手，即人力资源因素，构建出一个综合素质极佳的财会管理团队，这对于企业财会信息真实性的提升起到了一定促进作用。与此同时，企业要加大培训财会人员业务的力度，聘请一些具有专业资质的财会培训机构，并将目前较为先进的财会方法与财会理念传授给财会部门，通过这种方式，来提升财务会计人员的业务水平。企业应建立完善的考核机制，待员工培训结束后，通过考核企业财务人员的学习成果的方式来强化员工对培训知识的记忆。同时，财务会计员工要有意识地不断总结汇报其学习成果，从而将理论知识更好的渗透到实际财会工作中，实现普通会计专业职能质的飞跃过程。

当今社会，提升业务人员的素质首先要培养其职业道德。针对企业的财务会计部门，要从德育教育的角度出发，使财务会计人员能够充分意识到自身职能的重要价值。同时，财会人员在工作时，要具有一种神圣的使命感，杜绝财会部门中尾大不掉的低效与慵懒现象发生。目前，在各事业单位中，德育工作已经得到了全方位的深化，企业单位也正如火如荼地完善和发展自身的管理体系。企业单位要效仿事业单位，对会计人员采取定期的道德教育考核和培养，杜绝形式化考核，从而有效培养财会人员的职责意识。

（四）明确财务会计目标

在新模式下运行的企业在自身的发展中有着各种各样的运行模式，其中目标管理的多元化是财务管理当中的一种现代体制，它的主要目标就是能够实现整个企业利益的最大化。因为在企业的发展过程中会出现各种各样的问题，相关从业人员要学会应对这些问题，并且及时地解决问题，才能够让企业在平稳的发展洪流中慢慢成长。其中有可能会出现一些物质资源上的缺乏与使用物资上的不对等问题。随着新科技新手段的运行和发展，客户的目标流程和期望利益也有了很大程度上的转变，因此企业内财会人员还需要对企业公司内的财务管理的目标加以界定，详细规划其工作任务和工作内容以及应当负责的方向。

财会人员要认清整个社会的发展方向，只有把握住时代发展的脉络，才能抢占先机，赢得自身发展，但也要清醒地认识到，现在的社会已经不是那个只要出卖劳动力就能够换取社会地位和财富的社会了，在当今社会知识就是最大的生产力，知识结构知识能力的掌握已经占据了整个社会的主导地位，并且知识作为现代最大的竞争能力，具有可移动性与创造性，这种出色的创造能力让整个社会与企业人才之间的联系变得更加紧密且深入。判定一个企业的成功或者失败与否，不仅要看这个企业中人才的流动链和资金供应链是否完善，还要看知识在企业管理中的应用成功与否，因此在对知识结构的构建和管理上，企业不能够放松警惕，需要尤为重视。

第二章 财务会计货币资金管理

第一节 财务会计货币资金的基础知识

一、货币时间价值的内涵

货币时间价值是客观存在的经济范畴。任何公司的理财活动，都是在特定的时空中进行的。离开了货币时间价值因素，就无法正确比较不同时期的理财收支，也无法正确评价公司的盈亏。货币时间价值原理，正确揭示不同时点上资金之间的换算关系，是理财决策的依据。想要运用货币时间价值，必须首先了解其含义、产生的客观基础和实践意义。

（一）货币时间价值的定义

不同量的货币在不同时点上具有不同的价值，即现在的100元钱和一年后的100元钱经济价值不相等。即便不存在通货膨胀，现在的100元钱也要比一年后的100元钱经济价值大。为什么会这样？因为我们可以将现在的100元钱进行投资。假定存款年利率或投资收益率为10%，一年后将得到110元，即一年后价值提高到了110元。随着时间的推移，货币价值产生了增值。这种价值的增值就是货币的时间价值吗？所有的投资都不可避免带有这样或那样的风险，而投资者因承担风险也要获得相应的报酬。因此，时间价值应当是投资收益扣除全部风险报酬后剩余的那一部分。此外，在构成投资风险的因素中，通货膨胀是一种比较特殊的项目，通常从风险因素中分离出来单独考虑，所以时间价值是投资收益减去风险报酬和通货膨胀补偿报酬后的剩余部分。

（二）货币时间价值的本质

为什么会产生时间价值？关于时间价值的成因，人们的认识并不相同。

英国经济学家凯恩斯从资本家和消费者心理出发，高估现在货币的价值，低估未来货币的价值，认为时间价值主要取决于流动偏好、消费倾向、边际效用等心理因素。在这种思想指导下，"时间利息论"者认为时间价值产生于人们对现有货币的评价高于对未来货币的评价，它是价值时差的贴水。"流动偏好理论"认为，时间价值是放弃流动偏好的报酬。"节欲论"者则认为，时间价值是货币所有者进行投资，就必须牺牲现在的消费，因此他、她对推迟消费时间的耐心给予报酬，货币时间就是对货币所有者推迟消费的报酬。

上述定义只说明了货币时间价值的现象，并没有说明时间价值的本质。如果推迟消费就能获得报酬，那么货币所有者将货币闲置不用或放在保险柜中，能不能得到报酬呢？显然不能。马克思认为，货币只有作为资本投入生产和流动后才能增值。马克思指出，作为资本的货币的流通本身就是目的，因为只是在这个不断更新的运动中才有价值的增值。如果把它从流通中取出，那它就凝结为储藏货币，即使藏到世界末日，也不会增加分毫。"因此，并不是所有的货币都有时间价值，只有把货币作为资本投入到生产经营中才能创造出时间价值。只有当货币投入到生产经营过程中才产生时间价值，不作为资本投入生产经营过程的货币，是没有时间价值的。

马克思认为，当货币投入到生产经营过程中后，劳动者借以生产新的产品，产品出售时获得大于初始投入的资金量，产生了价值的增值，这个增值额或超过原始投资额的余额就是剩余利润。因此，时间价值不可能由"时间创造"，而只能由工人的劳动创造，时间价值的真正来源是工人创造的剩余价值。

现代经济学将时间价值看作一种机会成本。当货币作为一种稀缺的、多用途的资源进行使用时，就会产生机会成本。因此，当资金所有者没有将资金投放到某一赚钱领域，而是将它放在家里时，就意味着他放弃了许多其他的赚钱机会，就产生了持有（或使用）货币的机会成本。因此，货币随着时间的变化，应当具有时间价值。

（三）货币时间价值产生的前提

货币时间价值不是凭空产生的，也不是自古就有的。它是社会经济发展到一定阶段的产物，是货币所有权和使用权分离的结果。货币时间价值以商品经济的高度发展和借贷关系的普遍存在为前提。

货币的出现是货币时间价值存在的根本前提，没有货币，也就没有货币的时间价值。随着商品交换越来越频繁、商品经济的高度发展，货币作为一般等价物被人们广泛应用于商品交易。

随着商品经济的发展，出现了借贷关系。在借贷关系中，资金的所有权和使用权分离，资金的使用者可以从资金所有者处筹集资金，并将资金投入到生产或流通领域从而获得一定的收益或利润，实现增值。但资金的所有者向使用者让渡的是资金的使用权，而非所有权。所以，资金所有者有权利分享一部分资金的增值额，这就是资金使用者为使用资金而付出的代价。在借贷关系中，贷款方需要向借出资金的一方支付利息。当借贷关系普遍存在后，人们认识到，不仅使用借入的资金要付出代价，而且使用自有资金也要付出代价，并且这种代价会随着资金使用时间的延长而增加。

（四）货币时间价值的意义

货币时间价值是企业财务管理中的一个十分重要的观念，它的应用贯穿企业财务管理的方方面面。时间价值是衡量企业经济效益、考核经营成果的重要依据。时间价值是无风险的社会平均资金利润水平，是企业资金利润率的最低限度。没有货币时间价值观念，就缺乏衡量企业资金利用效果的标准。

时间价值观念也是进行财务管理决策的重要条件。时间价值解释了不同时点上收付资金的换算关系，这是正确进行财务决策的前提。在项目投资决策中，投资的长期性决定需要将不同时间上的现金流入和现金流出折算成某一时点上的现值，以正确计算投资项目的经济效益；投资决策中的净现值法、内含报酬率法都是考虑时间价值的决策方法。在筹资管理中，时间价值观念让我们认识到资金的获得要付出代价，这个代价就是资本成本。资本成本的计算要使用时间价值原理，以比较各种筹资方案综合成本的高低。

（五）货币时间价值的表现形式

货币时间价值可以用绝对数表示，也可以用相对数表示。从绝对数上看，货币时间价值是投资收益减去风险报酬和通货膨胀补偿报酬后的剩余部分，例如前述例子中的价值增值部分10元钱。从相对数的表现形式上看，货币时间价值是增值额占投资额的比例，例如，前述资金的增值率为10%。

从量的规定性上来看，货币时间价值是没有风险和通货膨胀情况下的社会平均投资报酬率。没有风险，说明不考虑投资损失的情况；没有通货膨胀，货币的购买能力不会因通货膨胀的存在而下降。由于市场竞争与套利活动的存在，各行业的投资利润率趋于平均化，形成社会平均利润率。企业投资获得的报酬也必须达到社会平均利润率，否则就不如投资于其他项目或行业。没有通货膨胀和风险情况下的社会平均利润率就成为企业投资的最低报酬率，确定货币时间价值就应以社会平均利润率为基础。

从表现形式上看，货币时间价值表现为资金周转中的价值增值。如果将投资看作一个永续的周转过程，货币在投资中不断沿着"垫支—收回—再垫支—再收回"的过程周而复始地运动，在无风险和通货膨胀情况下，货币不断按照几何级数增值，这种增值等同于复利计息制度，即本金和利息都要计算利息。所以，货币时间价值是按复利计算制度加以计量的。

（六）时间价值与利息率

银行存款利率、贷款利率、债权利息率、股票的股利率和货币时间价值都是资金的增值，它们之间存在什么区别吗？前面的几种比率都可以看作投资收益率，但这些投资活动都有或高或低的风险,因此收益率中都包含了相应的风险报酬率与通货膨胀补偿率。货币时间价值是不考虑风险补偿与通货膨胀补偿时的资金增值部分。所以，只有在没有风险和通货膨胀情况下，时间价值才与上述收益率相等。

二、风险与报酬

资金时间价值是在没有风险和没有通货膨胀条件下的社会平均资金利润率。在企业财务活动中，完全没有风险的投资几乎是不存在的。风险是客观存在的，企业如何估计和计量风险，分散和降低风险，使企业能利用风险所带来的机会增加股东的收益，是企业财务管理需要研究的问题之一。

（一）风险的概念及分类

1. 风险的概念

有句民间俗语"天有不测风云，人有旦夕祸福"，这其中就隐含着人们对风险的意识。风险，是指在一定条件下和一定时期内发生的各种可能而导致结果的不确定。当各种可能的结果变动程度大，风险也越大；而各种可能的结果变动程度小，风险也越小。

如果一种行动方案未来有多种可能的结果，则这种行动方案是有风险的；如果一种行动方案未来只有一种结果出现，则这种行动方案没有风险。

2. 风险的种类

不同类别的风险具有不同的特征，其具体的风险控制方法也不同。因此，在研究风险管理时有必要对各种风险从不同角度加以分类。

（1）从个别投资主体分类

从个别投资主体的角度看，风险分为市场风险和公司特有风险。

①市场风险。市场风险是指那些影响所有投资对象的因素引起的风险，如通货膨胀、经济衰退和战争等。这类风险涉及的是企业所处的宏观环境，所有企业都受其影响，是企业无法控制的因素。无论投资哪家企业都无法避免这类风险，也不能通过有效的投资组合加以分散，因此也称这类风险为不可分散或系统风险。

②公司特有风险。公司特有风险是指发生于个别公司的特有事件造成的风险，如公司新产品开发失败、诉讼失败、工厂失火、员工罢工和设备事故等。这类风险涉及的是企业所处的微观环境，并非所有企业都会发生，是企业能够控制的因素。

这类风险，对某家企业来说是不利因素，而对另一家企业来说则是有利的。因此，这类风险可通过有效的投资组合加以分散，也称为可分散风险或非系统风险。

（2）从企业本身分类

从企业本身的角度看，风险分为经营风险和财务风险。

①经营风险。经营风险是指企业因经营上的原因而导致利润变动的风险，也称商业风险。从利润的构成因素可看出，影响经营风险的因素有产品销售量、销售价格和产品

生产成本等。

这些因素企业可以对其产生影响，但不能完全控制，如产品销售量和销售价格，既取决于整个市场的需求量和竞争对手的情况，也与企业本身产品的质量、成本和推销努力的程度等有关；产品生产成本既与原材料供应的价格有关，也与企业生产技术、工人和机器的生产效率有关。经营风险是普遍存在的，企业应通过加强调查，努力提高自身素质等方面来降低经营风险。

②财务风险。财务风险是指因借款而增加的风险，是筹资决策带来的风险，也叫筹资风险。财务风险主要表现为两个方面：一是因借款而产生的丧失偿债能力的可能性；二是因借款而使企业所有者收益下降的可能性。企业负债经营会增加财务风险，但这并不意味着企业就不应借款，因为负债经营既能增加风险，但如果经营得当，也能给所有者带来意外的收益。

（二）风险的衡量

如前所述，风险是与各种可能的结果和结果的概率分布相联系的。对风险的衡量与计算，也必须从概率分析入手。

1. 概率

概率是指随机事件发生的可能性。经济活动可能产生的种种收益可以看作一个个随机事件，其出现或发生的可能性，可以用相应的概率描述。概率分布是指一切活动可能性出现的所有结果的概率的集合。

比如，投硬币这一活动会有两种可能出现，一是硬币的铸有花朵图案的一面朝上；二是硬币的铸有面值的一面朝上。这两者出现的可能性各占50%，它们分别代表了花朵朝上和面值朝上这两个随机事件出现的概率，而这两个概率作为有关整体，则反映了投硬币这一活动可能出现的结果的概率分布。

2. 预期收益

根据某一事件的概率分布情况，可以计算出预期收益。预期收益又称收益期望值，是指某一投资方案未来收益的各种可能结果，用概率为权数计算出来的加权平均数，是加权平均的中心值。其计算公式如下：

$$E = \Sigma X_i \cdot P_i \ (\ i \ 为 \ 1 \sim n\ )$$

式中，E —— 预期收益；

X_i —— 第 i 种可能结果的收益；

P_i —— 第 i 种可能结果的概率；

n —— 可能结果的个数。

3. 概率分布

在预期收益相同的情况下，投资的风险程度同收益的概率分布有密切的联系。概率分布越集中，实际可能的结果就会越接近预期收益，实际收益率低于预期收益率的可能性就越小，投资的风险程度越小；反之，概率分布越分散，投资的风险程度也就越大。为了清晰地观察概率的离散程度，可根据概率分布表绘制概率分布图进行分析。

概率分布有两种类型：一种是非连续式概率分布，即概率分布在几个特定的随机变量点上，概率分布图形成几条个别的直线；另一种是连续式概率分布，即概率分布在一定区间的连续各点上，概率分布形成由一条曲线覆盖的平面。

在实践中，经济在极度繁荣和极度衰退之间可能发生许多种可能的结果，有着许多个概率，而不仅仅只有繁荣、一般，较差三种可能性。如果对每一种可能的结果给予相当的概率，就可以绘制连续的概率分布图。

概率分布越集中，概率分布中的峰度越高，投资风险就越低。因为概率分布越集中，实际可能的结果就会越接近预期收益，实际收益率低于预期收益率的可能性就越小。对有风险的投资项目，不仅要考察其预期收益率的高低，而且要考察其风险程度的大小。

（三）风险报酬

前面分析的货币时间价值是不考虑风险的，但事实上，企业的各项经济活动都或多或少地包含有风险的成分。一般说来，人们都有一种风险反感的心理，但人们又在经常从事着各种有风险的活动，其中的原因，一方面是由于绝大多数的活动都包含风险成分，人们在决策中缺乏选择的余地，否则就会无所事事；另一方面则是有风险报酬的存在以及人们的收益偏好倾向。

所谓风险报酬，是指投资者冒风险投资而获取的超过货币时间价值的额外报酬。人们从事风险活动的实际结果与预期结果（期望值）会发生偏差，这种偏差可能是负方向的（即低于期望），也可能是正方向的（即高于期望值），因此，风险意味着危险和机遇。一方面冒风险可能蒙受损失，产生不利影响；另一方面可能会取得成功，获取风险报酬。市场经济条件下，风险和报酬往往是对称的。

风险越大，失败后的损失也越大，成功后的风险报酬也越大。正因为巨大风险的背后隐藏着巨大成功、高额回报的可能，这就成了人们冒风险从事各项经济活动的一种动力。由于风险与收益的并存性，使人们愿意去从事各种风险活动。但对于不同的投资人来说，由于他们对待风险与报酬关系的态度不同，各自对风险与报酬的选择侧重点各不相同，敢于冒风险者，他们更看重高风险背后的高收益，而对风险极度恐惧者，他们更注重降低风险，而轻看风险报酬。

风险和报酬的基本关系是风险越大，要求的报酬率越高。各投资项目的风险大小是不同的，在投资报酬率相同的情况下，人们都会选择风险小的投资，结果竞争使其风险增加，报酬率下降。最终高风险的项目必须有高报酬，否则就没有人投资；低报酬的项目必须风险很低，否则也没有人投资。风险和报酬的这种联系，是市场竞争的结果。

企业拿投资人的钱去做生意，最终投资人要承担风险，因此他们要求期望的报酬率与其风险相适应。如果不考虑通货膨胀，投资者进行风险投资所要求的投资报酬率（即期望投资报酬）应是时间价值（即无风险报酬率）与风险报酬率之和；

期望投资报酬率 = 时间价值 + 风险报酬率

期望报酬率包括两部分：一是无风险报酬率（即时间价值），如购买国家发行公债，到期连本带利肯定可以收回。这个无风险报酬率，可以吸引公众储蓄，是最低的社会平均报酬率。二是风险报酬率，它与风险大小有关，风险越大则要求的报酬率越高，是风险的函数。

假设风险和风险报酬率成正比，则：

$$风险报酬率 = 风险报酬斜率 \times 风险程度$$

其中的风险程度用标准差或变异系数等计量。风险报酬斜率取决于全体投资者的风险回避态度，可以通过统计方法来测定。如果大家都愿意冒险，风险报酬斜率就小，风险溢价不大；如果大家都不愿意冒险，风险报酬斜率就大，风险附加率就比较大。

第二节　财务会计现金的控制与处理

现金也称货币资金，是指在生产经营过程中以货币形态存在的资金，包括库存现金、银行存款、支票、本票、银行汇票和信用卡等。现金具有流动性强和收益性差的特点。现金是变现能力最强的资产，可以用来满足生产经营开支的各种需要，也是还本付息和履行纳税义务的保证，拥有足够的现金对于降低企业的风险，增强企业资产的流动性和债务的可清偿性具有重要的意义。但现金属于非营利资产，企业持有现金量过多，它所提供的流动性边际效益便会随之下降，从而使企业的收益水平下降。现金管理是在现金的流动性与收益性之间进行权衡选择的过程，保持合理的现金水平是企业现金管理的重要内容。

一、现金的持有动机

企业持有一定数额的现金，主要是用于满足企业的交易性需求、预防性需求和投机性需求。

（一）交易性动机

企业的交易性动机是企业为了维持日常周转及正常商业活动所需持有现金的动机。企业每日都在发生许多支出和收入，这些支出和收入在数额上的不相等及时间上的不匹配使企业需要持有一定现金来调节，以使生产经营活动能持续进行。

例如，在许多情况下，企业向客户提供的商业信用条件和它从供应商那里获得的信用条件不同，使企业必须持有现金。如供应商提供的信用条件是 30 天付款，而企业迫于竞争压力，则向顾客提供 45 天的信用期，这样，企业必须筹集够 15 天的营运资金来维持企业运转。

另外，企业业务的季节性特征要求企业逐渐增加存货以等待季节性的销售高潮。这时，一般会发生季节性的现金支出，企业现金余额下降，随后又随着销售高潮到来，存货减少，而现金又逐渐恢复到原来水平。

（二）预防性动机

预防性动机是指企业需要维持充足现金，以应付突发事件。这种突发事件可能是政策变化，也可能是企业的某大客户违约导致企业突发性偿付等。尽管财务主管试图利用各种手段来较准确地估算企业需要的现金数，但这些突发事件会使原本很好的财务计划失去效果。因此，企业为了应付突发事件，有必要维持比日常正常运转所需金额更多的现金。

为应付意料不到的现金需要，企业掌握的现金额取决于：①企业愿承担现金风险的程度；②企业预测现金收支可靠的程度；③企业临时融资的能力。希望尽可能减少风险的企业倾向于保留大量的现金余额，以应付其交易性需求和大部分预防性需求。另外，企业会与银行维持良好关系，以备现金短缺之需。

（三）投机性动机

投机性需求是企业为了在证券市场上获得收益或在原材料市场上投机买卖来获得投机收益而持有现金的动机。这种机会大多是一闪即逝的，如证券价格的突然下跌，企业若没有用于投机的现金，就会错过这一机会。

除了上述三种基本的现金持有动机以外，还有许多企业是将现金作为补偿性余额来持有的。补偿性余额是企业同意保持的账户余额，它是企业对银行所提供借款或其他服务的一种补偿。

二、持有现金的成本

现金具有最大的可接受性，作为企业重要的支付手段，它可随时有效地被用来购买商品，支付有关费用和偿还债务。现金是企业流动性最强的资产，是企业流动资产的重要组成部分，也是其他流动资产转化的最终对象。企业因为持有一定数量的现金而发生的费用或者当现金发生短缺时可能承担的代价或损失被称为现金成本。通常由以下四个部分组成：

（一）现金的机会成本

现金的机会成本是指企业因持有一定量的现金而丧失的再投资收益，这种成本在数额上等于资金的投资收益。机会成本属于变动成本，它与现金持有量的多少密切相关，即现金持有量越大，机会成本越大，反之就越少。

（二）现金的管理成本

现金的管理成本是指企业因持有一定数量的现金而发生的管理费用。例如管理者工资、安全措施费用等。一般认为这是一种固定成本，这种固定成本在一定范围内和现金持有量之间没有明显的比例关系。

（三）现金的短缺成本

现金的短缺成本是指在现金持有量不足，又无法及时通过有价证券变现加以补充所给企业造成的损失，包括直接损失与间接损失。现金的短缺成本随现金持有量的增加而下降，随现金持有量的减少而上升，即与现金持有量负相关。

（四）现金的转换成本

现金的转换成本是指企业用现金购买有价证券或者将有价证券转换为现金所发生的交易费用，如买卖证券支付的佣金、手续费和进行证券交易支付的税金等。现金的转换成本可以分为两类：一类是与转换金额相关的费用，如买卖证券的手续费和证券交易的印花税等，这种费用一般按成交金额的一定比例支付，与转换的次数关系不大，属于变动转换成本；二是与转换金额无关，只与转换次数有关的费用，如过户费等，这种费用按照交易的次数支付，每次交易支付的费用金额是相同的，属于固定转换成本。

三、现金的最佳持有量

企业现金管理的目标是尽可能地降低现金占用，在实践中企业财务管理人员确定本企业的最佳现金余额是非常重要和必要的。现金持有量过多会导致企业的整体盈利水平下降，现金持有量不足则可能影响企业的生产经营。因此，最佳现金持有量的确定，必须基于对收益和风险的权衡。最佳现金持有量是指既能节约资金，减少资金占用成本，又能满足生产经营需要，保持企业正常支付能力的货币资金占用量。确定最佳现金持有量的方法主要有现金周转模式、成本分析模式和存货模式等。

（一）现金周转模式

现金周转模式是根据企业现金需求总额、现金周转期及现金平均占用额来确定最佳现金持有量的一种方法。

现金周转期是指从现金投入生产经营开始，到最终转化为现金的过程。现金周转期的计算公式是：

$$现金周转期 = 应收账款周转期 + 存货周转期 ÷ 应付账款周转期$$

应收账款周转期是指从应收账款发生到收回所需要的时间；存货周转期是指从生产投入材料开始到产成品出售所需要的时间。应付账款周转期是指从收到尚未付款的材料开始到偿还货款所需要的时间。

现金周转期就是现金周转一次所需要的天数。根据现金周转期可以计算出现金周转率，即现金在一年中周转的次数：

$$现金周转率 = 360 天 ÷ 现金周转期$$

现金周转期确定后，便可确定企业最佳现金持有量，其计算公式是：

最佳现金持有量 = 企业年现金需求总额 ÷ 360 × 现金周转期

（二）成本分析模式

成本分析模式是在综合考虑持有现金机会成本、短缺成本的情况下，通过分析，找出总成本最低时现金持有量的一种方法。它的特点是只考虑持有一定量的现金而产生的机会成本和短缺成本，而不考虑管理成本和转换成本。通常持有现金的机会成本与现金持有量成正比，短缺成本与现金持有量成反比。

最佳现金持有量 = min（机会成本 + 短缺成本）。

实际工作中，运用该模式确定最佳现金持有量的步骤是：

①根据不同现金持有量，测算和确定有关成本数值；

②根据上一步骤结果，编制最佳现金持有量的测算表；

③从测算表中找出总成本最低时的现金持有量，即最佳现金持有量。

（三）存货模式

存货模式是把现金看作存货来进行管理，根据存货的经济批量模型来确定最佳现金持有量的方法。该模型是分析现金管理问题的传统方法，在此方法下，企业对其现金余额的管理是建立在持有现金（而非有价证券）的成本和把有价证券转换为现金的成本的基础上。最佳的政策是使这些成本之和最小。

利用存货模式确定最佳现金持有量，必须假定以下基本前提：

①企业未来现金需求量能够准确预测。

②企业现金流出量在整个期间内平均分布。

③利率（持有现金的机会成本）是固定的。

④企业每次把有价证券转化为现金时支付固定的交易成本。

在具备了上述四个假设条件的情况下，现金管理相关总成本的计算公式如下：

现金管理相关总成本 = 现金机会成本 + 现金转换成本

= 平均现金存量 × 短期有价证券利率 + 交易次数 × 每次转换固定成本，即：

$$TC = (Q / 2) \cdot K + (T / Q) \cdot F$$

式中：Q 为每次出售有价证券所能获得的现金量；K 为短期有价证券利率；T 为净现金需求，指为满足一定时期（通常为 1 年）生产经营需要，企业所需新筹集的现金总额；F 为每次转换的固定成本。

要使现金管理相关总成本最低，对上式中的 Q 求一阶导数，并令其等于零。则：

$$Q^* = \sqrt{\frac{2TF}{K}}$$

式中：Q^* 即为最佳现金持有量。

企业运用上述各种方法得到的企业最佳现金持有量只是理论上的近似，在实际工作中还要考虑到企业经营波动性余额和预防性余额的需要，并考虑贷款银行要求的补偿性存款余额的需要等。企业应该根据生产经营实际情况，对理论计算出来的企业最佳现金持有量进行经验校正，实现企业的现金管理目标。

第三节 财务会计银行存款的管理

一、银行存款管理制度

银行存款是指企业存放在银行或其他金融机构的货币资金。企业应当根据业务需要，按照规定在其所在地银行开设账户，运用所开设的账户，进行存款、取款及各种收支转账业务的结算。银行存款的收付应严格执行银行结算制度的规定。

（一）银行存款的分类

银行结算账户是指银行为存款人开立的办理资金收付结算的人民币活期存款账户。银行结算账户按存款人分为单位银行结算账户和个人银行结算账户。

单位银行结算账户按用途分为基本存款账户，一般存款账户、专用存款账户，临时存款账户。存款人开立基本存款账户、临时存款账户和预算单位开立专用存款账户实行核准制度，经中国人民银行核准后由开户银行核发开户登记证，但存款人因注册验资需要开立的临时存款账户除外。中国人民银行应于两个工作日内予以审核。

①基本存款账户是存款人因办理日常转账结算和现金收付需要而开立的银行结算账户。单位银行结算账户的存款人只能在银行开立一个基本存款账户。基本存款账户是存款人的主办账户。存款人日常经营活动的资金收付及其工资、奖金和现金的支取，应通过该账户办理。一个企业只能在一家银行开立一个基本账户；不得在同一家银行的几个分支机构开立一般存款账户。

②一般存款账户是存款人因借款或其他结算需要，在基本存款账户以外的银行营业机构开立的银行结算账户。一般存款账户用于办理存款人借款转存，借款归还和其他结算的资金收付，该账户可以办理现金缴存，但不得办理现金支取。

③专用存款账户是存款人按照法律行政法规和规章，对其特定用途资金进行专项管理和使用而开立的银行结算账户。专用存款账户用于办理各项专用资金的收付。单位银

行卡账户的资金必须由其基本存款账户转账存入。该账户不得办理现金收付业务。

④临时存款账户是存款人因临时需要并在规定期限内使用而开立的银行结算账户。临时存款账户用于办理临时机构及存款人临时经营活动发生的资金收付。临时存款账户的有效期最长不得超过两年。临时存款账户支取现金，应按照国家现金管理的规定办理。

中国人民银行负责基本存款账户、临时存款账户和预算单位专用存款账户开户登记证的管理。

（二）银行存款的注意事项

①企业除了按规定留存的库存现金外，所有库存现金都必须存入银行。企业一切收付款项，除制度规定可用现金支付的部分外，都必须通过银行办理转账结算。

②企业应当严格遵守银行结算纪律，不准签发没有资金保证的票据或远期支票套取银行信用，不准签发、取得和转让没有真实交易和债权债务的票据，套取银行和他人现金；不准无理拒绝付款，任意占用他人资金；不准违反规定开立和使用银行账户。

③企业应当及时核对银行账户，确保银行存款账面余额与银行对账单相符。对银行账户核对过程中发现的未达账项，应查明原因，及时处理。

二、银行支付结算方式

支付结算是指单位、个人在社会经济活动中使用票据、信用卡和汇兑、托收承付、委托收款等结算方式进行货币给付及资金清算的行为。企业办理支付结算业务时，必须根据不同的款项收支，考虑结算金额的大小、结算距离的远近、利息支出和对方信用等因素，进行综合分析，选择适当的支付结算方式，以缩短结算时间，减少结算资金占用，加速资金周转。

根据相关的规定，目前企业可以采用的支付结算方式有以下几种：

（一）支票

支票是出票人签发的，委托办理支票存款业务的银行或其他金融机构在见票时无条件支付确定的金额给收款人或持票人的票据。单位和个人在同一票据交换区域的各种款项结算，均可以使用支票。

按照支票付款方式，将支票分为现金支票、转账支票和普通支票三种。"普通支票"可以支取现金，也可以转账，用于转账时，应当在支票正面注明。在普通支票左上角划两条平行线的，为划线支票，划线支票只能用于转账，不得支取现金。"现金支票"只能用于支取现金。"转账支票"只能用于转账，不得支取现金。

支票限于见票即付，不得另行记载付款日期。支票的提示付款期限为自出票日起10日，但中国人民银行另有规定的除外。出票人在付款人（银行等金融机构）处的存款足以支付支票金额时，付款人应当在见票当日足额付款。

存款人领购支票，必须填写票据和结算凭证领用单并签章，签章应与预留银行的签章相符。存款账户结清时，必须将全部剩余空白支票交回银行注销。

（二）汇票

汇票是出票人签发的，委托付款人在见票时，或者在指定日期无条件支付确定的金额给收款人或持票人的票据。汇票分为银行汇票和商业汇票。

1. 银行汇票

银行汇票是出票银行签发的，由其在见票时按照实际结算金额无条件支付给收款人或持票人的票据。银行汇票的出票银行为银行汇票的付款人。单位和个人各种款项结算，均可使用银行汇票。银行汇票可以用于转账，填明"现金"字样的银行汇票，也可以用于支取现金。银行汇票的提示付款期限为自出票日起1个月。持票人超过付款期限提示付款的，代理付款人不予受理。申请人使用银行汇票，应向出票银行填写银行汇票申请书，出票银行受理银行汇票申请书，收妥款项后签发银行汇票，并用压数机压印出票金额，将银行汇票和解讫通知一并交给申请人。申请人应将银行汇票和解讫通知一并交付给汇票上记明的收款人。持票人向银行提示付款时，必须同时提交银行汇票和解讫通知，缺少任何一联，银行都不予受理。银行汇票的收款人也可以将银行汇票背书转让给他人。银行汇票丧失，失票人可以凭人民法院出具的其享有票据权利的证明，向出票银行请求付款或退款。

2. 商业汇票

商业汇票是出票人签发的，委托付款人在指定日期无条件支付确定的金额给收款人或持票人的票据。在银行开立存款账户的法人及其他组织之间须具有真实的交易关系或债权债务关系，才能使用商业汇票。商业汇票的出票人是交易中的收款人或付款人。商业汇票需经承兑人承兑。承兑是汇票的付款人承诺在汇票到期日支付汇票金额的票据行为。商业汇票按承兑人不同分为商业承兑汇票和银行承兑汇票。

①商业承兑汇票是指由收款人签发，付款人承兑，或由付款人签发并承兑的票据。商业承兑汇票的承兑人是付款人，也是交易中的购货企业。

②银行承兑汇票是指由在承兑银行开立存款账户的存款人（承兑申请人）签发，并由承兑申请人向开户银行申请，经银行审查同意承兑的票据。银行承兑汇票的出票人是购货企业，承兑人和付款人是购货企业的开户银行，承兑银行应按票面金额向出票人收取0.5‰的手续费。

商业汇票的付款期限由交易双方商定，但最长不得超过6个月，商业汇票的提示付款期限为自汇票到期日起10日内。商业承兑汇票到期时，如果付款人的存款不足支付票款或付款人存在合法抗辩事由拒绝支付的，付款人开户银行应填制付款人未付票款通知书或取得付款人的拒绝付款证明，连同商业承兑汇票邮寄至持票人开户银行转持票人，银行不负责付款，由购销双方自行处理。银行承兑汇票的出票人应于汇票到期前将票款足额交存其开户银行，承兑银行应在汇票到期日或到期日后的见票当日支付票款。如果出票人于汇票到期日未能足额交存票款的，承兑银行除凭汇票向持票人无条件付款外，对出票人尚未支付的汇票金额按照每天0.5‰计收罚息。

商业汇票可以背书转让。符合条件的商业汇票的持票人可以持未到期的商业汇票连同贴现凭证向银行申请贴现。

（三）本票

我国《票据法》所称的本票是指银行本票。银行本票是银行签发的，承诺自己在见票时无条件支付确定的金额给收款人或持票人的票据，单位和个人在同一票据交换区域需要支付各种款项，均可以使用银行本票，银行本票可以用于转账，注明"现金"字样的银行本票可以用于支取现金，银行本票分为不定额本票和定额本票两种

1. 定额本票

定额银行本票面额为 1 000 元、5 000 元、1 万元和 5 万元。银行本票的出票人，为经中国人民银行当地分支行批准办理银行本票业务的银行机构。银行本票的提示付款期限自出票日起最长不得超过两个月。持票人超过付款期限提示付款的，代理付款人不予受理。银行本票的代理付款人是代理出票银行审核支付银行本票款项的银行。申请人使用银行本票，应向银行填写银行本票申请书。出票银行受理银行本票申请书，收妥款项后签发银行本票。

2. 不定额本票

不定额银行本票用压数机压印出票金额。出票银行在银行本票上签章后交给申请人。申请人或收款人为单位的，银行不得为其签发现金银行本票。收款人也可以在票据交换区域内银行本票背书转让。银行本票见票即付。

（四）汇兑

汇兑是汇款人委托银行将其款项支付给收款人的结算方式。单位和个人的各种款项的结算，均可使用汇兑结算方式，汇兑分为信汇和电汇两种，由汇款人选择使用。信汇是指汇款人委托银行通过邮寄方式将款项划给收款人；电汇是指汇款人委托银行通过电报将款项划转给收款人。汇兑结算方式便于汇款人向异地的收款人主动付款，其手续简便，划款迅速，应用广泛，单位和个人的各种款项的结算均可使用汇兑结算方式。

采用汇兑结算方式，汇款单位汇出款项时，应填写银行印发的汇款凭证，列明收款单位名称、汇款金额及汇款的用途等项目，送达开户银行即汇出银行。汇出银行受理汇款单位签发的汇兑凭证，经审查无误后，应及时向汇入银行办理汇款，并向付款单位签发汇款回单。汇入银行对开立存款账户的收款人，应将款项直接转入其账户，并向其发出收账通知。

（五）托收承付

托收承付是根据购销合同由收款人发货后委托银行向异地付款人收取款项，由付款人向银行承认付款的结算方式。根据相关文件的规定，托收承付的适用范围是：使用该结算方式的收款单位和付款单位，必须是国有企业、供销合作社及经营管理较好并经开户银行审查同意的城乡集体所有制工业企业；办理结算的款项必须是商品交易及因商品交易而产生的劳务供应的款项，代销、寄销、赊销商品的款项，不得办理托收承付结算。

相关文件还规定，办理托收承付，除必须同时符合上述两项规定外，还必须具备以下3个条件：

①收付双方使用托收承付结算必须签有符合相关法律的购销合同，并在合同上标明使用托收承付结算方式。

②收款人办理托收，必须具有商品确已发运的凭证（包括铁路、航运、公路等运输部门签发的运单、运单副本和邮局包裹回执），没有发运凭证，也可凭其他有关证明办理。

③收付双方办理托收承付结算，必须重合同、守信用。

符合上述使用范围和适用条件的企业间的款项结算，可采用托收承付结算方式。托收承付结算每笔的金额起点为10000元，新华书店系统每笔的金额起点为1000元。销货企业按照购销合同发货后，填写托收承付凭证，盖章后连同发运凭证或其他符合托收承付结算的有关证明和交易单证送交开户银行办理托收手续。销货企业开户银行接到托收凭证及其附件后，应当按照托收范围、条件和托收凭证填写的要求认真进行审查，经审查无误的，将有关托收凭证连同交易单证一并寄交购货企业开户银行。购货企业开户银行收到托收凭证及其附件后，应及时通知并转交购货企业。购货企业在承付期内审查核对，安排资金以备承付。购货企业的承付期应在双方签订合同时约定验单还是验货付款，验单付款的承付期为3天，验货付款的承付期为10天。承付期内购货企业未表示拒绝付款的，银行视为同意承付，于承付期满的次日上午银行开始营业时，将款项划给销货企业。购货企业不得在承付货款中扣抵其他款项或以前托收的货款。

付款人提出拒绝付款时，必须填写"拒绝付款理由书"并签章，注明理由，涉及合同的应引证合同上的有关条款。银行同意部分或全部拒绝付款的，应在"拒绝付款理由书"上签注意见，并将拒付款理由书、拒付证明、拒付商品清单和有关单证邮寄销货企业开户银行转交销货企业。

收款单位到开户银行办妥托收手续后，根据回单联（一般是托收承付的第一联）借记"应收账款——××公司"、贷记"主营业务收入""应交税费——应交增值税（销项税额）"，收到开户银行转来的收账通知单（一般是托收承付的第四联）时，借记"银行存款"、贷记"应收账款——××公司"。

（六）委托收款

委托收款是收款人委托银行向付款人收取款项的结算方式。委托收款便于收款人主动收款，在同城异地均可办理，且不受金额限制，无论单位还是个人都可凭已承兑商业汇票、债券、存单等付款人债务证明，采用该结算方式办理款项的结算。委托收款还适用于收取电费、电话费等付款人众多、分散的公用事业费等有关款项。委托收款结算款项的划回方式分为邮寄和电报两种，由收款人选用。

收款企业委托银行收款时，应填写委托收款凭证和提供有关的债务证明，经开户银行审查后，据以办理委托收款。付款单位开户银行接到收款企业开户银行寄来的委托收款凭证，经审查后通知付款单位。付款单位收到银行交给的委托收款凭证及债务证明，签收后并在3日之内审查债务证明是否真实，是否为本单位的债务，确认之后通知银行付款。如果付款单位不通知银行，则银行视其为同意付款，并在第 4 日从单位账户中支出此笔托收款项。付款单位在 3 日内审查有关债务凭证后，对收款企业委托收取的款项需要拒绝付款的，应出具拒绝证明，连同有关债务证明、凭证送交开户银行，开户银行不负审查责任，只将拒绝证明等凭证一并寄给收款企业开户银行，转交收款企业。付款单位在付款日期届满，如无足够资金支付全部款项的，其开户银行应将其债务证明连同未付款项通知书邮寄至收款企业银行转交收款企业。

（七）信用卡

信用卡存款是指企业为取得信用卡而存入银行信用卡专户的款项。信用卡是银行卡的一种。

凡在中国境内金融机构开立基本存款账户的单位可申领单位卡。单位卡可申领若干张，持卡人资格由申领单位法定代表人或其委托的代理人书面指定或注销。单位卡账户的资金一律从其基本存款账户转账存入，不得交存现金，不得将销货收入的款项存入其账户。持卡人可持信用卡在特约单位购物、消费，但单位卡不得用于 10 万元以上的商品交易、劳务供应款项的结算，不得支取现金。特约单位在每日营业终了，应将当日受理的信用卡签购单汇总，计算手续费和净额，并填写汇（总）计单和进账单，连同签购单一并送交收单银行办理进账。

信用卡按是否向发卡银行交存备用金分为贷记卡、准贷记卡两类。

①贷记卡是指发卡银行给予持卡人一定的信用额度，持卡人可在信用额度内先消费、后还款的信用卡。准贷记卡是指持卡人须先按发卡银行要求交存一定金额的备用金，当备用金账户余额不足支付时，可在发卡银行规定的信用额度内透支的信用卡。

②准贷记卡的透支期限最长为 60 天，贷记卡的首月最低还款额不得低于其当月透支余额的 10%。

（八）信用证

信用证是指开证行依照申请人的申请开出的，凭符合信用证条款的单据支付的付款承诺。信用证结算方式是国际结算的一种主要方式。国际商会制定的惯例是国际金融和国际贸易领域普遍采用的统一惯例（其本身并非国际公约）。采用信用证结算方式的业务程序大致如下：合同约定采用信用证方式；买方到开证行申请开证；开证行将信用证寄交卖方所在地银行（通知行）；收款单位收到信用证后，即备货装运，签发有关发票、账单和提货单，连同运输单据和信用证送交银行（通知行）获得款项；买方向开证行付款赎单（发票、账单和提货单）。

（九）网上银行

网上银行就是银行在互联网上设立虚拟银行柜台，使传统的银行服务不再通过物理的银行分支机构来实现，而是借助于网络与信息技术手段在互联网上实现，因此网上银行也称网络银行。网上银行又被称为"3A 银行"，因为它不受时间、空间限制，能够在任何时间（Anytime）、任何地点（Anywhere）及任何方式（Anyway）为客户提供金融服务。

目前，网上银行利用 Internet（互联网）和 HTML（超文本标记语言）技术，能够为客户提供综合、统一、安全、实时的银行服务，包括提供对私、对公的全方位银行业务，还可以为客户提供跨国的支付与清算等其他贸易和非贸易的银行业务服务。

三、银行存款的账务处理

为反映和监督企业银行存款的收付和结存情况，企业应当设置"银行存款"科目。该科目借方登记银行存款的增加；贷方登记银行存款的减少；期末余额在借方，反映银行存款的余额。

企业应使用银行存款日记账（订本账簿），按照业务发生顺序逐日逐笔登记。该科目可按银行名称和存款种类进行明细核算。有外币存款的企业，还应分别按人民币和外币进行明细核算。

企业的外埠存款、银行本票存款、银行汇票存款、信用证保证金、第三方支付结算方式等，在"其他货币资金"科目核算，不通过"银行存款"科目核算。

（一）转账结算收款方的账务处理

企业接受付款人交付的支票、银行本票、银行汇票时，应在转账收款完毕时，借记"银行存款"科目，根据具体情形贷记"主营业务收入"或"应收账款"等科目。

企业接受付款人通过汇兑方式转账支付款项时，企业通过托收承付方式或委托收款方式结算收取款项时，应在收到收款通知书时，借记"银行存款"科目，根据具体情形贷记"主营业务收入"或"应收账款"等科目。

（二）转账结算付款方的账务处理

企业签发支票支取现金、通过汇兑等转账结算方式支付款项时，借记"库存现金""在途物资""库存商品"等科目，贷记"银行存款"科目。

（三）网上银行刷卡业务的核算

买方企业购买商品采用 POS（销售点情报管理系统）机刷卡，其每笔钱先转账到银联，然后银联再将每天刷卡总金额扣除手续费后的余额转入卖方企业的基本账户上。卖方企业在"银行存款"科目下设"基本户"及"银行卡"二级明细科目，并与其对应的银行提供的电子版对账单区分开来对账。

四、银行存款的核对

企业"银行存款日记账"应定期与银行"银行对账单"核对，至少每月核对一次。企业银行存款账面余额与银行对账单余额之间如有差额，应编制"银行存款余额调节表"调节，如没有记账错误，调节后的双方余额应相等。导致企业银行存款账面余额与银行对账单余额之间不一致的原因，即存在未达账项，所谓未达账项，是指由于结算凭证在企业与银行之间或收付款银行之间传递需要时间，造成企业与银行之间入账的时间差，一方收到凭证并已入账，另一方未收到凭证因而未能入账由此形成的账款。发生未达账项的具体情况有四种：是企业已收款入账，银行尚未收款入账；二是企业已付款入账，银行尚未付款入账；三是银行已收款入账，企业尚未收款入账；四是银行已付款入账，企业尚未付款入账。

需要注意的是，"银行存款余额调节表"只是为了核对账目，调节表本身不能作为调整企业银行存款账面记录的记账依据。

第四节 财务会计其他货币资金的管理

一、其他货币资金的概念

其他货币资金是指企业除现金、银行存款以外的其他各种货币资金，主要包括银行汇票存款、银行本票存款、信用卡存款、信用证保证金存款，存出投资款和外埠存款及第三方支付等。

从某种意义上说其他货币资金也是一种银行存款，但它是承诺了专门用途的存款，不能像结算账户存款那样可随时安排使用，所以专设"其他货币资金"账户进行核算。

二、其他货币资金的账务处理

为了反映和监督其他货币资金的收支和结存情况，企业应当设置"其他货币资金"科目，借方登记其他货币资金的增加，贷方登记其他货币资金的减少，期末余额在借方，反映企业实际持有的其他货币资金的金额。"其他货币资金"科目应当按照其他货币资金的种类设置明细科目进行核算。

（一）银行汇票存款

企业申请办理银行汇票、将款项预先交存银行时，借记"其他货币资金—银行汇票"科目，贷记"银行存款"科目；企业持银行汇票购货、收到有关发票账单时，借记"材料采购"或"原材料""库存商品""应交税费—应交增值税（进项税额）"等科目，贷记"其他货币资金—银行汇票"科目；采购完毕收回剩余款项时，借记"银行存款"科目，贷记"其他货币资金—银行汇票"科目。

销货企业收到银行汇票、填制进账单到开户银行办理款项入账手续时，根据进账单及销货发票等，借记"银行存款"科目，贷记"主营业务收入""应交税费-应交增值税（销项税额）"等科目。

（二）银行本票存款

企业填写"银行本票申请书"、将款项交存银行时，借记"其他货币资金—银行本票"科目，贷记"银行存款"科目；企业持银行本票购货、收到有关发票账单时，借记"材料采购"或"原材料""库存商品""应交税费—应交增值税（进项税额）"等科目，贷记"其他货币资金—银行本票"科目。

销货企业收到银行本票、填制进账单到开户银行办理款项入账手续时，根据进账单及销货发票等，借记"银行存款"科目，贷记"主营业务收入""应交税费—应交增值税（销项税额）"等科目。

（三）信用卡存款

企业应填制"信用卡申请表"，连同支票和有关资料一并送存发卡银行，根据银行盖章退回的进账单第一联，借记"其他货币资金—信用卡"科目，贷记"银行存款"科目：企业用信用卡购物或支付有关费用，收到开户银行转来的信用卡存款的付款凭证及所附发票账单，借记"管理费用"科目，贷记"其他货币资金—信用卡"科目；企业信用卡在使用过程中，需要向其账户续存资金的，应借记"其他货币资金信用卡"科目，贷记"银行存款"科目；企业的持卡人如不需要继续使用信用卡时，应持信用卡主动到发卡银行办理销户，销卡时，信用卡余额转入企业基本存款户，不得提取现金，借记"银行存款"科目，贷记"其他货币资金—信用卡"科目。

（四）信用证保证金存款

信用证保证金存款是指采用信用证结算方式的企业为了开具信用证而存入开证行的信用证保证金专户存款。

开证申请人使用信用证时，应委托其开户银行办理开证业务。开证申请人申请办理开证业务时，应当填具开证申请书、信用证申请人承诺书并提交有关购销合同。开证申请书和承诺书记载的事项应完整、明确，并由申请人签章。签章应与预留银行的签章相符。开证申请书和承诺书是开证银行向受益人开立信用证的依据，也是开证银行与开证申请人之间明确各自权责的契约性文件。

开证行根据申请人提交的开证申请书、信用证申请人承诺书及购销合同决定是否受理开证业务。开证行在决定受理该项业务时，应向申请人收取不低于开证金额 20% 的保证金，并可根据申请人的资信情况要求其提供抵押、质押或由其他金融机构出具保函。开证行开立信用证，应按规定向申请人收取开证手续费及邮电费。

企业填写"信用证申请书"，将信用证保证金交存银行时，应根据银行盖章退回的"信用证申请书"回单，借记"其他货币资金—信用证保证金"科目，贷记"银行存款"科目；企业接到开证行通知，根据供货单位信用证结算凭证及所附发票账单，借记"材料采购"或"原材料""库存商品""应交税费—应交增值税（进项税额）"等科目，贷记"其他货币资金信用证保证金"科目；将未用完的信用证保证金存款余额转回开户银行时，借记"银行存款"科目，贷记"其他货币资金—信用证保证金"科目。

（五）存出投资款

存出投资款是指企业已存入证券公司但尚未进行投资的资金，企业向证券公司划出资金时，应按实际划出的金额，借记"其他货币资金—存出投资款"科目，贷记"银行存款"科目；购买股票、债券、基金等时，借记"交易性金融资产"等科目，贷记"其他货币资金–存出投资款"科目。

（六）外埠存款

外埠存款是指企业为了到外地进行临时或零星采购，而汇往采购地银行开立采购专户的款项。本月企业将款项汇往外地时，应填写汇款委托书，委托开户银行办理汇款。汇入地银行以汇款单位名义开立临时采购账户，该账户的存款不计利息，只付不收，付完清户，除了采购人员可从中提取少量现金外，一律采用转账结算。

企业将款项汇往外地开立采购专用账户，根据汇出款项凭证编制付款凭证时，借记"其他货币资金—外埠存款"科目，贷记"银行存款"科目：收到采购人员转来供应单位发票账单等报销凭证时，借记"材料采购"或"原材料""库存商品""应交税费—应交增值税（进项税额）"等科目，贷记"其他货币资金外埠存款"科目；采购完毕收回剩余款项时，根据银行的收账通知，借记"银行存款"科目，贷记"其他货币资金—外埠存款"科目。

（七）第三方支付

第三方支付是指具备一定实力和信誉保障的非银行机构，借助通信、计算机和信息安全技术，采用与各大银行签约的方式，在用户与银行支付结算系统间建立连接的电子支付模式，在手机端进行的互联网支付，又称为移动支付。通过这个平台实现资金在不同支付机构账户或银行账户间的划拨和转移。第三方支付的特点是独立于商户和银行，为客户提供支付结算服务，具有方便快捷、安全可靠、开放创新的优势。

第三方支付机构是最近几年出现的新的支付清算组织，它是为银行业金融机构或其他机构及个人提供电子支付指令交换和计算的法人组织。目前第三方支付机构主要有以下两类模式：

①金融型支付企业。它是以银联商务、快钱、易宝支付、汇付天下、拉卡拉等为典型代表的独立第三方支付模式，其不负有担保功能，仅仅为用户提供支付产品和支付系统解决方案，侧重行业需求和开拓行业应用，是立足于企业端的金融型支付企业。

②互联网支付企业。它是以支付宝、财付通等为典型代表的依托于自有的电子商务网站并提供担保功能的第三方支付模式，以在线支付为主，是立足于个人消费者端的互联网型支付企业。就目前而言，国内的第三方支付品牌，在支付市场互联网转接交易规模前三位的分别是支付宝、银联商务和财付通企业将银行存款转入支付宝账户应当借记"其他货币资金支付宝支付公司"科目，贷记"银行存款"科目。

网购活动中，企业购买商品可以选择网银支付货款。此时为了保障消费者权益，支付平台并不会立即将货款支付给卖家，而是转到支付公司的账户。对于买方企业来说，如果是直接使用支付账户余额来付款，则应借记"预付账款"科目，贷记"其他货币资金支付 —— 某某账户"科目；若买方企业是通过网上银行或快捷支付方式付款，则应借记"预付账款"科目，贷记"银行存款"科目。

第三章 财务会计固定资产管理

第一节 财务会计固定资产的内涵

一、固定资产的概念及特征

固定资产是指使用期限较长、单位价值较高，并且在使用过程中保持原有实物形态的资产。固定资产具有以下基本特征：

①预计使用年限超过一年或长于一年的一个经营周期，且在使用过程中保持原来的物质形态不变；

②用于生产经营活动而不是为了出售；

③价值补偿与实物更新相分离。在固定资产的使用过程中，其价值通过折旧逐渐转移出去，但其物质实体却通常并不同时减损，只有在其不能或不宜继续使用时，才对其进行更新处置。

我国的相关规定对固定资产做出定义：固定资产是指同时具有以下特征的有形资产：

①为生产商品、提供劳务、出租或经营管理而持有的；

②使用年限超过一年；

③单位价值较高。

企业中固定资产的判定标准通常有两项：

①使用期限在一年以上；

②单位价值在一定标准以上。

我国企业会计制度规定：固定资产是指使用期限超过一年的房屋、建筑物、机器、机械、运输工具以及其他与生产、经营有关的设备、器具、工具等。不属于生产、经营主要设备的物品，单位价值在 2000 元以上，并且使用期限超过 2 年的，也应当作为固定资产。企业应当根据企业会计制度及有关规定，结合本单位的具体情况，如经营规模、业务范围的不同，制定适合于本企业的固定资产目录、分类方法、每类或每项固定资产的折旧年限、折旧方法，作为进行固定资产核算的依据。企业制定的固定资产目录、分类方法、每类或每项固定资产的预计使用年限、预计净残值、折旧方法等，应当编制成册，并按照管理权限，经股东大会或董事会，或经理（厂长）会议或类似机构批准，按照法律、行政法规的规定报送有关各方备案，同时备置于企业所在地，以供投资者等有关各方查阅。

我国相关文件规定：固定资产在同时满足以下两个条件时，才能加以确认：

①该固定资产包含的经济利益很可能流入企业；

②该固定资产的成本能够可靠地计量。

企业在对固定资产进行确认时，应当按照固定资产的定义和确认条件，考虑企业的具体情形加以判断。企业的环保设备和安全设备等资产，虽然不能直接为企业带来经济利益，却有助于企业从相关资产获得经济利益，也应当确认为固定资产，但这类资产与相关资产的账面价值之和不能超过这两类资产可收回金额总额。固定资产的各组成部分，如果各自具有不同的使用寿命或者以不同的方式为企业提供经济利益，从而适用不同的折旧率或折旧方法的，应当单独确认为固定资产。

二、固定资产的分类

企业的固定资产种类繁多，用途各异，在经营活动中起着不同的作用。对固定资产进行合理的分类，有利于加强对固定资产的管理，并提高其使用效率；有利于正确核算固定资产的价值，合理计算折旧及相关费用。

（一）按经济用途分类

生产经营用固定资产，指直接参与企业生产过程或直接为生产服务的固定资产，如机器、厂房、设备、工具、器具等。

非生产经营用固定资产，指不直接在生产中使用的固定资产，如食堂、宿舍、文教卫生等职工福利方面的建筑物、设备等。

按经济用途分类有利于反映和监督企业各类固定资产之间的组成和变化情况，便于考核固定资产的利用现状，更合理地进行固定资产的配备，充分发挥其效用。

（二）按所有权分类

自有固定资产：企业对该类固定资产享有占有权、处置权，可供长期使用，是企业全部资产的重要构成部分。

租入固定资产：企业通过支付租金取得使用权的固定资产，其租入方式又分为经营性租入和融资性租入两类。经营性租入的固定资产一般在备查簿中登记，而融资租入的固定资产应作为资产入账，在日常使用中为与自有资产相区别，需单独设立明细账进行核算。

（三）按使用情况分类

①使用中的固定资产，指处于使用过程中的经营性和非经营性固定资产，包括在使用或因季节性生产和修理等原因暂时停止使用的固定资产，以及供替换使用的机器设备等。

②未使用固定资产，指尚未使用的新增固定资产，调入尚待安装的固定资产，进行改建、扩建的固定资产以及批准停止使用的固定资产。

③不需用固定资产，指不适用于本企业，准备处理的固定资产。

④租出固定资产，指企业以收取租金的方式租给外单位使用的固定资产。租出固定资产也属于使用中的固定资产。

（四）按固定资产的经济用途和使用情况综合分类

①生产经营用固定资产。

②非生产经营用固定资产。

③出租固定资产，指在经营性租赁方式下租给外单位使用的固定资产。

④不需用固定资产。

⑤未使用固定资产。

⑥土地，是指过去已经估价单独入账的土地。因征地而支付的补偿费，应计入与土地有关的房屋、建筑物的价值内，不单独作为土地价值入账。企业取得的土地使用权不能作为固定资产管理。

⑦融资租入固定资产，指企业以融资租赁方式租入的固定资产，在租赁期内，应视同自有固定资产进行管理。

不同企业应根据实际需要选择适合本单位的分类标准，对固定资产进行分类，制定固定资产目录。

三、固定资产的计价

（一）固定资产的计价方法

固定资产的计价主要有以下三种方法：

1. 按原始价值计价

又称按历史成本计价，是指按购建某项固定资产达到可使用状态前所发生的一切合理必要的支出作为入账价值。由于这种计价方法有相应的凭证为依据，具有客观性和可验证性的特点，因此成为固定资产的基本计价标准。有人主张以现时重置成本来代替历史成本作为固定资产的计价依据。但是，由于现时重置成本是经常变化的，具体操作也相当复杂，因此，我国会计制度仍然采用历史成本来对固定资产进行计价。

2. 按重置价值计价

又称按重置完全价值计价，按现时重置成本计价，即按现有的生产能力、技术标准，重新购置同样的固定资产所需要付出的代价作为资产的入账价值。

3. 按折余价值计价

是指按固定资产原始值或重置完全价值减去已计提折旧后的净额作为入账价值。它可以反映企业占用在固定资产上的资金数量和固定资产的新旧程度。

（二）固定资产价值的构成

固定资产在取得时，应按取得时的成本入账。取得时的成本包括买价、进口关税、运输和保险等相关费用，以及为使固定资产达到预定可使用状态前所必要的支出。固定资产项目的成本包括其买价、进口关税和不能返还的购货税款以及为使这项资产达到预定使用状态所需要支付的直接可归属成本。计算买价时，应扣除一切商业折扣和回扣。直接可归属成本的项目有以下各项：

①场地整理费；

②初始运输和装卸费；

③安装费用；

④专业人员（如建筑师、工程师）服务费；

⑤估计资产拆卸搬移费及场地清理费。

固定资产取得时的成本应当根据具体情况分别确定：

①购入的不需要经过建造过程即可使用的固定资产，按实际支付的买价、包装费、运输费、安装成本、交纳的有关税金等，作为入账价值。从国外进口的固定资产，其原始成本还应包括按规定支付的关税等。

外商投资企业因采购国产设备而收到税务机关退还的增值税款，冲减固定资产的入账价值。

②自行建造的固定资产，按建造该项资产达到预定可使用状态前所发生的全部支出，作为入账价值。包括资本化的借款费用。

③投资者投入的固定资产，按投资各方确认的价值，作为入账价值。

④融资租入的固定资产，按租赁开始日租赁资产的原账面价值与最低租赁付款额的现值两者中较低者，作为入账价值。如果融资租赁资产占企业资产总额比例等于或小于30%的，在租赁开始日，企业也可按最低租赁付款额，作为固定资产的入账价值。最低租赁付款额，是指在租赁期内，承租人应支付或可能要求支付的各种款项（不包括或有租金和履约成本），加上由承租人或与其有关的第三方担保的资产余值；若预计承租人将会在租赁期满以某价格购买此固定资产，则还包括该买价。

⑤在原有固定资产的基础上进行改建、扩建的，按原固定资产的账面价值，加上由于改建、扩建而使该项资产达到预定可使用状态前发生的支出，减去改建、扩建过程中发生的变价收入，作为入账价值。

⑥企业接受的债务人以非现金资产抵偿债务方式取得的固定资产，或以应收债权换入固定资产的，按应收债权的账面价值加上应支付的相关税费，作为入账价值。涉及补价的，按以下规定确定受让的固定资产的入账价值：

a.收到补价的，按应收债权的账面价值减去补价，加上应支付的相关税费，作为入账价值。

b.支付补价的，按应收债权的账面价值加上支付的补价和应支付的相关税费，作为入账价值。

⑦以非货币性交易换入的固定资产，按换出资产的账面价值加上应支付的相关税费，作为入账价值。涉及补价的，按以下规定确定换入固定资产的入账价值：

a.收到补价的，按换出资产的账面价值加上应确认的收益和应支付的相关税费减去补价后的余额，作为入账价值；应确认的收益＝补价×（换出资产的公允价值－换出资产的账面价值）÷换出资产的公允价值。

b.支付补价的，按换出资产的账面价值加上应支付的相关税费和补价，作为入账价值。

⑧接受捐赠的固定资产，应按以下规定确定其入账价值：

a.捐赠方提供了有关凭据的，按凭据上标明的金额加上应支付的相关税费，作为入账价值。

b.捐赠方没有提供有关凭据的，按如下顺序确定其入账价值：同类或类似固定资产存在活跃市场的，按同类或类似固定资产的市场价格估计的金额，加上应支付的相关税费，作为入账价值；同类或类似固定资产不存在活跃市场的，按该接受捐赠的固定资产的预计未来现金流量现值，作为入账价值。

c.如受赠的系旧的固定资产，按照上述方法确定的价值，减去按该项资产的新旧程度估计的价值损耗后的余额，作为入账价值。

⑨盘盈的固定资产，按同类或类似固定资产的市场价格，减去按该项资产的新旧程度估计的价值损耗后的余额，作为入账价值。

⑩经批准无偿调入的固定资产，按调出单位的账面价值加上发生的运输费、安装费等相关费用，作为入账价值。

此外，还要注意以下四点：

a.固定资产的入账价值中，应当包括企业为取得固定资产而缴纳的契税、耕地占用税、车辆购置税等相关税费；

b.企业为购进固定资产所支付的增值税不能作为进项税额予以抵扣，应将所支付的增值税额计入所购进固定资产的成本之中；

c.企业购置计算机硬件所附带的、未单独计价的软件，与所购置的计算机硬件一并作为固定资产管理；

d.已达到预定可使用状态但尚未办理竣工决算手续的固定资产，可先按估计价值记账，待确定实际价值后，再进行调整。

（三）有关固定资产计价的两个问题

1. 关于固定资产借款费用的处理

专为购建固定资产而借入的款项所发生的借款费用（包括利息、折价或溢价的摊销和辅助费用以及因外币借款而发生的汇兑差额）是否应计入固定资产成本，是固定资产计价的重要问题。相关文件做了如下规定：

①以下三个条件同时具备时，因专门借款而发生的利息折价或溢价的摊销和汇兑差额应当开始资本化：资本支出已经发生；借款费用已经发生；为使资产达到预定可使用状态所必要的构建活动已经开始。

资本支出只包括购建固定资产而以支付现金、转移非现金资产或者承担带息债务形式发生的支出。

②如果固定资产的购建活动发生正常中断，并且中断时间连续超过3个月，应当暂停借款费用的资本化，将其确认为当期费用，直至资产的购建活动重新开始。但如果中断是使购建的固定资产达到预定可使用状态所必要的程序，则借款费用的资本化应当继续进行。

③当所购建固定资产达到预定可使用状态时，应当停止其借款费用的资本化；以后发生的借款费用应当于发生当期确认为费用。

2. 关于固定资产价值的调整

固定资产的价值确定并入账以后，一般不得进行调整，但是在一些特殊情况下对已入账的固定资产的价值也可进行调整。这些情况包括：

①根据国家规定对固定资产价值重新估价；

②增加补充设备或改良装置；

③将固定资产的一部分拆除；

④根据实际价值调整原来的暂估价值；

⑤发现原记固定资产价值有错误。

第二节　财务会计固定资产的取得

企业拥有固定资产规模的大小和质量高低，直接影响其生产能力及盈利能力。固定资产所占用的资金在企业总资金中占有的比例较大，且周转期长，合理有效地控制固定资产占用的资金对整个企业资金的周转、使用具有重要意义。企业对固定资产的需求量，取决于现有的生产规模、生产能力、企业产品在市场上的竞争能力和现代化程度等因素，特别是直接参与生产的机器设备，更应随生产任务、使用效率等的变化而做相应的调整。所以，企业是否要新增固定资产，采用何种方式增加，应权衡投资效益再做选择，以确保固定资产发挥最佳的效用。企业一旦决定增加固定资产投资，就面临选择何种投资方法的问题。

固定资产增加的方式多种多样，主要有购入、自建自制、接受投资、无偿调入、接受捐赠、融资租入、接受抵债、非货币性交易换入、盘盈、改建扩建等方式。

为核算企业的固定资产，设置"固定资产"账户，该账户反映企业固定资产的原价。其借方发生额，反映企业增加的固定资产的原价；其贷方发生额，反映企业减少的固定资产的原价；期末借方余额，反映企业期末固定资产的账面原价。企业应当设置"固定资产登记簿"和"固定资产卡片"，按固定资产类别、使用部门和每项固定资产进行明细核算。临时租入的固定资产。

一、购入固定资产

购入不需要安装的固定资产，借记"固定资产"，按实际支付（含应支付，下同）的价款，贷记"银行存款"等；购入需要安装的固定资产，先记入"在建工程"，安装完毕交付使用时再转入"固定资产"科目。

二、投资者投入固定资产

企业对接受投资者作价投入的固定资产，按投资各方确认的价值，借记"固定资产"科目；按投资方拥有被投资方的股权，贷记"实收资本"科目；按其差额，贷记"资本公积"科目。

三、无偿调入固定资产

企业按照有关规定并报经有关部门批准无偿调入的固定资产，按调出单位的账面价值加上新的安装成本、包装费、运杂费等，作为调入固定资产的入账价值。企业调入需要安装的固定资产，按调入固定资产的原账面价值以及发生的包装费、运杂费等，借记"在建工程"等科目；按调入固定资产的原账面价值，贷记"资本公积 —— 无偿调入固定资产"科目；按所发生的支出，贷记"银行存款"等科目；发生的安装费用，借记"在建工程"等科目，贷记"银行存款""应付工资"等科目。工程达到可使用状态时，按工程的实际成本，借记"固定资产"科目，贷记"在建工程"科目。

四、接受捐赠固定资产

接受捐赠的固定资产，按确定的入账价值，借记"固定资产"科目；按未来应交的所得税，贷记"递延税款"科目；按确定的入账价值减去未来应交所得税后的余额，贷记"资本公积"科目；按应支付的相关税费，贷记"银行存款"等科目。

外商投资企业接受捐赠的固定资产，按确定的入账价值，借记"固定资产"科目；按应计入待转资产价值的金额，贷记"待转资产价值"科目；按应支付的相关税费，贷记"银行存款"等科目。

五、租入固定资产

企业在生产经营过程中，由于生产经营的临时性或季节性需要，或出于融资等方面的考虑，对于生产经营所需的固定资产可以采用租赁的方式取得。租赁按其性质和形式的不同可分为经营租赁和融资租赁两种。融资租赁，是指实质上转移与资产所有权有关的全部风险和报酬的租赁。经营租赁，是指融资租赁以外的租赁。

（一）以经营租赁方式租入

采用经营租赁方式租入的资产，主要是为了解决生产经营的季节性、临时性的需要，并不是长期拥有，租赁期限相对较短；资产的所有权与租赁资产相关的风险和报酬仍归属出租方，企业只是在租赁期内拥有资产的使用权；租赁期满，企业将资产退还给出租方。

企业对以经营租赁方式租入的固定资产，不作为本企业的资产入账，当然也无需计提折旧。

（二）融资租入

融资租入的固定资产，应当单设明细科目进行核算。企业应在租赁开始日，按租赁开始日租赁资产的原账面价值与最低租赁付款额的现值两者中较低者作为入账价值，借记"固定资产"科目；按最低租赁付款额，贷记"长期应付款—应付融资租赁款"科目；按其差额，借记"未确认融资费用"科目。租赁期满，如合同规定将设备所有权转归承租企业，应进行转账，将固定资产从"融资租入固定资产"明细科目转入有关明细科目。

六、接受抵债固定资产

企业接受的债务人以非现金资产抵偿债务方式取得的固定资产，或以应收债权换入固定资产的，按应收债权的账面余额，贷记"应收账款"等科目，按该项应收债权已计提的坏账准备，借记"坏账准备"科目，按应支付的相关税费，贷记"银行存款""应交税金"等科目，按下式计算的固定资产入账价值，借记"固定资产"科目：

收到补价的，固定资产入账价值 = 应收债权的账面价值 + 应支付的相关税费 − 补价

支付补价的，固定资产入账价值 = 应收债权的账面价值 + 应支付的相关税费 + 补价

按收到（或支付）的补价，借记（或贷记）"银行存款"等科目。

第三节　财务会计固定资产的自建

自建、自制固定资产，是指企业自己建造房屋、其他建筑物及各种机器设备等。当企业有能力建造，或者当某项资产的建造成本明显低于其外构成本时，企业往往会选择自己施工筹建的方式取得该资产，以减少相应的费用开支，如自行建造房屋、自制特殊需要的车床等。自行建造固定资产按是否由本企业组织施工人员施工，分为自营工程和出包工程；前者由本企业组织施工人员进行施工，而后者则是将工程项目发包给建造商，由建造商组织施工。

一、自营工程

（一）自行建造固定资产入账价值的确定

企业自行建造的固定资产（亦称在建工程），应按建造过程中所发生的全部支出确定其价值，包括所消耗的材料、人工、其他费用和缴纳的有关税金等，作为入账价值。设备安装工程，应把设备的价值包括在内。

工程达到预定可使用状态前，因进行试运转所发生的净支出，计入工程成本。企业的在建工程项目在达到预定可使用状态前，所取得的试运转过程中形成的能够对外销售的产品，其发生的成本，计入在建工程成本，销售或转为库存商品时，按实际销售收入或按预计售价冲减工程成本。

盘盈、盘亏、报废、毁损的工程物资，减去保险公司过失人赔偿部分后的差额，工程项目尚未完工的，计入或冲减所建工程项目的成本；工程已经完工的，计入当期营业外收支。在建工程发生单项或单位工程报废或毁损，减去残料价值和过失人或保险公司等赔款后的净损失，计入继续施工的工程成本；如为非常原因造成的报废或毁损，或在建工程项目全部报废或毁损，应将净损失直接计入当期营业外支出。

企业应当定期或者至少于每年年度终了，对在建工程进行全面检查，如果有证据表明在建工程已经发生了减值，应当计提减值准备。存在下列一项或若干项情况的，应当计提在建工程减值准备：①长期停建并且预计在未来3年内不会重新开工的在建工程；②所建项目无论在性能上，还是在技术上已经落后，并且给企业带来的经济利益具有很大的不确定性；③其他足以证明在建工程已经发生减值的情形。

所建造的固定资产已达到预定可使用状态，但尚未办理竣工决算的，应当自达到预定可使用状态之日起，根据工程预算造价或者工程实际成本等，按估计的价值转入固定资产，并按本制度关于计提固定资产折旧的规定，计提固定资产的折旧。待办理了竣工决算手续后再做调整。

（二）会计处理

为了对企业自行建造固定资产进行全面准确地核算，设置"工程物资""在建工程""在建工程减值准备"账户。

1. 工程物资

企业为在建工程准备的各种物资，应当按照实际支付的买价、增值税额、运输费、保险费等相关费用，作为实际成本，并按照各种专项物资的种类进行明细核算。企业的工程物资，包括为工程准备的材料、尚未交付安装的需要安装设备的实际成本，以及预付大型设备款和基本建设期间根据项目概算购入为生产准备的工具及器具等的实际成本。企业购入不需要安装的设备，应当在"固定资产"科目核算，不在本科目核算。

本科目应当设置以下明细科目：专用材料、专用设备、预付大型设备款、为生产准备的工具及器具。

企业购入为工程准备的物资，应按实际成本和专用发票上注明的增值税额，借记本科目（专用材料、专用设备），贷记"银行存款""应付账款""应付票据"等。企业为购置大型设备而预付款时，借记本科目（预付大型设备款），贷记"银行存款"；收到设备并补付设备价款时，按设备的实际成本，借记本科目（专用设备），按预付的价款，贷记本科目（预付大型设备款），按补付的价款，贷记"银行存款"等。工程领用工程物资，借记"在建工程"，贷记本科目（专用材料等）；工程完工后对领出的剩余工程物资应当办理退库手续，并做相反的账务处理。工程完工，将为生产准备的工具及器具交付生产使用时，应按实际成本，借记"低值易耗品"，贷记本科目（为生产准备的工具及器具）。工程完工后剩余的工程物资，如转作本企业存货的，按原材料的实际成本或计划成本，借记"原材料"，按可抵扣的增值税进项税额，借记"应交税金—应交增值税（进项税额）"，按转入存货的剩余工程物资的账面余额，贷记本科目；如工程完工后剩余的工程物资对外出售的，应先结转工程物资的进项税额，借记"应交税金—应交增值税（进项税额）"，贷记本科目，出售时，应确认收入并结转相应的成本。

2. 在建工程

本科目核算企业进行基建工程、安装工程、技术改造工程、大修理工程等发生的实际支出，包括需要安装设备的价值。企业根据项目概算购入不需要安装的固定资产、为生产准备的工具器具、购入的无形资产及发生的不属于工程支出的其他费用等，不在本科目核算。本科目的期末借方余额，反映企业尚未完工的基建工程发生的各项实际支出。

本科目应当设置以下明细科目：建筑工程、安装工程、在安装设备、技术改造工程、大修理工程、其他支出。

企业自营的基建工程，领用工程用材料物资时，应按实际成本，借记本科目（建筑工程、安装工程等 ——××工程），贷记"工程物资"；基建工程领用本企业原材料的，应按原材料的实际成本加上不能抵扣的增值税进项税额，借记本科目（建筑工程、安装工程等——××工程），按原材料的实际成本或计划成本，贷记"原材料"，按不能抵扣的增值税进项税额，贷记"应交税金—应交增值税（进项税额转出）"。采用计划成本进行材料日常核算的企业，还应当分摊材料成本差异。基建工程领用本企业的商品产品时，按商品产品的实际成本（或进价）或计划成本（或售价）加上应交的相关税费，借记本科目（建筑工程、安装工程——××工程），按应交的相关税费，贷记"应交税金—应交增值税（销项税额）"等，按库存商品的实际成本（或进价）或计划成本（或售价），贷记"库存商品"。库存商品采用计划成本或售价的企业，还应当分摊成本差异或商品进销差价。基建工程应负担的职工工资，借记本科目（建筑工程、安装工程——××工程），贷记"应付工资"。企业的辅助生产部门为工程提供的水、电、设备安装、修理、运输等劳务，应按月根据实际成本，借记本科目（建筑工程、安装工程等——××工程），贷记"生产成本——辅助生产成本"等。

基建工程发生的工程管理费、征地费、可行性研究费、临时设施费、公证费、监理费等，借记本科目（其他支出），贷记"银行存款"等；基建工程应负担的税金，借记本科目（其他支出），贷记"银行存款"等。

由于自然灾害等原因造成的单项工程或单位工程报废或毁损，减去残料价值和过失人或保险公司等赔款后的净损失，报经批准后计入继续施工的工程成本，借记本科目（其他支出）科目，贷记本科目（建筑工程、安装工程等——××工程）；如为非正常原因造成的报废或毁损，或在建工程项目全部报废或毁损，应将其净损失直接计入当期营业外支出。工程物资在建设期间发生的盘亏、报废及毁损，其处置损失，报经批准后，借记本科目，贷记"工程物资"；盘盈的工程物资或处置收益，做相反的账务处理。

基建工程达到预定可使用状态前进行负荷联合试车发生的费用，借记本科目（其他支出），贷记"银行存款""库存商品"等；获得的试车收入或按预计售价将能对外销售的产品转为库存商品的，做相反账务处理。

基建工程完工后应当进行清理，已领出的剩余材料应当办理退库手续，借记"工程物资"，贷记本科目。

基建工程完工交付使用时，企业应当计算各项交付使用固定资产的成本，编制交付使用固定资产明细表。

企业应当设置"在建工程其他支出备查簿"，专门登记基建项目发生的构成项目概算内容但不通过"在建工程"科目核算的其他支出，包括按照建设项目概算内容购置的不需要安装设备、现成房屋、无形资产以及发生的递延费用等。企业在发生上述支出时，应当通过"固定资产""无形资产"和"长期待摊费用"科目核算。但同时应在"在建工程—其他支出备查簿"中进行登记。

3. 在建工程减值准备

为核算企业的在建工程减值准备，设置"在建工程减值准备"科目。企业发生在建工程减值时，借记"营业外支出—计提的在建工程减值准备"，贷记本科目；如已计提减值准备的在建工程价值又得以恢复，应在原已提减值准备的范围内转回，借记本科目，贷记"营业外支出—计提的在建工程减值准备"。本科目期末贷方余额，反映企业已提取的在建工程减值准备。

二、出包工程

企业采用出包方式进行的自制、自建固定资产工程，"在建工程"账户实际上成为企业与承包单位的结算账户，企业将与承包单位结算的工程价款作为工程成本，通过"在建工程"账户进行核算。

企业发包的基建工程，应于按合同规定向承包企业预付工程款、备料款时，按实际支付的价款，借记"在建工程"科目（建筑工程、安装工程等——××工程），贷记"银行存款"科目；以拨付给承包企业的材料抵作预付备料款的，应按工程物资的实际成本，借记"在建工程"科目（建筑工程、安装工程等——××工程），贷记"工程物资"科目；将需要安装设备交付承包企业进行安装时，应按设备的成本，借记"在建工程"科目（在安装设备），贷记"工程物资"科目；与承包企业办理工程价款结算时，补付的工程款，借记"在建工程"科目（建筑工程、安装工程等——××工程），贷记"银行存款"等科目。

第四节　财务会计固定资产的折旧

固定资产折旧，是指固定资产在使用过程中，逐渐损耗而消失的那部分价值。固定资产损耗的这部分价值，应当在固定资产的有效使用年限内进行分摊，形成折旧费用，计入各期成本。

一、折旧的性质及计提范围

（一）折旧的性质

固定资产在长期使用过程中，实物形态保持不变，但因使用、磨损及陈旧等原因会发生各种有形和无形的损耗。有形损耗对使用中的固定资产而言，产生于物质磨损；不使用的固定资产也可能发生损耗，如自然气候条件的侵蚀及意外毁损造成的损耗。无形损耗是因技术进步、市场变化、企业规模改变等原因引起的。有的资产因陈旧、不适应大规模生产发展的需要，而导致在其耐用年限届满前退废。

固定资产的服务能力随着时间的推移逐步消逝，其价值也随之发生损耗，企业应采用系统合理的方法，将其损耗分摊到各经营期，记做每期的费用，并与当期营业收入相配比。固定资产的成本随着逐期分摊，转移到它所生产的产品或提供的劳务中去，这个过程即为计提折旧，每期分摊的成本称为折旧费用。

　　企业应当根据固定资产的性质和消耗方式，合理地确定固定资产的预计使用年限和预计净残值，并根据科技发展、环境及其他因素，选择合理的固定资产折旧方法，按照管理权限，经股东大会或董事会，或经理（厂长）会议或类似机构批准，作为计提折旧的依据。按照法律、行政法规的规定报送有关各方备案，并备置于企业所在地，以供投资者等有关各方查阅。企业已经确定并报送，或备置于企业所在地的有关固定资产预计使用年限和预计净残值、折旧方法等，一经确定不得随意变更；如需变更，仍然应当按照上述程序，经批准后报送有关各方备案，并在会计报表附注中予以说明。

　　固定资产项目的应折旧金额应当在其使用寿命内系统地摊销，所使用的折旧方法应能反映企业消耗该资产所含经济利益的方式。每期的折旧额应确认为费用，除非将其计入另一项资产的账面金额。

　　我国相关文件规定：折旧是指在固定资产的使用寿命内，按照确定的方法对应计折旧额进行的系统分摊。其中，应计折旧额，是指应当计提折旧的固定资产的原价扣除其预计净残值后的余额；如果已对固定资产计提减值准备，还应当扣除已计提的固定资产减值准备累计金额。使用寿命，是指固定资产预期使用的期限。有些固定资产的使用寿命也可以用该资产所能生产的产品或提供的服务的数量来表示。

（二）折旧的范围

　　固定资产因使用会发生实物磨损，所以使用中的固定资产（如机器设备）均需计提折旧；考虑到无形损耗的原因，对一些未使用、不需用的固定资产，仍应计提折旧，房屋和建筑物不管是否使用均计提折旧；以融资租赁方式租入的固定资产，应当比照自有固定资产进行会计处理，故亦要计提折旧。

　　具体来讲，企业的下列固定资产应当计提折旧：

①房屋和建筑物；

②在用的机器设备、仪器仪表、运输工具、工具器具；

③季节性停用、大修理停用的固定资产；

④融资租入和以经营租赁方式租出的固定资产。

下列固定资产不计提折旧：

①房屋、建筑物以外的未使用、不需用固定资产；

②以经营租赁方式租入的固定资产；

③已提足折旧继续使用的固定资产；

④按规定单独估价作为固定资产入账的土地。

　　已达到预定可使用状态的固定资产，如果尚未办理竣工决算的，应按估计价值暂估入账，并计提折旧；待办理了竣工决算手续后，再按照实际成本调整原来的暂估价值，同时调整原已计提的折旧额。

　　已提足折旧的固定资产，如仍可继续使用，不再计提折旧；提前报废的固

　　定资产，未提足的折旧不再补提折旧。所谓提足折旧，是指已经提足该项固定资产应提的折旧总额。应提的折旧总额为固定资产原价减去预计残值加上预计清理费用。

我国相关文件规定：除以下两种情况外，企业应对所有固定资产计提折旧：

①已提足折旧仍继续使用的固定资产；

②按规定单独估价作为固定资产入账的土地。

二、影响折旧的因素

固定资产折旧的计算，涉及固定资产原值、预计净残值、估计使用年限和折旧方法四个要素。

（一）固定资产原值

是固定资产取得时的实际成本。

（二）预计净残值

指固定资产在报废时，预计残料变价收入扣除清算时清算费用后的净值，也称预计净残值。实物中常用固定资产原值的一定百分比估算。在计算折旧时，把固定资产原值减去估计残值后的余额称为折旧基数或折旧总额。

（三）估计使用年限

在估计时应同时考虑有形损耗和无形损耗，即实物的使用寿命和与经济效用等有关的技术寿命。在科学技术飞速发展的今天，技术密集型企业应更多地考虑无形损耗，合理估计使用年限。

固定资产项目的使用寿命应定期地进行复核，如果预期数与原先的估计数相差很大，则应对本期和将来各期的折旧金额进行调整。

我国相关文件规定：企业在确定固定资产的使用寿命时，主要应当考虑下列因素：（1）该资产的预计生产能力或实物产量；（2）该资产的有形损耗，如设备使用中发生磨损、房屋建筑物受到自然侵蚀等；（3）该资产的无形损耗，如因新技术的出现而使现有的资产技术水平相对陈旧、市场需求变化使产品过时等；（4）有关资产使用的法律或者类似的限制。

我国相关文件规定：企业应当根据固定资产的性质和使用情况，合理确定固定资产的使用寿命和预计净残值。除下述定期复核引起使用寿命改变外，固定资产的使用寿命、预计净残值一经选定，不得随意调整。企业应当定期对固定资产的使用寿命进行复核。如果固定资产使用寿命的预期数与原先的估计数有重大差异，则应当相应调整固定资产折旧年限。

三、折旧方法

固定资产的折旧方法有很多种，如直线法、加速折旧法等，我国会计制度规定，企业可以采用直线法计提折旧，在经有关部门批准的前提下，也可以采用加速折旧法。

（一）直线法

直线法，具体又有年限平均法和工作量法两种。

1. 年限平均法

是各种折旧方法中最简单的一种。固定资产折旧总额在使用年限内平均分摊，每期的折旧额相等。

计算公式表示如下：

年折旧额＝（固定资产原值－预计净残值）÷ 估计使用年限；

年折旧率＝（1－预计净残值率）÷ 估计使用年限；

其中，预计净残值率＝预计净残值 ÷ 固定资产原值；

月折旧率＝年折旧率 ÷12；

月折旧额＝固定资产原值 × 月折旧率。

我国固定资产折旧一般采用年限平均法，这种方法最大的优点是计算简便。但是，它只考虑固定资产的估计使用时间，而忽略了实际使用的现状。固定资产使用早期，其工作效率相对较高，发生的维修保养费少；后期固定资产工作效率相对较低，发生的维修保养费逐步增加。在整个使用期内，各期费用总额分布均匀，呈递增趋势，而固定资产工作效率呈递减趋势。在其他因素不变的情况下，利润逐年递减。采用年限平均法，不能反映资产的实际使用情况，从而影响到决策者对财务信息的分析判断。

2. 工作量法

是将固定资产的总折旧额按其估计工作总量（如总生产量、总工作小时等）平均分摊，以求得单位工作量应负担折旧额。

采用年限平均法尽管在实际操作中比较简单，但由于无形损耗的存在，固定资产可能在估计使用年限届满前甚至早期即遭淘汰，导致大部分成本无法通过折旧收回，企业将面临一定的损失。

（二）加速折旧法

加速折旧法是在固定资产使用早期多提折旧，在使用后期少提折旧的一种方法。这种处理的理论依据是，固定资产在使用早期，提供的服务多，为企业创造的效益高；后期随着实物磨损程度加剧，提供的服务量减少，而修理费用增加。如果在资产使用过程中折旧的计提逐年递减，可使固定资产在各年承担的总费用接近，利润平稳。这也弥补了年限平均法的局限。在加速折旧法下，由于早期计提了较多的折旧，即使固定资产提前报废，其成本于前期基本已收回，也不会造成过多损失。加速折旧法主要有双倍余额递减法和年数总和法两种。下面分述之。

1. 双倍余额递减法

这一方法下，固定资产的折旧率为年限平均法折旧率的 2 倍，账面价值同样随着每期计提的折旧而减少。每期应计提的折旧计算为：

年折旧额＝递减的账面价值 × 年折旧率＝递减的账面价值 ×2÷ 折旧年限。

其中，第一年的账面价值为固定资产的原始成本（不减估计残值）。

值得注意的是，在固定资产使用的后期，如果期末账面价值扣除预计净残值后的余额，采用直线法在剩余年限内的计提的折旧额，比继续使用双倍余额递减法计提的折旧额大，从该会计期开始必须改用直线法。

2. 年限积数法

也称年数总和法，是将固定资产应计提的折旧总额按递减的折旧率计算每期的折旧额。用公式可表示为：

年折旧额 =（固定资产原值 – 估计残值）× 递减的折旧率。

折旧率为分数，分母是根据固定资产估计使用年限计算的积数，分子是固定资产尚可使用的年数，即从使用年限起依次递减的自然数。用公式表示为：

年折旧率 = 尚可使用年数 ÷ 预计使用年限的年数总和

= （预计使用年限 – 已使用年限）÷［预计使用年限 ×（预计使用年限 + 1）］。

企业一般是按月提取折旧。当月增加的固定资产，当月不提折旧；从下月起计提折旧；当月减少的固定资产，当月照提折旧，从下月起不提折旧。实际中常用的计算公式是：

固定资产月折旧额 = 上月计提的固定资产折旧额 + 上月增加固定资产应计提折旧额 – 上月减少固定资产应计提折旧额。

为核算企业固定资产的累计折旧，设置"累计折旧"账户。本科目期末贷方余额，反映企业提取的固定资产折旧累计数。企业按月计提的固定资产折旧，借记"制造费用""营业费用""管理费用""其他业务支出"等科目，贷记"累计折旧"科目。

借：制造费用（生产用固定资产计提的折旧）；

营业费用（销售等用固定资产计提的折旧）；

管理费用（管理部门用固定资产计提的折旧）；

其他业务支出（出租等用固定资产计提的折旧）；

应付福利费（福利部门用固定资产计提的折旧）。

外商投资企业采购的国产设备退还的增值税款，在设备达到预定可使用状态前收到的，冲减设备的成本，借记"银行存款"科目，贷记"在建工程"等科目；如果采购的国产设备已达到预定可使用状态，应调整设备的账面原价和已提的折旧，借记"银行存款"科目，贷记"固定资产"科目；同时，冲减多提的折旧，借记"累计折旧"科目，贷记"制造费用""管理费用"等科目。如果采购的国产设备已达到预定可使用状态，但税务机关跨年度退还增值税，则应相应调整设备的账面原价和已提的折旧，借记"银行存款"科目，贷记"固定资产"科目；同时，冲减多提的折旧，借记"累计折旧"科目，贷记"以前年度损益调整"科目。

第五节　财务会计固定资产的支出

固定资产在使用过程中会发生各种支出，如为了恢复、改进固定资产的性能发生的维修费、保养费支出，固定资产因改建、扩建、增建等原因增加的支出，为了发挥固定资产潜力增加的支出等。这些开支发生时，关键要区分支出的性质，即资本性支出还是收益性支出，进而作出不同的账务处理。

一、影响固定资产数量方面的支出

固定资产因数量增加发生的支出，主要是用于增加企业固定资产实体及在原有基础上的扩建，如房屋加层、增设电子监控设备等。对新增的资产，因其受益期一般与估计使用年限相近，至少在一年以上，所以要把有关支出资本化。购建新固定资产时。把全部支出列为固定资产的成本，账务处理参照第二节有关内容。扩建时，把所付出的代价全部计入原资产的成本，在扩建过程中如涉及拆除一部分旧设施，在会计处理上通常不减去拆除旧资产的成本，扩建成本先在"在建工程"账户中归集，完工后一次转入原"固定资产"账户。

二、影响固定资产质量方面的支出

（一）换新

固定资产换新指调换原资产上陈旧或受损的项目，以恢复其应有的性能和生产能力，包括整个资产项目的换新和非经常性的大部件换新。换新后的资产并不提高质量或功能。由于换新项目大小不等，发生的费用在处理上也应有所区别。大型项目，非经常性大部件的更换，作为资本性支出处理，中、小项目的换新，可视同经常性修理，作为收益性支出处理。

（二）维修保养

为了使固定资产保持良好的使用状态，应进行日常的维护保养，如更换螺丝、弹簧，定期添加润滑剂等，这种支出费用较低，发生比较频繁，一般视为收益性支出，记为当期费用。

固定资产随着不断使用，实物磨损加剧，往往会发生局部的损坏，影响其使用效率。为恢复原有的性能，必须对固定资产定期或不定期地加以修理，使之处于正常运转状态。固定资产的修理，按范围的大小和间隔时间长短可分为大修理和中小修理两种。

大修理，是对固定资产进行局部更新，通常修理的范围大，间隔时间长，修理次数少，一次修理所花的费用较大。由于大修理费用发生不均匀，企业可采用预提或待摊的方法均衡成本。

中小修理，又称经常性修理，是为了维护和保持固定资产正常工作状态进行的修理工作，如更换零部件、排除故障等。其特点是修理范围小，间隔时间短，修理次数多，每次的修理费用少。一般将经常性修理作为收益性支出处理，在支出发生时计入当期费用。即按实际发生数额借记有关成本费用账户，贷记"银行存款"等科目。为了平衡各会计期的费用，或当中小修理费用较大时，也可采用摊销的方法。

值得注意的是，在实际操作上，中小修理、维护保养、换新等很难严格区分，企业应根据规模大小、资产的重要程度等实际情况区别对待。

（三）改良和改善

改良和改善支出主要用于改进固定资产的质量和功能。改良支出较大，能使固定资产的质量或功能有显著的提高，如安装中央空调以取代原有的取暖设施。固定资产改良工程上的所有支出均应作为资本性支出处理，记入资产的成本。在工程进程中，如有被替换的旧资产，则旧资产的成本应从原资产账户中转出。

固定资产改善一般支出较小，质量改进不显著，如一般照明设备的改进。凡属于这种支出的应视为收益性支出，记入本期损益。

我国相关文件规定：与固定资产有关的后续支出，如果使可能流入企业的经济利益超过了原先的估计，如延长了固定资产的使用寿命，或者使产品质量实质性提高，或者使产品成本实质性降低，则应当计入固定资产账面价值，其增计金额不应超过该固定资产的可收回金额；否则，应当确认为费用。

三、固定资产减值

固定资产发生损坏、技术陈旧或其他经济原因，导致其可收回金额低于其账面净值，这种情况称之为固定资产减值。

企业应当在期末或者至少在每年年度终了，对固定资产逐项进行检查，如果由于市价持续下跌，或技术陈旧、损坏、长期闲置等原因导致其可收回金额低于账面价值的，应当将可收回金额低于其账面价值的差额作为固定资产减值准备。

固定资产减值准备应按单项资产计提。在资产负债表中，固定资产减值准备应当作为固定资产净值的减项反映。

如果企业的固定资产实质上已经发生了减值，应当计提减值准备。当固定资产存在下列情况之一时，应当按照该项固定资产的账面价值全额计提固定资产减值准备：

①长期闲置不用，在可预见的未来不会再使用，且已无转让价值；
②由于技术进步等原因，已不可使用；
③虽然固定资产尚可使用，但使用后产生大量不合格品；
④已遭毁损，以至于不再具有使用价值和转让价值；

⑤其他实质上已经不能再给企业带来经济利益的情况。

已全额计提减值准备的固定资产，不再计提折旧。

在每一个资产负债表日，企业应评估是否存在资产可能已经减值的迹象。如果存在这种迹象，企业应估计资产的可收回金额。在估计资产是否存在减值的迹象时，企业至少应考虑下述迹象。

外部信息来源：

①资产的市价在当期大幅下跌，其跌幅大大高于因时间推移或正常使用而预计的下跌；

②技术、市场、经济或法律等企业经营环境，或是资产的营销市场，在当期发生或在近期将发生重大变化，对企业产生负面影响；

③市场利率或市场的其他投资回报率在当期已经提高，从而很可能影响企业计算资产使用价值时采用的折现率，并大幅度降低资产的可收回金额；

④报告企业的净资产账面金额大于其市场资本化金额。

内部信息来源：

①有证据表明资产已经陈旧过时或实体损坏；

②资产的使用或预计使用方式或程度已在当期发生或在近期将发生重大变化，对企业产生负面影响。这些变化包括计划终止或重组该资产所属的经营业务，或计划在以前的预定日期之前处置该资产；

③内部报告提供的证据表明，资产的经济绩效已经或将要比预期的差。

当资产的可收回金额小于其账面价值时，资产的账面价值应减记至可收回金额，减记的价值即为资产减值损失。

我国相关文件规定：固定资产的减值是指，固定资产的可收回金额低于其账面价值。可收回金额，是指资产的销售净价与预期从该资产的持续使用和使用寿命结束时的处置中形成的现金流量的现值两者之中的较高者。其中销售净价是指，资产的销售价格减去处置资产所发生的相关税费后的余额。企业应当于期末对固定资产进行检查，如发现存在下列情况，应当计算固定资产的可收回金额，以确定资产是否已经发生减值：

①固定资产市价大幅度下跌，其跌幅大大高于因时间推移或正常使用而预计的下跌，并且预计在近期内不可能恢复；

②企业所处经营环境，如技术、市场、经济或法律环境，或者产品营销市场在当期发生或在近期将发生重大变化，并对企业产生负面影响；

③同期市场利率等大幅度提高，进而很可能影响企业计算固定资产可收回金额的折现率，并导致固定资产可收回金额大幅度降低；

④固定资产陈旧过时或发生实体损坏等；

⑤固定资产预计使用方式发生重大不利变化，如企业计划终止或重组该资产所属的经营业务、提前处置资产等情形，从而对企业产生负面影响；

⑥其他有可能表明资产已发生减值的情况。

如果固定资产的可收回金额低于其账面价值，企业应当按可收回金额低于账面价值的差额计提固定资产减值准备，并计入当期损益。已计提减值准备的固定资产，应当按照该固定资产的账面价值以及尚可使用寿命重新计算确定折旧率和折旧额；如果已计提减值准备的固定资产价值又得以恢复，应当按照固定资产价值恢复后的账面价值，以及尚可使用寿命重新计算确定折旧率和折旧额。因固定资产减值准备而调整固定资产折旧额时，对此前已计提的累计折旧不做调整。如果有迹象表明以前期间据以计提固定资产减值的各种因素发生变化，使得固定资产的可收回金额大于其账面价值，则以前期间已计提的减值损失应当转回，但转回的金额不应超过原已计提的固定资产减值准备。

为核算企业提取的固定资产减值准备，设置"固定资产减值准备"账户。本账户按固定资产项目设置明细账。本账户期末贷记"余额"，反映企业已提取的固定资产减值准备。企业发生固定资产减值时，借记"营业外支出 — 计提的固定资产减值准备"科目，贷记本科目；如已计提减值准备的固定资产价值又得以恢复，应在原已提减值准备的范围内转回，借记本科目，贷记"营业外支出 — 计提的固定资产减值准备"科目。

第四章 内部财务审计基础知识

第一节 内部审计的定义与内涵

内部审计是一种独立、客观的确认和咨询活动，旨在增加价值和改善组织的运营。它通过应用系统的、规范的方法，评价并改善风险管理、控制和治理过程的效果，帮助组织实现其目标。近年来，随着经济和社会的发展，各类组织对内部审计的重视程度日益提高，内部审计在理念、目标、职能和内容等方面发生了很大变化，面临着新的发展机遇和挑战。

一、内部审计的定义

国际内部审计师协会自 20 世纪 40 年代成立以来，先后七次发表了关于内部审计职能的定义，这些定义的修改和发展，记录了内部审计职能前进、变化的足迹，标志着内部审计随着外部环境、工作方式的不断变化，其职能定位也在不断调整、创新，以适应时代发展的需要。

内部审计的目标从过去的防错、查弊，提升到了促进企业价值增值。其职能在传统的监督检查之外，更多地体现了"咨询"角色、"服务"理念、促进组织目标实现的"战略"定位。理解这个定义，应该把握以下要点：

①内部审计是由组织内部专职的机构或人员所从事的一种独立检查和评价活动。

②内部审计工作是一种独立性的评价活动，是一种服务。

59

③内部审计的范围是该组织的活动，未具体规定内部审计的范围，但在随后的实物具体标准和职责说明中规定了审计范围。包括：第一，审查财务和经营资料的可靠程度和完整性以及鉴别、衡量、分类和报告这些资料的使用方法。第二，审查用于保证遵守那些对经营和报告可能有重要影响的政策、计划、程序、法律和规定而建立的系统，并且应确定该组织是否遵守这一切。第三，审查保护资产的方法，在必要时应核实资产是否真实存在。第四，评价使用资源的经济性和有效性。第五，审查经营或项目以确保其成果与所确定的目标和目的相一致，并确定经营或项目是否按计划进行。

④内部审计的目的是帮助该组织的领导成员全面、有效地履行赋予他们的经济责任。

总体来看，内部审计经过了从财务审计向经营审计、风险管理审计发展；从账表导向审计向风险导向审计发展；从事后审计向事前审计发展；从单一的监督职能逐渐向评价、控制、咨询等多职能方向发展的阶段。

二、内部审计的内涵

正确把握内部审计定义的前提是准确界定审计的本质，界定审计"本质"应该遵循以下原则：

①审计本质应揭示审计所固有的、内在的自然属性，应撇开审计的社会属性，撇开不同社会环境下不同类型审计所具有的特性。

②确定审计本质必须有一个充分广泛的参照系统，应充分考虑已经形成、正在形成，甚至将要形成的各种审计类型。

③确定审计本质应该有利于审计理论结构的完善，审计本质要有利于演绎推出审计理论结构中的其他要素或命题。从历史的角度分析，对审计本质的解释先后经历了四个阶段，即查账论、方法过程论、经济监督论和经济控制论。由于查账论和方法过程论分别侧重于审计的方法、手段和行为过程的描述，未触及审计的本质而逐渐被淘汰。目前，在理论界有广泛影响的是经济监督论和经济控制论。经济监督论认为审计的本质是经济监督，该观点是由我国学者提出的，而且在理论界有广泛的影响，这一观点克服了以往对审计本质的解释侧重于对事物现象描述的缺点，开始接近审计的本质。该观点存在的问题是：

a.经济监督论并未揭示审计所固有的、内在的特殊性，它无法区分审计与其他经济监督，为了将审计与其他经济监督进行区分，有些学者将审计解释为综合性的经济监督或独立性的经济监督，然而综合性、独立性并非审计所独有，其他经济监督有时也具备。

b.经济监督论无法回答一些审计实践问题，如：国家审计发挥的宏观调控作用；内部审计对于完善企业管理、加强内部控制、提高经济效益的作用；民间审计对财务报告的公证作用以及在管理咨询、会计服务等业务上的作用。

c.经济监督论无法涵盖审计的全部职能，通常人们认为审计具有经济监督、经济评价、经济鉴证的职能，而且随着人们对审计认识的深入，新的审计职能还会被发现。如果将审计的本质解释为经济监督，也就很难解释除经济监督以外的其他审计职能。

经济控制论认为审计本质是经济控制。文献之中。我国系统论述该观点的学者在其论著中指出：审计在本质上是一种确保受托经济责任全面有效履行的特殊经济控制。"相对于前三种观点，该观点更加准确地揭示了审计的本质。这主要体现在四个方面：

①将审计解释为"控制"，可以涵盖除经济监督之外的其他审计职能。

②将审计的对象界定为受托经济责任，有利于解释审计产生和发展的动因，适用于各种类型的审计；同时，它又将审计与其他经济控制区别开来，因为其他经济控制的对象是控制主体所控制的经济行为活动本身。

③"全面、有效"概括了审计内容，"全面"是指全面履行行为责任和报告责任，"有效"是指每一责任的履行符合要求。

④该观点有利于在审计理论研究中引入控制论、信息论、系统论的科学原理，有利于完善审计理论结构。然而该观点有两点值得商榷：

a."确保"两字混淆了审计责任与管理责任的界限，审计的独立性决定了审计不应该也不能够确保受托经济责任全面有效地履行。

b.控制具有纠偏的功能，审计同样具有纠偏的功能，该学者认为审计的纠偏包括审计人的直接纠偏和间接纠偏，如国家审计机关通过审计处理权的执行实现直接纠偏。审计人员将审计差异反馈给审计委托人，通过委托人纠偏，此时审计委托人的纠偏是直接纠偏，审计人的纠偏是间接纠偏。无论是直接纠偏还是间接纠偏，审计控制主体均由审计人和审计委托人构成。我们认为问题出在审计人员的直接纠偏，它会影响审计人员的独立性，混淆审计责任与管理责任的界限，另外国家审计机关的直接纠偏也有违于审计属于间接控制的范畴。因此，审计人员的纠偏应该是间接纠偏。

综上所述，我们认为：审计的本质是验证并报告受托经济责任全面有效履行的特殊经济控制。此处"验证并报告"反映了审计的过程，"特殊经济控制"是指审计控制由审计人和审计委托人组成共同控制主体，并且审计人的控制是间接控制。审计的对象是受托经济责任的全面有效履行情况。内部审计的本质是由企业内部设立的专门机构和人员对企业内部机构和人员受托经济责任的履行情况进行验证并报告的特殊经济控制。同样，内部审计的控制是间接控制，即内部审计机构或人员将审计差异反馈给审计委托人，通过委托人实现纠偏，内部审计组织和内部审计人员的纠偏是间接纠偏。

第二节　内部审计的独立性与职业审慎

内部审计概念是从审计实践中抽象出来的，是制定和评判审计准则的依据和衡量审计质量的尺度。在审计概念的概括抽象过程中要运用到演绎归纳推理的方法，演绎的起点是审计的目标和审计基本假设，演绎的结果要有利于建立审计准则的概念框架体系，对审计准则的制定具有指导作用。世界上最早构筑审计理论结构的审计学家们提出了五个审计的基本概念，即证据、应有的审计关注、公允表达、独立性、道德行为。这五个概念在十条公认审计准则中都有所体现，由此可以看出审计概念在制定审计准则时的重要性。从审计实践中可以推出许多审计概念，但是，推论审计概念除了考虑审计实践外，还要考虑审计理论结构的完善、审计概念对制定审计准则的重要性等要素，依据上述原则，结合内部审计实践，我们认为内部审计基本概念应包括独立性、应有的审计关注、审计证据。

一、独立性

独立性指内部审计部门或首席审计官不偏不倚地履行职责，免受任何威胁其履职能力的情况影响。要达到有效履行内部审计部门职责所必需的独立程度，首席审计官需要直接与高级管理层和董事会接触。这一要求可以通过建立双重报告关系来实现。独立性所面临的各种威胁必须在审计师个人、具体业务、职能部门和整个组织等不同层面上得到解决。首席审计官必须向组织内部能够确保内部审计部门履行职责的层级报告。首席审计官必须至少每年一次向董事会确认内部审计部门在组织中的独立性。内部审计师必须有公正、不偏不倚的态度，避免任何利益冲突。

内部审计的独立性是通过内部审计部门的组织状况和内部审计人员的客观性来实现的。

（一）内部审计的组织地位

一般来说，内部审计部门是企业的职能部门，内部审计部门的规模和地位适应企业的需要而设置或确立，是否设置内部审计部门、内部审计组织规模的大小、内部审计隶属于哪个部门等问题应由企业决定，不应由企业外部（如政府有关部门、企业主管部门）强加于企业，因为这与建立现代企业制度的要求是不相适应的。

国内外的内部审计实践表明，内部审计的组织地位和其作用的发挥是相辅相成的，内部审计组织地位的提高有赖于其在财务审计、合规审计、内部控制审计、经营审计等方面作用的发挥，有赖于内部审计组织所提供的有价值的服务。相反，内部审计组织地位的提高，会增强内部审计组织的独立性，同时为内部审计人员卓有成效地履行其职责，发挥内部审计的职能提供了条件。另外，还应该看到外在环境，尤其是法律环境、经济环境对内部审计组织的影响，如：相关法律中规定设立内部会计控制、相关法规中规定上市公司实行内部控制披露制度均对内部控制的建设起了推动作用。

内部审计部门在组织关系上的独立性是内部审计人员保持客观公正的职业态度的前提，因此，内部审计部门的组织状况要使它能够圆满地完成它的审计职责。为此，内部审计组织地位的最低要求是独立或不隶属于企业中其他的职能部门，以保持内部审计人员在部门关系上与被审计的部门、单位及其相关业务活动相分离。内部审计部门组织地位的高低表现为内部审计报告的呈报对象，即接受审计报告的人要有足够的权威，能够保证对审计报告中的问题和建议给予合理、正确的分析判断，并及时采取改进措施。为此，内部审计人员必须取得高级管理层和董事会的支持，这样，他们才能得到被审计者的合作，并且不受干扰地开展工作。

（二）内部审计人员的客观性

客观性指不偏不倚的工作态度，内部审计师方可在开展业务时确信其工作成果，不做任何质量方面的妥协。客观性要求内部审计师对于审计事项的判断不得屈服于他人。客观性所面临的各种威胁必须在审计师个人、具体业务、职能部门和整个组织等不同层面上得到解决。内部审计人员要做到客观性需要注意以下几点：

①精神上的独立性。审计人员在思想上、精神上保持独立，独立性是一种客观公正的能力和立场。

②形式上的独立性。审计机构和审计人员在外在形式方面应独立于被审计单位之外，不参加其管理活动，与被审计单位及其主要负责人在经济上没有利害关系。

③审计过程的独立性。审计人员在审计计划的制定、审计计划的实施和审计报告的提出过程中保持独立。审计计划制定阶段，在选择审计技术、审计程序和确定其应用范围时不受控制和干扰；审计计划实施阶段，在选择应检查的范围、活动、人际关系和管理政策方面不受控制和干扰；提出审计报告阶段，在陈述经检查明确的事实，参照检查结果提出建议和意见时不受控制和干扰。

二、应有的职业审慎

内部审计师必须具备并保持合理的审慎水平和胜任能力所要求的谨慎和技能。但是，应有的职业审慎并不意味着永不犯错。内部审计师必须考虑以下因素，履行其应有的职业审慎：一是为实现业务目标而需要开展工作的范围；二是所要确认事项的相对复杂性、重要性或严重性；三是治理、风险管理和控制过程的适当性和有效性；四是发生重大错误、舞弊或不合法的可能性；五是与潜在效益相对的确认成本。在履行应有的职业审慎时，内部审计师必须考虑利用技术的审计方法和其他数据分析技术。内部审计师必须警惕可能影响目标、运营或资源的重大风险。

应有的职业审慎是指内部审计人员在开展内部审计工作时应保持合理的审慎和能力。职业审慎要求审计人员做到以下几点：

①将检查和审核工作进行到一个合理的程度，它不要求对所有经济业务进行详细的审计，但要求内部审计人员在接受一项委托时，应考虑实质性的违章或不守法的可能性。

②内部审计人员应对下列事项保持审慎性：一是、差错和疏忽、效率低、浪费、无效的和利害冲突的可能性；二是最可能出现的不正当行为的情况和活动；三是不恰当的控制系统；四是评价现有的经营准则并确定这些准则是否可以被接受并得到遵守等。

③当怀疑被审计单位有不正当行为时，必须通知企业内部适当的权力机构并进行必要的调查，此后，内部审计人员还应进行必要的跟踪审计。

④使用适当的审计技巧和判断，如：审计程序、考虑内部控制系统的健全和有效性、审计效益成本。保持应有的审计关注意味着通过审计，审计人员可以发现应该发现的舞弊和差错；对于使用审计报告的人员来说，他们拥有一个衡量审计工作成果的标准和对审计人员的期望标准。

在执行审计业务过程中，为了有效地履行审计责任，审计人员应尽的审计关注主要包括：

①对相关法律、法规的关注。内部审计人员应该对那些如果不被审计单位遵守就将影响会计资料的可靠性、就会出现重大错漏和舞弊、就会出现财产物资损失的法律、法规和制度予以充分关注。一旦发现其未被遵守，应当规划和实施必要的审计程序，评价并揭示不遵守所导致的结果。

②对会计报表包含的其他信息的关注。如管理当局的经营报告、财务概述、财务比率、雇员资料、资本支出计划、有选择的季度资料等。其中，充分是指审计证据的数量要求；适当是指审计证据的质量要求，它包括相关和可靠两个子项。充分性又称足够性，是指审计人员收集到的审计证据在数量上应能满足形成审计意见的需要。判断审计证据是否充分，应予考虑的因素主要包括审计风险、具体审计项目的重要性、审计人员的执业能力、审计过程中有否发现舞弊和错误、审计证据的类型与取得途径、成本效益性、总体的规模与特征。审计证据的适当性是相对于其质量而言的，它包括相关性和可靠性。其中，审计证据的相关性要求审计证据与被审事项的审计目标相关联，审计证据要能够说明审计意见和结论。审计证据的可靠性是指审计证据要如实地反映客观事实，审计证据的可靠性受其来源、及时性、客观性的制约。

三、重要性原则

内部审计应遵循重要性原则，即依据企业自身的风险和控制的重要性确定审计重点，关注重点区域和重点业务。内部审计应以面临的战略风险和重大风险为导向，在两个层面上展开审计工作，即计划层面和执行层面。

①战略分析，在战略层面了解被审计单位及其所处的市场和行业。

②企业风险识别和评估是帮助企业识别关键风险并优化风险管理框架的一个过程。评估结果有助于内部审计计划的制定，并通过风险导向原则使内部审计人员集中关注高风险领域，从而提高工作效率。

③制定内部审计计划，内部审计计划应基于风险导向原则而制定。

④执行内部审计计划，了解业务流程，制定内部审计方案并开展审计工作。执行审计计划还包括了对控制活动的验证和测试，以及对发现问题的记录。

⑤报告审计结果，指导在战略分析、了解业务流程以及执行内部审计等各阶段的报告工作，包括向审计委员会进行的报告，如年度报告和季度的更新情况报告。

⑥落实跟进审计发现，对审计发现的解决和跟进。

第三节 内部审计的模式、作用与角色

内部审计是一种独立、客观的保证与咨询活动，旨在为组织增加价值和改善组织的运营。它通过应用系统化、规范化的方法，评价和改善风险管理、控制及治理过程的效果，帮助组织实现其目标。根据内部审计的定义，内部审计职能在传统的监督检查之外，更多地体现了"咨询"角色、"服务"理念，促进组织目标实现的"战略"定位，拓展了内部审计作为董事会和高管层的"谋士"角色。

一、内部审计模式的转变

（一）传统国营内部审计模式

在该模式下，内部审计是政府审计机关权力的延伸，存在于各政府机关、国有企业及非营利机构内，目的是协助政府进行监管，确保资产及资源运用恰当，向国家及组织领导人提交遵循审计的工作结果及分析，协助政府惩罚违规的机关负责人。在该模式下，内部审计多被定位为稽核。

稽核，稽是考察、稽查；核是审核、核实、核查，合成解释为稽查成数而审核其实在。简言之，稽核是稽查和审核的简称，稽核关注对经济活动和内部控制的监督检查。我国早在 20 世纪 80 年代有关部门颁布的相关文件中就采用了"稽核"的概念，虽然文件中并未给出"稽核"一词的明确定义，但从其中规定的稽核人员的职权中可以看出稽核的功能定位：查阅被稽核单位的各种凭证、账簿和报表等资料；检查被稽核单位的业务库现金、金银、外币、有价证券和代理发行库的发行基金，必要时可先封后查；参加被稽核单位的有关会议，查阅有关文件；提出制止、纠正和处理被稽核单位不正当业务活动的意见。由此可见，稽核的角色主要是企业的警察、卫士或保安的角色，履行的是传统的查错纠弊、查阅和核对文件、事后监督检查的职能。

（二）传统西方内部审计模式

在该模式下，内部审计是评价企业财务机制的活动，目的是协助企业的管理层维持有效的财务机制，并向管理层提供财务机制审计的分析、评价及建议等资料，协助企业确保财务机制健全。

（三）现代企业内部审计模式

在该模式下，内部审计是提供独立和客观的审计及顾问服务，目的是协助企业增值及改善营运的效率及效益，是向审计委员会提供营运审计的分析、评价及建议等资料，协助企业有效地管理风险及维持公司治理机制。在该模式下，内部审计被重新定义为：是一项独立、客观的咨询活动，用于改善机构的运作并增加其价值。内部审计通过引入一种系统的、有条理的方法去评价和改善风险管理、控制公司治理流程的有效性，以帮助机构实现其目标。

二、三道防线作用

第一道防线是业务操作部门，是风险所有者和责任人，负责识别、评估、控制、缓释和报告在业务开展过程中遇到的风险。

第二道防线由风险管理职能、合规职能及其他监控职能（如人力资源、法律）构成，负责协调并监控业务操作部门有效实施风险管理实务。风险管理职能协助一道防线定义风险敞口并形成各级风险报告。合规职能负责监控银行对法律、法规和标准的违规情况。这些职能同时也是控制职能，确保与风险承担相关的政策和程序被切实履行。

第三道防线是内部审计职能，运用风险导向方法评估银行内部控制设计和运行的效率性和效果性，定期向高级管理层和董事会提供合理保证。内审职能对风险管理、合规及其他监控职能的工作进行定期评估。

三、内部审计的角色

加强风险的识别、分析与管理对企业来说是生存的关键。此外，企业风险状况在一定程度上还取决于商业银行的风险文化和管理能力。内部审计作为其风险管理的重要组成部分，必须适应外部环境的变化，进行自身角色的再认识，这样对于提高其风险管理能力，建立谨慎的风险管理文化，帮助构建全面风险管理框架具有重要作用。

内部审计应是结合风险管理、公司治理和内部控制评价为一体的综合审计。它应关注公司治理框架中风险发现与风险管理，关注管理者及其经营管理行为可能出现的风险，关注组织在整个治理过程中的决策风险和经营风险。通过对风险管理、内部控制、公司治理三大领域的风险识别、评估，来发挥其确认和咨询职能，从而实现其完善公司治理，创造价值的目标。内部审计在风险管理中的再认识是立足于辩证法原理，具体分析内部审计对风险管理发展的促动作用及内部审计在风险管理的不同阶段发挥的不同作用，来实现内部审计价值增值的目的。

（一）内部审计对全面风险管理的促动作用

一方面，公司治理不完善是导致风险的主要原因，而内部审计作为治理结构的组成部分，其工作恰好能够帮助建立透明、有效的治理，推广董事会风险管理文化，根据风险管理战略的变化，调整对管理层风险管理的评价重点，提出改进建议。所以改善风险管理也就自然成为内部审计的工作属性。据调查，在金融危机中受到较大损失的华尔街金融机构，日常虽然通过新巴赛尔协议进行风险管理，但由于新巴赛尔协议的内部评级标准由各金融机构自行制订，这些机构对自身的风险敞口及流动性能力过于乐观，没有进行真正的压力测试或情景测试，审计委员会与管理层之间没有建立有效的沟通机制，导致风险理念和信息不对称，从而遭受巨大损失。

另外，风险在商业银行内部具有感染性、传递性、不对称性等特征，所以对风险的认识、防范和控制需要从全局考虑，但各业务部很难做到这一点，而内部审计不从事具体业务活动，独立于业务管理部门，这使得它与生俱来地可以从全局出发、以客观的角度对风险进行识别，及时建议管理部门采取措施、控制风险。而且内部审计部门和内部审计人员在风险管理方面拥有外部审计无可比拟的优势，内部审计对整个行业及自身面临的风险更了解，对防范风险、实现目标有着更强烈的责任感、义务感，还具有连续性、实效性强的服务特征。尤其是在兴盛或业绩增长受到抑制时都能与利益相一致，保护资产。

（二）内部审计在风险管理的不同阶段发挥的不同作用

内部审计在全面风险管理框架中发挥着重要的作用，由于风险管理框架涉及的范围广泛，所以内部审计需要在不同阶段、不同环境下变化角色定位，为全面风险管理建设服务，这不仅需要发挥内部审计的检查、评价的作用，还需要进一步发挥风险管理的推动者、参谋者等作用。

1. 内部审计六种角色的划分

（1）培训者

由于各层次的管理者并不十分熟悉风险管理，而首席审计官及其团队可以通过长期的职业培训来帮助他们了解全面风险管理框架，并从谨慎的角度，将该框架的各个要素向各层次的管理者和董事进行介绍。

（2）推动者

实施风险管理需要高质量的风险评估。内部审计能够进行高质量的风险评估，制订风险应对，因此扮演着推动者的角色。同时，在协助将风险评估转化为风险应对的过程中，起到积极的推动作用。

（3）联系者

因为风险管理在"促成框架"过程中需要在各个部门采用共同语言，内部审计就能发挥增值的协调作用，确保这些"促成框架"在银行得到一致的运用，同时，首席审计官也可能成为共同语言的提议者，成为各部门沟通的桥梁。

（4）整合者

内部审计的独立地位，可以帮助其在企业范围内收集、分析和综合各个渠道的数据和信息，并且可以报告整个银行范围内的风险审计结果，为董事会提出有效的风险管理改进建议。

（5）评价者

内部审计可以用全面风险管理框架的八部分来评估风险管理，评估的对象可以是整个银行，也可以是分支行或控股子公司。为风险管理流程提供保障，评估和检查关键风险的管理工作是否全面，是否覆盖了所有的不确定性。

（6）咨询者

内部审计可以利用其对风险管理方面的经验，为管理层在制订风险管理政策、风险识别程序时提供咨询服务，这种咨询服务，可以更好地帮助管理层在风险和收益方面达成符合银行长远利益的平衡。

2. 六种角色形成的闭循环

上文所提及的六种内部审计角色在风险管理的不同阶段可以进行角色转换，或者由一种转变成另一种角色，或者六种角色同时出现，或者一种角色作用突出，其他角色作用相对较弱，但是也在发挥着作用。如在缺乏风险管理程序的情况下，内部审计可以向管理层提出建立企业风险管理的建议，这时候主要发挥布道者的作用，以说服董事会推动风险管理文化的树立和体制框架的建设；在实施风险管理的初期，内部审计更多地体现协调者和推动者的作用，甚至直接担任总协调人，通过协调各部门，可以大大推动风险管理建设的周期；而在风险管理基本框架构建完成阶段，内部审计则突出整合者的作用，在此阶段，内部审计还可以发挥咨询者和评价者的作用，对经营部门的技术疑问进行解释，对风险管理框架的完整性进行评价；而当风险管理逐步成熟、运作稳定以后，内部审计作为主要评价者，对风险管理进行压力测试或情景测试，以评价运行的效果及效率，并对照其进行完善，这对风险管理又起到推动者的作用。但因为环境的不停变化，使风险管理永远处于动态平衡中，企业的风险管理文化和策略也需要不断调整，这时就又需要内部审计再发挥布道者的作用，推动风险管理不断更新。这样周而复始，形成一个闭循环，通过内部审计与对象间具有的高整合性，使其在监督、评价风险管理有效性、帮助改进风险管理的六种角色的不同转换中，体现内部审计的张力，而这种张力就是一种反促动力。而且，内部审计可以根据风险评估结果来安排审计工作，使风险管理与内部审计始终协调一致。

此外，内部审计的报告关系也会影响其在风险管理中的角色，报告关系层次越高，独立性越强，内部审计就越能够从全局和战略高度参与风险管理；反之，则只从局部和流程角度参与风险管理，同时，内部审计为了更好地实现角色要求，需要运用现代审计方法，不断改进对企业的内控与流程的评价手段。内部审计应成为企业在治理结构和内部控制环境方面的业务顾问和控制专家，帮助提高风险管理决策的有效性，实现资产的保值与增值。

第五章　内部审计的组织模式与人员

第一节　审计委员会与代理理论

根据国际IIA内部审计师协会发布的《内部审计实务标准》，内部审计被定义为"内部审计是一种独立、客观的确认和咨询活动，旨在增加价值和改善组织运营。它通过应用系统的、规范的方法，评价并改善风险管理、控制和治理过程的效果，帮助组织实现其目标"。在的定义中，内部审计除了具备传统的监督职能外，还应具备战略咨询能力，积极参与企业政策制度建立、业务流程更新、专项并购计划评估以及其他管理会议讨论，提出有价值的咨询建议，更要掌握与董事会、审计委员会和高管层的沟通技能，有效传达所获取的信息，并赢得董事会的认可和支持。

一、审计委员会的代理理论

契约成本包括审计委员会、非执行董事和内部审计的支出。根据代理理论，有动机成立审计委员会的公司应该是以所有权与经营权相分离为特征的公司。大的公司特别是进行股票交易的上市公司，还需要进一步将剩余权益所有者的决策控制权和决策管理权相分离和特殊化。相关学者还指出：开放式公司的内部控制由剩余索取者委托给董事会。剩余索取者一般保留有对一些事情的审批权（通过投票），如董事会成员、审计师的选择、兼并和新股的发行。其他的管理和控制职能则由剩余索取者委托给董事会。然后董事会将大多数的决策管理职能和许多决策控制职能委托给内部代理人，但是它保留对内

69

部代理人的最终控制一括对主要政策创立的审批和监管以及对高层管理层的雇佣、解聘和报酬的确定。

公司成立审计委员会就是董事会将一部分监管职能委托给外部代理人，以避免外部审计师与内部管理层勾结。根据代理理论，业主为了了解代理人对其财产监管的效率，需聘用外部审计师对代理人出具的证明其监管效率的财务报表的真实性进行审计。然而，现实中，由于利益的驱使，外部审计师通常与内部管理层勾结并串通舞弊欺骗业主，侵害了业主的剩余权益。

公司成立审计委员会，对外部审计师和内部审计师以及管理层进行监管，尽可能使他们的行动符合业主利益最大化，以降低代理成本。审计委员会与内部审计的区别在于内部审计的成本直接由管理层发生，而且如果总的审计过程的成本，包括内部审计和外部审计，小于外部审计本身的成本，将会激励代理人（管理层）发生内部审计成本。例如，内部审计师特有的专业知识和专家系统以及经营性审计能够节约成本。除此之外，内部审计是一种反馈机制，能够导致管理层有能力补救其管理过程中的一切不足，并且能在这些不足对企业的内部控制和财务状况造成重大影响之前予以补救。审计委员会的成本也可以被看成是业主（所有者）为了保护他们的经济利益所发生的监管支出。管制者也可以通过减少对代理人或经理人员的监管而使所有者受益，如企业可以自身建立一种健全的内部控制制度或内部审计职能，并由审计委员会实施监管，就可以认为是一种"有益的管制"，即可以保护所有者的利益。对公司进行监管的另外一个重要方面是对高层管理者的适当监管。建立审计委员会则是该机制中的一个重要组成部分。根据代理理论，管理层与股东的目标是有差别的，如果管理层能够通过聘用和解雇审计师来影响据以判断公司业绩的财务报表，那么他何以做到对股东负责？理想中的由外部董事组成的审计委员会，则可以通过聘用审计师来保证审计的职业化和公正性。所以，许多国家要求上市公司成立审计委员会。代理理论认为审计委员会与其他内部干预机制，如内部审计和外部审计一样有着共同之处，就是能帮助维持所有者和管理层之间的成本—效率契约。代理理论不仅能帮助解释审计委员会在企业中存在的必要性，而且能帮助解释审计委员会应具有的特征，如规模、活动范围等。其中，审计委员会与内部审计师和外部审计师的沟通则是其不可或缺的监管活动。可以说三者的有力配合不仅可以降低代理成本，而且能促使"帕累托最优"。

内部审计机构的隶属关系关系到它的独立性和权威性，关系到内部审计作用的发挥。而正确确定内部审计机构的隶属关系，不能离开公司治理结构和审计委员会的设置。进入21世纪，中国证监会颁布的相关上市公司治理的准则要求在上市公司董事会中设立审计委员会，说明我国早已注意到审计委员会对完善公司治理结构、健全内部控制、防范会计信息失真的重要作用。

二、我国公司治理结构及审计委员会设置

（一）我国公司治理结构的特点

我国的上市公司多数由国有企业改制而成，上市公司在企业总数中的比例小，多数企业是有限责任公司和其他企业，公司治理结构方面的特点是：

①股权集中，国家是投资主体，中小股东持股比例小。

③按照相关法律的规定，我国股东大会选举产生董事会和监事会，二者地位平行，董事会履行经营业务的决策职能，监事会履行监督职能，二者共同对股东大会负责，然而，某些监事会形同虚设，其职能不能充分发挥，可能致使财务信息失真。

（二）我国上市公司审计委员会的设置

考虑我国公司治理结构的实际情况，比较可行的方案是"审计委员会与监事会同时并存，保留改进的审计委员会"，因为该思路符合相关法律法规。在优化董事会结构（即提高外部董事、独立董事的比例）之后，审计委员会可以发挥其在财务决策中的事先监督作用；另外，经过审计委员会与监事会监督内容的适当分工，精简审计委员会与监事会的构成人员，也可以避免监督成本的提高。

三、审计委员会的构成、职责及应处理的关系

审计委员会隶属于董事会，对董事会负责并提交工作报告。它一般由董事会聘请的非执行董事担任，人数3～8人，大多数是来自企业界的具有财务知识的人员，也有一定数量的其他专业人员（如法律、工程技术人员等），有些公司可能聘请一些社会代表人物参加。有的商业公司还选择一些顾客参加审计委员会。审计委员会的成员不一定懂审计，但要求具有勇于提出问题和洞察问题的能力。在董事会领导下的审计委员会履行的职责是检阅对外披露的财务信息、内部控制系统以及所有的审计程序，帮助董事会避免疏忽。具体包括以下方面：

①审计委员会负责为公司选聘会计师事务所并报经董事会批准，审阅和通过支付会计师事务所的审计费用，解聘会计师事务所，以保证会计师事务所审计的公正性。

②审计委员会负责检查内部审计长的任命、更新、解聘，并对上述事件有否决权；负责审查内部审计组织制定的审计计划，并监督计划的执行情况，确保内部审计组织在财务审计、管理审计、内部控制方面独立地发挥审计作用。

③审计委员会负责协调会计师事务所与内部审计组织的关系，使内部审计组织的工作作为外部审计的一部分，例如：内部控制、财务审计等，以减少外部审计的费用。

④审计委员会应该向管理者、内部审计长、会计师事务所询问有关重大风险及充分披露事宜并评估管理者将其最小化的措施；询问内部控制的健全有效性、重大发现及管理者的反映。

⑤年度报表审计后，审计委员会应该与管理者和会计师事务所共同审阅公司的年度

财务报告及附注、审计报告、审计师的判断、审计过程中的困难判断、与管理者的分歧等。

⑥审计委员会应该与管理者和内部审计长共同审阅当年的重大发现及管理者的反映、内部审计师遇到的困难、审计计划的变动、内部审计章程、内部审计准则的执行情况。

由于审计委员会与董事会的直接联系，而且与内部审计部门负责人定期会晤，这就为董事会与内部审计部门之间提供了沟通信息的渠道。内部审计部门可以通过审计委员会了解董事会对内部审计在开展审计工作的方向性意向，而董事会又可通过审计委员会了解一定时期内部审计工作的重点以及所应关注的问题，而审计委员会通过内部审计可及时了解企业的经营管理环境和可能的风险，有助于预测企业的发展趋势和考虑内部审计的政策。

一般地说，在董事会设有审计委员会的情况下，审计委员会与总经理没有直接关系。审计委员会并不向总经理报告工作，但如在经营审计、管理审计和内部控制中发现重大问题时，审计委员会要与总经理协商，共同研究解决问题。

第二节　内部审计的组织模式

为了确保企业内部审计机构顺利履行其验证报告的职责，充分发挥内部审计确保会计资料的可靠性、完整性，保护财产的安全完整，内部控制的有效运行，经营活动的经济性、效率性、效果性等方面的作用，必须建立健全的内部审计机构，赋予内部审计机构适当的职责和权限。

一、企业内部审计机构设置的原则

设置企业内部审计机构应遵循以下原则：

①内部审计机构应在组织上保持独立性。内部审计机构应是企业中的一个独立的组织机构，独立于其他职能部门之外，除了履行其职责范围内的活动外，不负责其他业务活动，尤其是有损内部审计独立性的活动。如内部审计隶属于财务部门的领导，承担部分会计核算工作是不可取的。

②内部审计机构应有与所完成职责相适应的权限，具备一定的权威性，在对被审计事项的验证报告过程中遇到的有关问题有一定的处置权。同任何一个职能部门一样，必须明确内部审计部门的职责，并赋予它完成职责的权限。内部审计机构是否有权威取决于内部审计报告呈送给谁，审计报告中提出的审计处理决定与建议能否得到实行。

③内部审计机构应是精练与高效的，应该贯彻成本效益的原则。内部审计机构的设置成本应该小于其为企业带来的效益，即所得大于所费。这要求内部审计机构人员要少而精。

④内部审计机构与企业中其他职能部门的关系，既是审查、评价与被审查、评价的

关系，又是服务与被服务的关系。其中以后者为主，因为内部审计的目的是协助该组织的管理成员有效地履行他们的职责。

⑤内部审计机构同国家审计机关和民间审计组织共同构成我国的审计组织体系。国家审计机关依法对各级政府及其部门的财政收支及公共资金的收支运用情况进行审计；内部审计组织则是验证并报告本部门、本单位的财务收支和经营管理活动；注册会计师审计是接受委托对客户开展报表审计和会计咨询业务。三者既相互联系，又各自独立、各司其职，泾渭分明地在不同领域开展审计工作。他们各有特点，相互不可替代。因此，不存在主导与服从的关系。

二、企业内部审计机构的设置

一般地，内部审计机构所隶属的层次越高，独立性和权威性越强；反之，则越低。在西方国家，企业内部审计机构的组织形式主要有以下几种：

（一）受董事会或其下设审计委员会的领导

这是一种主要的组织模式。这种模式使内部审计机构具有较大的独立性和权威性。因为内部审计机构可以在不受企业管理层影响或干涉的情况下开展工作。但是，内部审计结果不直接向企业管理层报告，企业管理人员在根据审计结果采取改善经营管理、提高经济效益的措施方面要迟缓些。需要注意，采用这一形式的企业一般是上市公司，设有审计委员会，审计委员会由总经理、副总经理、审计、财务等部门的负责人组成。它是企业内部审计工作的最高决策机构，负责制定审计工作的规章制度、制定年度审计计划、决定重要的审计事项等。

（二）受本企业总裁或总经理领导

在这种模式下，内部审计机构根据企业主要负责人的要求开展工作，并将审计结果直接向其报告，有利于企业管理人员根据审计结果采取改善经营管理、提高经济效益的措施；但由于内部审计机构属于企业的一个组成部分，所以，其工作有时会受到企业管理层的制约，内部审计的独立性较弱。另外，内部审计机构只能从事日常的内部审计工作，而对总经理的经济责任和经营行为则缺乏有力的监督。

（三）受企业主计长的领导

西方企业的主计长相当于我国企业的总会计师或主管财务的副总经理。这种形式与前两种形式相比，内部审计的独立性与权威性要差些。此时，内部审计组织的地位与企业其他职能部门的地位是相同的，是审计工作保持独立的最低要求，它不能有效地开展审计工作，不利于内部审计职能作用的发挥。

（四）受董事会下设的审计委员会和主计长的双重领导

应该说，这种模式有利又有弊。利处是内部审计机构的独立性与权威性较强，弊病则是内部审计机构要接受两个方面的领导，在工作上有时会无所适从，影响审计工作的效率。

第一、二种模式是西方国家企业内部审计组织的主要形式。在这两种模式之间究竟何者更佳，尽管理论界有不同的看法，但多数人认为，为了企业的日常经营管理，内部审计机构最好由企业总经理领导，并可以不受限制地同董事会或其下设的审计委员会进行个别接触，以反映审计结果。

我国目前的企业内部审计机构大多由总会计师或主管财务工作的副总经理领导；随着现代企业制度的广泛推行，应逐步改变这种内部审计组织形式。一般来讲，在实行公司制企业中，内部审计机构应由董事会或其下设的审计委员会直接领导，以保证内部审计机构的独立性和相对权威性；在未实行公司制的企业中，内部审计机构应由企业总经理直接领导，以改变由总会计师或主管财务的副总经理领导的独立性和权威性相对不足的问题。

三、内部审计组织模式的构建

独立性是审计的精髓，内部审计也不例外。内部审计的独立性，是指内部审计机构应具有充分的组织地位以使其完成审计职责，强调的是组织上的独立性和内部审计人员执行业务的客观性。内审机构只有独立于其他职能部门，具备充分的组织地位，才能使其审计活动不受干扰，进而确保内部审计意见、结论的客观和公正性，确保审计建议的权威和有效性，真正发挥其作为公司最高决策层的参谋和助手的作用。内部审计的组织模式对其独立性与权威性的发挥具有重要作用。

（一）内部审计的组织

公司治理是企业运作的基础，它提供企业内部各项管理活动的环境，内部审计作为企业内部控制活动的一部分自然会受到公司治理的制约，不同组织管理模式下，通过对内部审计权利的配置、制衡、激励和约束等安排，使得内部审计有不同的效益、效率和效果。由于不同的国家具有不同的社会传统、法律体系、政治体制及经济制度，因而演化出多样化的产权结构、融资模式和要素市场，进而形成了各异的公司治理模式，归纳起来主要有市场监控模式、内部监控模式、家族控制模式和内部人控制模式等四种。公司的治理模式决定了内部审计的组织管理模式，因此，相应的内部审计组织管理模式主要有以下几种：

1. 股东主导的内部审计模式

股东会主导的内部审计前提是以股东为公司治理的核心并充分发挥其功能。为维护股东利益，公司内部审计人员开展的审计包括两方面，一是开展监事审计，即股东委派监事对董事会、经营者开展财务审计、绩效审计、管理审计等，检查和评价其财务活动及绩效并向股东报告。股东委派的监事必须熟悉会计、审计业务，能够胜任开展内部审计、完善公司治理的需要。在法律上赋予监事聘请审计专业人士参与开展监事审计的权利，保证内部治理审计的专业性和有效性。监事对董事会、经营者代理责任审计，在制度安排上是可行的，但实际运行效果存在一些问题。目前监事审计主要开展财务审计，在绩效评价、管理审计方面作用有限。由于委托代理链延长，对监事的评价、约束是必须考虑的，监事审计职能定位要准确，如果职能定位不准，容易造成责任不清、派出人员不能充分发挥其审计职能。二是股东委派财务总监并领导内部审计，即由董事会任命或授权财务总监领导内部审计，以对经营者责任的履行情况进行审计，防止经营者滥用职权。财务总监委派制度是财产所有权和经营权相分离的产物，其最终目标是维护公司利益和股东利益。财务总监对派出单位负责，向出资者提出工作报告。

股东会主导内部审计模式将内部审计直接置于股东大会的领导之下，内部审计的独立性和权威性最高。该模式通过监事会审计和内部审计部门的审计对董事会和经理层形成有效制约和监督，保证股东利益不受侵害。但是，目前股东大会的"空壳化"使其失去了理论上本该拥有的权利，也使得股东主导的内部审计模式失去了前提条件，因此，股东会主导的内部审计模式并不能实现其理论上的功能与作用，在现实中应用极少。

2. 董事会主导的内部审计模式

这种模式是高度集中的以董事会为最高权力机构的"单层制"模式，在董事会主导的审计模式中，前提是董事会在公司治理中具有核心作用，审计委员会作为公司治理的监督机构，直接对董事会负责，且内部审计直接由审计委员会领导。内部审计不仅具有监督职能，还能协助经营者加强内部控制、改善管理、提高经营效率，即同时具有评价和控制的职能。这种内部审计模式特点是内部审计虽然是公司治理体系的一部分，但在审计委员会的职能监督下，可以不受限制地与董事会进行接触交流，其任命和撤换须经审计委员会批准，因此，可以较好地保持与管理当局之间的独立性。其缺点是对董事会本身受托责任的履行情况监督不够。

3. 监事会主导的内部审计模式

这是一种"双层制"模式，既设董事会，又设监事会，由监事会执行内部审计的职能。监事会主导的内部审计模式特点是由股东大会之下的监事会负责对公司内部经营管理活动进行监督审计，监事会直接对股东大会负责，代表股东执行监督功能。缺点是：如果监事会有职无权，则导致效果差；内审隶属监事会容易使两者职责不清，单纯向监督机构报告不易使审计成果运用于经营决策中。

监事会和专职董事相结合的内部审计模式，由监事会和董事会对经营者的管理责任进行监督和检查。监事会的职责是审查董事所执行的职务，评价公司的管理行为和管理决策是否妥当，关注内部控制，防止非法行为，检查信息披露等。专职董事的主要任务是检查公司的财务状况、监控公司重组过程等。专职董事审计属于公司内部审计的一种特殊形式，其目的是维护出资者的利益。"双层制"监事会的权力要大于"单层制"的监事会，既有监督权，又有决策权。其职责主要包括：聘用执行董事会董事，决定其报酬；批准年度报告；向股东大会提出利润分配方案；与执行董事会共同决定外部审计师的聘用。公司治理以监事会为治理中心。监事会是公司的监督机构，监督执行董事会成员是否按公司章程行使控制权；对资本增减、筹资投资等重要财务事项进行决策；审核账簿、核对资产，并在必要时召开股东大会。监事对经营者进行审计，目的是维护股东和职工的利益，从总体上促进公司的有效经营、保护资产安全完整，保证会计信息真实等。

由于公司治理模式的不同产生了与之相对应的内部审计模式，不同的内部审计模式又各有特点、各有利弊，各经济实体可根据公司治理的特点、自身的股权结构、所处的环境、资金供应渠道等具体情况，选择适合自身的内部审计模式。但总的来说，内部审计的目的是一致的，都是为了健全公司的经营管理体制，提高公司的信誉，促进经济效益的增长，为企业的价值增值服务。而且，随着经济全球化进程的推进，公司治理模式的不断趋同化也会导致内部审计模式逐渐走向趋同。

（二）我国内部审计组织模式的构建

1. 大型的集团公司可采用"内部审计委派制"

即集团公司设置不同等级的审计机构，在总公司设立审计部，在省级和计划单列市的分公司设总审计师和次级审计部，在地市县的分公司派驻审计特派员。总公司的审计部除履行对总公司的确认与咨询职能外，对下属的审计机构进行统一指挥；各分公司的审计部在总部的统一指挥下，组织所辖机构的审计工作；各地市县的审计特派员具体组织实施各项审计工作，及时掌握驻地公司的经营管理情况，监控并及时评估驻地公司内部控制中存在的风险，及时将审计结果向审计委员会汇报，并向上级审计机构和总公司审计部直接汇报。这种内部审计模式中，各层内部审计机构在行政隶属关系上独立于所在单位，内部审计负责人的薪酬由总部进行支付，行政隶属关系和利益关系的独立性使得内部审计机构容易保持其独立性和权威性，便于更客观地评价下属单位经营管理和内部控制中存在的问题。另外，独立性强还可以缓解内部审计信号传递过程中的信息失真问题，保证内部审计机构更好地发挥监督评价功能，甚至对一些可能发生道德风险的董事还能进行有效的遏制。但是，内部审计职能的特殊性以及该模式下审计负责人行政隶属关系的特殊性，容易使驻地公司的领导产生排斥情绪，从而不容易获得真实信息。所以，集团公司在采取这种组织模式时，应对内部审计有正确的定位，增强其沟通协调能力，尽量减少利益冲突，充分发挥内部审计确认、咨询、评价的职能。目前，一些大型的集团公司正尝试实行内部审计委派制的组织模式。

2. 国有公司或国有控股公司可采用董事会和监事会并存的"双层制"模式

在这种治理模式中，监事会受股东大会的委托，履行对企业经营的全面监督职能，包括事中、事后的全过程监督，对企业董事和高管队伍的全员监督，对财务行为的全面监督。在这种情况下，内部审计可隶属于监事会，在监事会的领导和指导下，独立地检查经营活动、财务资料和内部控制情况，与监事会和董事会保持接触和交流，将审计结果及时向监事会和最高管理当局汇报。这既可以与现有的公司治理结构相结合，又能对其他的管理部门保持超然的独立性。在具体业务工作中，监事会决定内部审计的组织形式、工作程序、审计范围并审核内部审计结果，且内部审计人员的任命须征得监事会的同意。

3. 上市公司可以采用内部审计隶属于董事会下设的审计委员会的组织模式

上市公司本着与国际接轨的原则，按照法律法规的要求，采用内部审计隶属于董事会下设的审计委员会的组织模式。在这种组织模式下，内部审计在审计委员会的领导和指导下，独立地开展审计业务，审计委员会决定内部审计的组织形式、工作程序、审计范围并审核内部审计结果，且内部审计人员的任命须经审计委员会同意。但内部审计可以同时向董事会和最高管理层报告，及时向股东提供治理所需的信息，协助经营管理部门加强内部控制、提高管理水平。

4. 民营企业可视其规模选择模式

对上市公司而言，相关文件对内部审计的机构设置、人员配置和业务提出了相应的规范要求；但目前尚没有对民营企业制定单独的内部审计指导规范。对于规模较大的民营企业来说，可参照上市公司的内部审计组织模式，由审计委员会领导和指导内部审计；对于小型的民营企业来说，基于成本效益的原则，采用内部审计外包的形式也未尝不可。

第三节　内部审计人员

内部审计工作是一项专业性和政策性较强的审查和评价活动，内部审计机构要配备政治与业务素质较高的人员，才能胜任此项工作，并保证内审工作在企业中得以顺利开展。

一、内部审计人员的条件

内部审计人员应具备以下条件：

（一）正确的政治和业务指导思想

即坚持四项基本原则，维护国家经济秩序和企业的合法权益，促进企业建立健全的内部控制，加强企业管理，提高企业的经济效益。

（二）良好的职业道德

内部审计人员必须遵守高标准的诚实、客观、勤奋和忠诚的原则。具体地说应该做到：坚持原则，依法审计；实事求是，客观公正；廉洁奉公，不徇私情；工作认真，细致负责；保守秘密，忠于职守。

（三）内部审计人员应具备良好的业务素质

首先，精通内部审计标准（或审计依据）、程序和方法，并能熟练地运用。其次，精通财务会计业务会计原则和技术；掌握经济、经济法律法规、财政、银行、税务、定量分析方法和计算机资料系统等的基本原理有关业务内容；了解和熟悉管理原则。再次，具有较高的分析问题、解决问题的能力，对审计工作中各种错综复杂的情况和问题进行周密思考与分析，并能作出及时、准确的处理。最后，具备较高的社交能力、文字与口头表达能力、训练与运用审计工作所需要的艺术与策略方法，以便处理好与有关方面的关系。

（四）要有较高的政策水平

熟悉国家的各项政策、方针、财经法规，了解和掌握企业的各项规章制度及有关规定。

二、内部审计人员的职业道德

内部审计人员职业道德是以职业道德原则和行为规范为主体建立起来的职业道德体系。内部审计部门若想使其审计结果得到其服务对象认可，在社会树立起良好的职业形象，除遵守有关的内部审计准则外，还必须制定完善的内部审计人员职业道德体系并昭示社会，同时还应该身体力行，自觉遵守职业道德。内部审计师必须遵守高标准的诚实、客观性、勤奋和忠诚的原则。

职业道德行为准则包括：

①内部审计师协会成员和注册内部审计师在履行其任务和职责时，必须诚实、客观和勤奋。

②内部审计师协会成员和注册内部审计师在所有与其组织的事务或其提供服务对象相关的事项中应该表现出忠诚。但是，协会成员和注册内部审计师不能有意成为任何非法或不正当活动的参与者。

③内部审计师协会成员和注册内部审计师不能有意地从事损害内部审计职业或其组织名誉的行为或活动。

④内部审计师协会成员和注册内部审计师必须避免参与任何可能与其组织有利害冲突的或使其不能客观地履行其任务和职责的活动。

⑤内部审计师协会成员和注册内部审计师不能接受来自与其组织有关的雇员、委托人、顾客、供应商或经济业务中获得的任何有价值的物品。

⑥内部审计师协会成员和注册内部审计师只能开展那些以他们的专业能力预计可以恰当地加以完成的服务工作。

⑦内部审计师协会成员和注册内部审计师应采取适当的方法达到相关标准的要求。

⑧内部审计师协会成员和注册内部审计师必须慎重地使用他们在履行职责时所获取的资料。他们不能为了任何个人的利益，也不能以违法或有损于其组织利益的方式滥用机密资料。

⑨在汇报其工作成果时，内部审计师协会成员和注册内部审计师应揭示他们了解的所有重要事实。否则，有可能歪曲正在审查的经营报告或隐瞒非法的事实。

⑩内部审计师协会成员和注册内部审计师必须为提高其专业熟练程度、工作质量及

其有效性而不断努力。

⑪内部审计师协会成员和注册内部审计师在其专业实务的操作中，应时时注意有义务维护协会所规定的权限、道德和尊严的高标准。内部审计师协会成员应遵守相关法律法规，并拥护协会的目标。

三、公司治理模式下对内部审计人员的新要求

（一）公司治理模式下对内部审计人员的要求

1. 人员素质不能达到治理环境下的内部审计要求

由于审计职能的特殊性，公司治理环境下对内部审计人员的要求更高，主要体现在以下方面：一是要具备广博的知识和多元化的技能，包括行业、市场、产品竞争、企业内部各职能和流程的全貌等；二是要有面向未来的服务理念。内部审计不再是对过去的评价，应该洞察风险、评估风险、寻找机会，成为增值业务的推进器；三是以顾客为中心是内部审计的服务理念，要求内部审计人员必须具备处理人际关系的能力和技巧。

目前，内部审计人员熟悉部分业务的人员多、熟悉全面业务的人员少；操作型的人员多、专家型的人员少；熟悉传统业务的人员多、熟悉新业务的人员少；较难适应层出不穷、日新月异的银行全能化、电子化、网络化的发展趋势，尚未达到公司治理环境下内部审计人员应具备的素质。

2. 所审计的内容未达到公司治理环境下内部审计的要求

审计内容要服务于审计目标，围绕增加价值拓展的公司治理环境下的内部审计，包括内部控制审计、风险管理审计和战略审计等相关部分内容。目前，内部审计目标仍以查错纠弊为主，满足于真实性、遵循性等基础要求，审计人员往往把精力主要集中在经营活动事后的检查上，而对事前分析和事中监控重视不够，其"只见树木，不见森林"的审计方式，不能前瞻性地消除错弊隐患，审计职能未能全面发挥，内部审计对增强风险控制能力作用十分有限。内部审计人员应是经营和管理的顾问，而不是单纯的监督者。由于对风险管理审计和发展战略审计基本尚未涉及，内部审计的内容、范畴未达到公司治理环境下内部审计的要求。

3. 内部审计方法、技术落后于公司治理环境下内部审计发展新趋势

目前，由于内部审计技术手段落后，长期以来都是以查账手段、财务分析为主进行审计，没有很好地把现代信息技术、管理评审技术、价值工程、经营分析等技术方法运用到审计实践中去，造成审计分析问题层次浅、系统性不强，难以很好地为经营管理层提供有价值的成果，使得内部审计的功能没有充分发挥出来。

（二）提高内部审计人员素质，促进公司治理目标的实现

现代内部审计观念的核心是审计人员不仅要善于发现问题，而且更要善于解决问题，并且为组织的战略目标提供咨询服务。内审人员在审计过程中应该与职能部门人员保持良好的人际关系，共同发现业务领域的错弊以及风险隐患，分析其实际与潜在影响，

并探讨改进的可行性和应采取的措施，内审人员应当成为经营管理人员加强内部控制、改善经营管理、实现战略经营目标的贴心顾问和得力助手。

1. 拓展审计范围，确立"大审计"格局

大审计是相对于目前的管理审计工作而言的，其核心内容是扩大审计范围，从现有的以财务审计为主扩大到全面的管理审计，以推动企业运营管理水平的提升。在大审计的工作模式中，管理审计人员的构成将不仅包括财务专业人员，也将包括安全管理、工程技术、人力资源、营销等背景的专业人员，所涉及的领域将涵盖企业管理的所有领域，有关业务流程改进和加强风险控制的建议将出现在审计报告中。内部审计人员将不单强调内控的重要性，也体现对业务改善的建设性意见。创新审计理念，确保内部审计在公司治理中发挥最佳效果。

创新能力是银行核心竞争力的本质要求，是银行持久发展的不竭动力，是关系企业生死存亡的因素之一。

2. 加强审计管理，整合审计资源，最大限度利用审计资源

构建科学、完善的内部审计监督体系必须通盘思考，认真整合审计项目、审计人力和审计成果资源。要建立健全经营风险评估机制、内部控制评价机制、审计工作报告机制、审计成果运用机制、审计工作考核机制，逐步形成适应公司特点的审计项目实施运行机制。要充分考虑商业银行的特点。具体做法如交叉审计、统一安排审计要点等，以适应一级法人、分行规模大、地域分散的特点。通过这样一种组织模式，以便从高层次上揭示问题。

3. 开展增值型审计，提升审计价值

在公司治理程序中，内审部门应注重将审计成果的传递，以"咨询顾问""业务伙伴"的角色向银行的决策和管理层提供增值服务。近几年来，我国企业电子信息技术应用水平迅速提高，电子银行业务也迅速发展，网上银行业务交易量逐年增加，信息科技和电子银行方面的风险控制越来越突出。内部审计通过改进手段，不断提高工作效率，增强内部审计功效，保证审计增值目标的实现。

4. 充分利用现代信息技术，提高审计技术

通过探讨利用计算机进行网上审计的途径和方法，提高内部审计部门在信息化条件下实施审计监督与评价的能力，要从单一的现场审计转变为现场审计、非现场审计相结合；通过全过程的审查、监督与评价，找出薄弱环节和可能存在的问题，帮助银行完善内部控制，强化经营管理，更好地适应未来发展的需要。

第六章 内部控制与内部审计

第一节 内部控制的重要性与局限性

内部控制是现代组织管理架构的重要组成部分，是一个组织持续发展的机制与过程保证。

一、内部控制的重要性

现代组织理论和管理实践表明，组织的一切管理工作都要从建立与健全内部控制制度开始。组织的一切活动都无法游离于内部控制之外。"得控则强，失控则弱，无控则乱"，内部控制的重要作用主要体现在以下方面。

（一）内部控制有助于防止组织失败

我们知道，在以顾客、竞争、变化为特征的 21 世纪，公司管理层每天都面临着许多挑战，包括风险、机遇、竞争等。在如此激烈竞争的时代中生存与发展，仅靠组织好企业内部的生产经营已远远不够了。对风险的把握与应对，以及高效的企业战略管理显得尤为重要。今天的企业已经进入了战略竞争的年代，企业之间的竞争，在相当程度上表现为战略思维、战略定位的竞争。那么，如何在经营过程中，协助主体制定正确的战略目标，识别、评估和控制风险，保证战略得到切实实施或及时调整，都离不开内部控制。因为有效的内部控制系统应当能够根据内外环境的变化分析企业可能面临的风险，协助主体制定动态的战略目标，力求将风险控制在企业可接受的范围之内。同时，可以从整个企业的高度控制战略目标的全面执行，实施从顾客、供应商、竞争者到内部员工的全面的风险控制，合理保证企业向着公司董事会与管理层所制定的战略目标前行。

因为内部控制不当出现战略失误致使企业失败或巨亏的众多案例为我们敲响了警钟。如民企"超级航母"——德隆集团的失败令人扼腕，究其原因，未将风险管理理念融入企业的战略制定，以及对战略的执行与控制不力，加之内部管理的混乱，使这艘失控的"巨型航母"最终驶向了末路。

前车之鉴，后事之师，如何利用好企业的内部控制系统，分析企业发展所面临的内外部风险，选择适合企业的战略、赢利模式、控制模式和企业文化，从容而稳健地经营企业，应对市场挑战，是每一个企业家应当认真思考的。

（二）内部控制有助于保护组织资源的安全完整

保护组织资源的安全完整是内部控制的基本任务。资源既包括有形资产，也包括人力、信息、信用、商誉等无形资产。资源的安全完整是组织正常运作及报告信息真实、可靠的基础，它实际上是一个过程控制的结果，内部控制在其中发挥了重要作用。

具体的控制方法包括：

①财产保护控制，通过限制接触和处置、财产记录、实物保管、定期盘点、账实核对、财产保险等确保各种有形财产的安全完整；

②信息系统控制，通过对计算机信息系统开发与维护、访问与变更、数据输入与输出、文件储存和保管、网络安全等方面的控制，保证信息资源安全；

③绩效考评控制，通过设置科学的绩效考评指标体系，对照预算指标、盈利水平、投资回报率、安全生产目标等方面的业绩指标对各部门和员工当期业绩进行考核和评价，予以合理、公平的奖惩，以留住员工，保护宝贵的人力资源。

（三）内部控制有助于提供高质量的报告信息

众所周知，在信息化时代，信息足以决定一个企业的兴衰存亡。首先，高质量的报告信息将为管理当局提供准确而完整的信息，用以支持管理当局的决策和对主体活动及业绩的监控。同时，高质量的对外报告和披露有助于企业的外部投资者、债权人等利益相关者以及监管当局作出正确的决策。有效的内部控制系统通过职务分离、岗位轮换、内部审计等控制方法及手段对企业信息的记录和报告过程进行全面持续的监控，及时发现和纠正各种错误与舞弊，保证企业信息能够真实完整地反映企业经营活动的实际情况。

（四）内部控制有助于实现组织的合规运营

内部控制作为内部监控系统，一直将合规性列为基本目标之一。它通过对企业的一切部门与环节进行有效的监督和控制，及时制止和纠正偏离法律法规的行为，保证企业经营活动服从政策、程序、规则和法律法规，并有利于国家政策法规及部门监管要求在企业内部的实施。良好有效的内部控制体系对于实现组织的合规运营关系重大。

二、内部控制的局限性

有效的内部控制系统对于组织实现其既定目标具有重要意义，然而，内部控制并非"万能药"，它不可能医治一个组织所有的疾病，尤其是潜在隐患。看似"天衣无缝"的内部控制制度有时可能会像一张薄纸而被轻而易举地攻破。这是为什么呢？这涉及对内部控制局限性的理解。

（一）成本限制

内部控制要受到成本的限制，需要人力、物力、财力的大力投入。虽然在内部控制的过程中，减少了风险的发生，提高了沟通效率，节省了交易成本和谈判成本，企业的总成本曲线是下降的趋势。但是随着对内部控制的人力、物力、财力投入的增加，对风险点的测试评价，有可能带来企业整体效率的降低，所以企业也有内控成本，随着内部控制体系越来越健全，越来越复杂，内部控制的成本就会越来越高。

企业的成本总体来讲是下降的，但是随着内控成本的上升，在上升和下降的反向作用过程中，找出一个均衡点，就是总成本曲线。一些小的企业不愿意做内部控制，因为管理者对企业的整个业务过程很熟悉，认为没有必要做内部控制，没有必要花这个成本。

企业一定要非常清楚地知道，做内部控制是需要成本的，通过这种成本的支出可以减少更多成本和风险的发生。在内部控制设计的时候就要考虑到成本，这样设计的幅度、广度、深度和复杂的程度就会实事求是，直到降低到与成本对应的均衡点上。例如，在"应收账款"的问题上对客户信用进行调查，企业仅对客户进行了跟踪和了解，如果要对客户进行科学的调查，采取规范的控制，就需要跟当地工商部门取得联系，和这个企业的开户银行取得联系，以及跟企业所有的债权人取得联系。这些工作需要花费很多的人力、物力，很多企业衡量这个问题的时候就觉得没必要去花费一大笔钱做这种事情，这就是成本限制的问题。但需要注意的是，有时往往因为企业放弃了对债权人的信用调查，结果反而给企业带来了巨大的经营风险。

（二）人为错误

企业内部控制有时出现问题是因为人为的错误。每个人对制度的理解是不一样的，一个人犯了错误之后，对制度会产生连锁反应。制度都是由人制定和执行的，人在制定、执行这套制度的时候，会受到眼界、水平和能力的限制。例如对客户进行信用调查，但很少有人考虑到保险公司。如果在企业内部引入保险公司，就可以对风险进行更为规范和科学的防范和控制。再比如，明明是不符合规定的费用支出单据，但负责人签字之后财务不敢不报，尽管财务部的业务制度非常健全，但是无法阻止人为的错误。

（三）串通

本来在企业里面各部门都有很明确的分工，财务该干什么，销售该干什么，采购该干什么，仓储保管该干什么，都有规范的制度规定。尽管这样，有的部门之间还串通起来，打着遵循制度的幌子，做违反规矩的勾当。这比没有制度更可怕，给企业带来的危害更大。所以企业要防范这种串通舞弊，加强会计和出纳以及部门之间的牵制意识。

（四）滥用职权

作为企业的负责人，要正确看待手中的权利，不要越权，否则就是对制度的践踏。践踏制度对企业的影响是非常大的，所谓上行下效，一旦滥用职权的氛围在企业中形成，就会损坏规章制度的严肃性和权威性，受到大家的质疑。所以，企业在内部控制过程当中，要严禁滥用职权，把管理者的权利进行分解和牵制。

（五）修订不及时

如果企业内部控制制度的修订不及时，没有跟上环境的变化，会对整个企业有很大的影响。制度要跟上环境的变化，及时作出修订改正。如果制度不更新改进，就达不到预期的效果。而财务部门作为企业内部控制的关键部门，更要管好自己的业务，做到与时俱进。

（六）非经常事项的不适用性

企业内部控制的时候要对非经常性事项进行分析。因为不是经常发生的业务，企业很有可能疏于管理和控制，问题一旦发生就会带来一种恶果。所以企业需要针对不经常发生的事项做好应急措施。但是这样做的另一个结果是大量地增大成本和演练费用的支出。因此，企业要在效益和成本支出两方面进行权衡，对这种不适用的事项做好相应的处理工作。

第二节　内部控制审计

内部控制审计是指内部审计机构对组织内部控制设计和运行的有效性进行的审查和评价活动。

一、内部控制审计的一般原则

董事会及管理层的责任是建立、健全内部控制并使之有效运行。内部审计的责任是对内部控制设计和运行的有效性进行审查和评价，出具客观、公正的审计报告，促进组织改善内部控制及风险管理。

①内部控制审计应当以风险评估为基础，根据风险发生的可能性和对组织单个或者整体控制目标造成的影响程度，确定审计的范围和重点。

②内部审计人员应当关注串通舞弊、滥用职权、环境变化和成本效益等内部控制的局限性。

③内部控制审计应当在对内部控制全面评价的基础上，关注重要业务单位、重大业

务事项和高风险领域的内部控制。

④内部控制审计应当真实、客观地揭示经营管理的风险状况，如实反映内部控制设计和运行的情况。

二、内部控制审计的范围

内部控制审计按其范围划分，分为全面内部控制审计和专项内部控制审计。

①全面内部控制审计是针对组织所有业务活动的内部控制，包括内部环境、风险评估、控制活动、信息与沟通、内部监督五个要素所进行的全面审计。

②专项内部控制审计是针对组织内部控制的某个要素、某项业务活动或者业务活动某些环节的内部控制所进行的审计。

三、内部控制审计的内容

内部审计机构可以参考相关法律和规定及配套指引的相关规定，根据组织的实际情况和需要，通过审查内部环境、风险评估、控制活动、信息与沟通、内部监督等要素，对组织层面内部控制的设计与运行情况进行审查和评价。

①内部审计人员开展内部环境要素审计时，应当以相关法律和规定和各项应用指引中有关内部环境要素的规定为依据，关注组织架构、发展战略、人力资源、组织文化、社会责任等，结合本组织的内部控制，对内部环境进行审查和评价。

②内部审计人员开展风险评估要素审计时，应当以相关法律和规定有关风险评估的要求，以及各项应用指引中所列主要风险为依据，结合本组织的内部控制，对日常经营管理过程中的风险识别、风险分析、应对策略等进行审查和评价。

③内部审计人员开展控制活动要素审计时，应当以相关法律和规定和各项应用指引中关于控制活动的规定为依据，结合本组织的内部控制，对相关控制活动的设计和运行情况进行审查和评价。

④内部审计人员开展信息与沟通要素审计时，应当以相关法律和规定和各项应用指引中有关内部信息传递、财务报告、信息系统等规定为依据，结合本组织的内部控制，对信息收集处理和传递的及时性、反舞弊机制的健全性、财务报告的真实性、信息系统的安全性，以及利用信息系统实施内部控制的有效性进行审查和评价。

⑤内部审计人员开展内部监督要素审计时，应当以相关法律和规定有关内部监督的要求，以及各项应用指引中有关日常管控的规定为依据，结合本组织的内部控制，对内部监督机制的有效性进行审查和评价，重点关注监事会、审计委员会、内部审计机构等是否在内部控制设计和运行中有效发挥监督作用。

⑥内部审计人员根据管理需求和业务活动的特点，可以针对采购业务、资产管理、销售业务、研究与开发、工程项目、担保业务、业务外包、财务报告、全面预算、合同管理、信息系统等，对业务层面内部控制的设计和运行情况进行审查和评价。

四、内部控制审计的程序与认定

（一）内部控制审计程序包括

内部控制审计程序包括、

编制项目审计方案、组成审计组、实施现场审查、认定控制缺陷、汇总审计结果、编制审计报告。

内部审计人员在实施现场审查之前，可以要求被审计单位提交最近一次的内部控制自我评估报告。内部审计人员应当结合内部控制自我评估报告确定审计内容及重点，实施内部控制审计。

内部审计机构可以适当吸收组织内部相关机构熟悉情况的业务人员参加内部控制审计。

内部审计人员应当综合运用访谈、问卷调查、专题讨论、穿行测试、实地查验、抽样和比较分析等方法，充分收集组织内部控制设计和运行是否有效的证据。

内部审计人员编制审计工作底稿应当详细记录实施内部控制审计的内容，包括审查和评价的要素、主要风险点、采取的控制措施、有关证据资料，以及内部控制缺陷认定结果等。

（二）内部控制缺陷的认定

内部控制缺陷包括设计缺陷和运行缺陷。内部审计人员应当根据内部控制审计结果，结合相关管理层的自我评估，综合分析后提出内部控制缺陷认定意见，按照规定的权限和程序进行审核后予以认定。内部审计人员应当根据获取的证据对内部控制缺陷进行初步认定，并按照其性质和影响程度分为重大缺陷、重要缺陷和一般缺陷。

①重大缺陷是指一个或者多个控制缺陷的组合，可能导致组织严重偏离控制目标。

②重要缺陷是指一个或者多个控制缺陷的组合，其严重程度和经济后果低于重大缺陷，但仍有可能导致组织偏离控制目标。

③一般缺陷是指除重大缺陷、重要缺陷之外的其他缺陷。

重大缺陷、重要缺陷和一般缺陷的认定标准，由内部审计机构根据上述要求，结合本组织具体情况确定。

内部审计人员应当编制内部控制缺陷认定汇总表，对内部控制缺陷及其成因、表现形式和影响程度进行综合分析和全面复核，提出认定意见，并以适当的形式向组织适当管理层报告。重大缺陷应当及时向组织董事会或者最高管理层报告。

五、内部控制审计报告

内部控制审计报告的内容，应当包括审计目标、依据、范围、程序与方法、内部控制缺陷认定及整改情况，以及内部控制设计和运行有效性的审计结论、意见、建议等相关内容。

内部审计机构应当向组织适当管理层报告内部控制审计结果。一般情况下，全面内部控制审计报告应当报送组织董事会或者最高管理层。包含有重大缺陷认定的专项内部控制审计报告在报送组织适当管理层的同时，也应当报送董事会或者最高管理层。经董事会或者最高管理层批准，内部控制审计报告可以作为相关规定中要求的内部控制评价报告对外披露。

六、内部审计对内部控制的作用

（一）所发挥的作用

在现代企业组织结构中，内部审计机构是具有相对独立性、层次较高的自我监督约束机构，可以直接在高级管理层或董事会的授权或委派下实施内部审计监控。由于内部审计作为企业内部控制环境中一个特殊组成要素，具有自我完善内部控制的重要功能，因此，内部审计人员可以经常凭借其优势，围绕企业内部控制设计的健全性及其执行的有效性独立开展审查和评价，针对其中的主要问题和缺陷，向最高管理者提出具有建设性的改进措施和建议，从而促使企业不断改进和完善内部控制。内部审计是对各个组织机构具有监测功能之信息的质量和完整性进行独立评价的过程。该过程一般是通过下列方式实施的：检查每项信息本身是否前后一致；检查各项信息之间是否相互一致；不规律地测试信息流。如果内部审计师发现信息不可靠，他不仅应当指出这一点，而且还应当提出改进意见。由此可见，企业内部审计是企业内部会计控制的一个重要组成部分，旨在通过对企业内部控制和各职能部门所从事的业务行为进行独立评审，写出检查报告，针对各项经营业务提出改进其内部控制的建议，并应对违反内部控制的部门和人员提出处理意见。

（二）优势和劣势

内部审计在进行内部会计控制评价过程中，具有以下方面的优势：

1. 评价具有全面性

内部审计作为企业的一个职能部门，起着监督、评价和促进企业经营管理活动的重要作用。正是由于它具有这种先天条件，所以内部审计可以全面评价企业内部控制。例如，只要符合成本效益原则，内部审计人员对于每项内部控制都可以运用"穿行测试"手段去进行检查。

2. 评价具有反复性

与外部审计评审不同，内部审计对企业有关内部控制程序的评审并不仅此一次，而是一个不断反复的过程。由于内部审计仅服务于本企业，因此在多项内审业务中，可以针对同一项内部控制程序进行多次的检查，在降低内部审计检查风险的同时，可以促进内部控制有效执行。同时通过将本期控制情况与前期控制情况进行对比，可以从中发现企业经营管理变化的趋势。

3. 评价具有主动性

内部审计不仅以财务报告作为评审对象，而且还以内部会计控制本身作为其评审对象，即评审内部会计控制并不是以减少审计工作量、降低审计风险为目标，而是以确定内部会计控制的健全性、有效性为目标。在评审过程中，内部审计可以主动去寻找内部会计控制中的薄弱环节，提出检查报告及改进建议，以促进内部会计控制的健全有效。

内部审计进行内部控制评价还存在以下方面的缺陷：

①独立性受制于内部审计在企业中的地位。内部审计作为一个职能部门在企业中的地位越高，进行内部控制评审时的相对独立性越强；反之，则相对独立性越弱。毫无疑问，内部审计的独立性对于其内部控制评审的有效程度是至关重要的。

②其客观性受制于内部审计及与内部控制的关系。内部审计本身就是企业内部控制的一个组成部分，由内部审计人员对内部控制进行评审，并提出改进建议后，又再对改进后的内部控制进行评审，这本身就存在一种矛盾关系，无疑会影响内部审计进行内部控制评审的客观性，而且内部审计与内部控制之间的关系越密切，这种客观性就越差。

第三节　反舞弊

企业管理层对舞弊行为的发生承担责任。建立、健全并有效实施内部控制，预防、发现及纠正舞弊行为是组织管理层的责任。内部审计机构和内部审计人员应当保持应有的职业谨慎，在实施的审计活动中关注可能发生的舞弊行为，并对舞弊行为进行检查和报告。

一、舞弊的特征

舞弊，是指组织内、外人员采用欺骗等违法违规手段，损害或者牟取组织利益，同时可能为个人带来不正当利益的行为。主要分为两类：

（一）损害组织经济利益的舞弊

是指组织内、外人员为牟取自身利益，采用欺骗等违法违规手段使组织经济利益遭受损害的不正当行为。具体包括下列情形：

①收受贿赂或者回扣；

②将正常情况下可以使组织获利的交易事项转移给他人；

③贪污、挪用、盗窃组织资产；

④使组织为虚假的交易事项支付款项；

⑤故意隐瞒、错报交易事项；

⑥泄露组织的商业秘密；

⑦其他损害组织经济利益的舞弊行为。

（二）牟取组织经济利益的舞弊

是指组织内部人员为使本组织获得不当经济利益而其自身也可能获得相关利益，采用欺骗等违法违规手段，损害国家和其他组织或者个人利益的不正当行为。

具体包括下列情形：

①支付贿赂或者回扣；

②出售不存在或者不真实的资产；

③故意错报交易事项、记录虚假的交易事项，使财务报表使用者误解而作出不适当的投融资决策；

④隐瞒或者删除应当对外披露的重要信息；

⑤从事违法违规的经营活动；

⑥偷逃税款；

⑦其他牟取组织经济利益的舞弊行为。

二、内部审计针对舞弊的行为

（一）职业谨慎

①具有识别、检查舞弊的基本知识和技能，在实施审计项目时警惕相关方面可能存在的舞弊风险；

②根据被审事项的重要性、复杂性以及审计成本效益，合理关注和检查可能存在的舞弊行为；

③运用适当的审计职业判断、确定审计范围和审计程序，以检查、发现和报告舞弊行为；

④发现舞弊迹象时，应当及时向适当管理层报告，提出进一步检查的建议。

（二）对舞弊发生的可能性进行评估

组织目标的可行性，控制意识和态度的科学性，员工行为规范的合理性和有效性，业务活动授权审批制度的有效性，内部控制和风险管理机制的有效性，信息系统运行的有效性。

此外，还要考虑管理人员品质不佳、管理人员遭受异常压力、业务活动中存在异常交易事项以及组织内部个人利益、局部利益和整体利益存在较大冲突。

（三）对舞弊的检查与报告

内部审计实施必要的检查程序，以确定舞弊迹象所显示的舞弊行为是否已经发生。包括：

①评估舞弊涉及的范围及复杂程度，避免向可能涉及舞弊的人员提供信息或者被其所提供的信息误导；

②设计适当的舞弊检查程序,以确定舞弊者、舞弊程度、舞弊手段及舞弊原因;

③在舞弊检查过程中,与组织适当管理层、专业舞弊调查人员、法律顾问及其他专家保持必要的沟通;

④保持应有的职业谨慎,以避免损害相关组织或者人员的合法权益。

对舞弊行为的报告,内部审计人员应以书面或者口头形式向组织适当管理层或者董事会报告舞弊检查情况及结果。出现下列情况时,内部审计人员应当及时向组织适当管理层报告:

①可以合理确信舞弊已经发生,并需要深入调查;

②舞弊行为已经导致对外披露的财务报表严重失实;

③发现犯罪线索,并获得了应当移送司法机关处理的证据。

(四)内部审计反舞弊

运行良好的内部审计职能可以有效地防范和发现舞弊行为,监控并改进企业运营和资源使用的效率和效果,内部审计就舞弊风险管理流程的充分性和适当性以及运行有效性向董事会提供合理保证。

1. 舞弊控制环境建设

①内审负责人应作为员工守则制定小组的成员,对员工道德行为、反舞弊意识等企业文化建设事项提供咨询建议。

②对企业高级管理人员管理舞弊风险的能力进行定期评估,了解高管层对反舞弊的理念和基调。

③推进各级人员的反舞弊意识,定期对员工开展道德培训,包括对企业政策和程序的遵循、浪费、腐败以及不当管理行为的识别和警惕等。

④内部审计章程中应明确规定内部审计在舞弊风险管理中的职责。

2. 舞弊风险识别和评估

①对舞弊风险评估流程的有效性进行测试和评价。

②内部审计在制定审计计划时应考虑银行对舞弊风险的评估结果。

③与开展舞弊风险评估的人员进行定期沟通和访谈,确保相关舞弊风险得到了恰当的考虑和处理。

④内部审计可以定期审阅业务部门风险识别结果的全面性和充分性,特别是对于管理层凌驾控制的风险识别。

3. 舞弊风险应对措施

①内部审计可代表审计委员会对银行员工,特别是高管人员招聘的背景调查流程执行"穿行测试"和评价。

②对举报流程和银行热线的设置情况进行"穿行测试"和评价,协助审计委员会了解这一流程。

③对舞弊控制活动的运行有效性进行测试和评价。

4. 舞弊信息沟通

①监督和评价员工沟通渠道的有效性，例如员工调查工作是否定期执行，员工调查内容是否包含反舞弊意识、舞弊风险识别和举报的相关内容等。

②对举报热线或相关内外部信息沟通途径进行监控，确保其有效运行。

③就舞弊事件的识别和调查情况与审计委员会进行及时沟通。

5. 舞弊调查和监控

①对内外部举报热线接收的问题处理情况进行监控和跟进，有效改进举报流程的透明度。

②对参与舞弊检查人员的资格、技能和独立性进行评估。

③发起或配合相关各方开展舞弊调查，分析舞弊产生的根本原因，提出潜在改进建议。

④内审负责人应对内审人员开展舞弊调查培训，使内部审计人员了解、熟悉相关的舞弊迹象特征。

第四节　内部审计价值的提升

一、对内部审计的期望

（一）内部审计在内部控制中的职责

①对内部控制系统进行持续监督；

②定期评价内部控制系统的有效性；

③发现内部控制系统的问题并提出改进建议；

④跟踪改进措施的实施情况，协助管理层维持有效的内部控制。

（二）各主体对内部审计的期望

1. 董事会

①传统的纠错防弊、事后监督职能无法满足战略需要。

②董事会不仅需要"警察"和"卫士"，更需要"谋士"。

2. 业务部门

①内审不仅是业务监督和检查，更要提供具有价值的流程和控制咨询。

②内部审计应成为业务合作伙伴，提升业务运营绩效。

3. 外部监管机构

①内审在组织中应保持实质的独立性和客观性。

②对营运管理、风险管理、合规和其他控制职能进行评估、审阅和改进。

4. 外部审计

①与外审保持互助合作和持续沟通。

②实现控制评估信息的共享，最大限度上减少工作重复。

③作为外审与审计委员沟通的协调人和推动者。

二、构建增加价值的内部审计

结合内部审计的特点，内部审计帮助企业增加价值框架应围绕增值这个宗旨和核心，构建增加价值的框架。

（一）审计环境

审计环境是内部审计的基础和前提，对其他维度具有一定的制约作用，影响审计目标的确定以及审计工作方式、流程途径等的选择。从层次和范围上来说，审计环境既包括内部审计机构这个内部小环境，也包括内部审计所在机构的中观环境，还离不开外部环境，内部审计同时受到三个不同层次的环境的影响。

内部审计面临的是动态变化的内外部环境，内部审计部门要不断评价和预测面临的环境情况，积极采取措施，为维护良好的审计环境而努力。

（二）审计目标

审计目标是内部审计要实现的宗旨和目标，是判断内部审计是否成功的唯一标准。只要审计目标实现了，就可以合理认为内部审计实现了增加价值的宗旨。增值型内部审计具体目标可以分为：战略目标；财务和运营信息的可靠性与完整性；运营的效率和效果；人员和资产的安全；对法律、法规及合同遵守等五个具体目标。审计目标不同于公司目标，审计目标根据公司目标制定，但公司目标并不必然就是审计目标。

（三）增加价值方式

内部审计可以通过帮助企业把握可能的机会以增加效益、减少支出或避免可能的损失的方式来增加公司的价值，也可以通过提高审计的效率降低审计成本以节约公司支出帮助企业增加价值。内部审计帮助企业增加价值的方式可以分为直接增加价值和间接增加价值。直接增加价值就是内部审计可以通过促进增收节支创造直接的有形价值；间接增加价值就是通过促进规范管理、完善制度、堵住漏洞，帮助企业改善组织的运营和完善公司的治理来间接地增强公司的控制力和执行力，最终提高经济效益，实现企业价值和股东财富的最大化。

（四）审计对象

为了实现增值型内部审计的目标，内部审计的对象应该根据审计的目标、环境、风险等来设定，具体可以表述为风险管理、公司治理和内部控制。

（五）工作性质

随着内部审计的宗旨发生变化，内部审计的工作性质也相应地进行调整，由专一从事确认业务转变为确认业务和咨询业务并重。确认与咨询服务不是互相排斥的，确认服务和咨询性服务目标是一致的，都是为了实现组织的总目标。由于内部审计人员对本组织的情况最为熟悉，对内提供咨询服务有其独特的优势。内部审计必须适应环境的变化和组织的需要，提供多种多样的服务，来保证组织目标的实现。

（六）流程途径

增值型内部审计必须坚持"以风险导向为基础"审计模式并按照系统化、规范化的方法实施审计过程，其具体流程按照"了解企业目标、熟悉风险管理环境、确定风险事项、风险评估，根据初步风险评估的高低确定审计对象并制定年度审计计划、根据进一步的风险评估制定项目计划，审核确定风险管理对象、风险沟通、后续审计"思路来开展。风险导向审计的步骤如下：

①战略分析，在战略层面了解被审计单位及其所处的市场和行业。

②企业风险识别和评估，企业风险识别和评估是帮助企业识别关键风险并优化风险管理框架的一个过程。评估结果有助于内部审计计划的制定，并通过风险导向原则使内审师集中关注高风险领域，从而提高工作效率。

③制定内部审计计划，内部审计计划应基于风险导向原则而制定。

④执行内部审计计划，了解业务流程，制定内部审计方案并开展审计工作。执行审计计划还包括了对控制活动的验证和测试，以及对发现问题的记录。

⑤报告审计结果，指导在战略分析、了解业务流程以及执行内部审计等各阶段的报告工作，包括向审计委员会进行的报告，如年度报告和季度的更新情况报告。

⑥落实跟进审计发现，对审计发现的解决和跟进。

（七）审计资源

整合各种审计资源，包括人员、设备、系统软件、技术、数据信息、沟通交流等，是增值型内部审计成功的资源支持和技术保证。审计人员是最重要的审计资源，也是其他资源的基础和前提，配备恰当数量和素质的审计人员至关重要，同时也要优化内部审计人员结构并加强后续教育；为了适应信息化的需要，还需要加强内部审计的信息化建设，包括设备、系统软件、技术的掌握、熟练和创新；采用系统化、规范化的科学方法收集需要的数据信息并恰当地交流都是影响审计效果的重要因素，也是审计的重要资源支持。

第七章 审计报告

第一节 审计报告定义与分类

审计报告是审计人员完成审计工作的最终产品，是对被审计单位财务报表发表；审计意见的书面文件，是审计人员履行审计责任的书面证明，审计报告具有法律效力。所以，如何编写审计报告，表达审计意见，是审计人员履行审计责任的关键。

一、审计报告概念及特征

审计报告是指注册会计师根据中国注册会计师审计准则的规定，在实施审计工作的基础上对被审计单位财务报表发表审计意见的书面文件。审计报告是注册会计师在完成审计工作后向委托人提交的最终产品。审计报告的形成通常具有以下特征：

（一）注册会计师按照中国注册会计师审计准则的规定执行审计工作

审计准则是用以规范注册会计师执行审计业务的标准，包括一般原则与责任、风险评估与应对、审计证据、利用其他主体的工作、审计结论与报告以及特殊领域审计等六个方面的内容。审计准则涵盖了注册会计师执行审计业务的始终。

（二）注册会计师只有在实施了审计工作的基础上才能出具审计报告

注册会计师应当实施风险评估程序，以此作为评估财务报表层次和认定层次重大错报风险的基础。风险评估程序本身并不足以为发表审计意见提供充分、适当的审计证据，注册会计师还应当实施进一步审计程序，包括实施控制测试（必要时或决定测试时）和实质性程序。注册会计师通过实施上述审计程序，获取充分、适当的审计证据，得出合理的审计结论，作为形成审计意见的基础。

（三）注册会计师通过对财务报表发表意见履行业务约定书约定的责任

财务报表审计的目标是注册会计师通过执行审计工作，对财务报表的合法性和公允性发表审计意见。被审财务报表是按照通用目的编制基础编制的财务报表，包括相关附注（相关附注通常包括重要会计政策概要和其他解释性信息）。在实施审计工作的基础上，注册会计师需要对财务报表形成审计意见，并向委托人提交审计报告。

（四）注册会计师应当以书面形式出具审计报告

审计报告具有特定的要素和格式，注册会计师只有以书面形式出具报告，才能清楚表达对财务报表发表的审计意见。注册会计师签发的审计报告，具有鉴证、保护和证明三方面的作用。

二、审计报告的形成

注册会计师应当评价根据审计证据得出的结论，以作为对财务报表形成审计意见的基础。在确定对财务报表形成标准无保留意见与否时，注册会计师应当根据已获取的审计证据，评价是否已就财务报表整体不存在由于舞弊或错误导致的重大错报获取了合理保证。为此，注册会计师应当考虑：

（一）评价财务报表是否在所有重大方面按照适用的财务报告编制基础编制

注册会计师应当评价财务报表是否在所有重大方面按照适用的财务报告编制基础编制。在评价时，注册会计师应当考虑被审计单位会计实务的质量，包括表明管理层的判断可能出现偏向的迹象。

（二）依据适用的财务报告编制基础特别评价一些内容

注册会计师应当依据适用的财务报告编制基础特别评价一些内容。特别评价内容包括：

①财务报表是否充分披露了选择和运用的重要会计政策；

②选择和运用的会计政策是否符合适用的财务报告编制基础，并适合于被审计单位的具体情况；

③管理层作出的会计估计是否合理；

④财务报表列报的信息是否具有相关性、可靠性、可比性和可理解性；

⑤财务报表是否作出充分披露，使财务报表预期使用者能够理解重大交易和事项对财务报表所传递的信息的影响；

⑥财务报表使用的术语（包括每一财务报表的标题）是否适当。

（三）评价财务报表是否实现公允反映

在评价财务报表是否实现公允反映时，注册会计师应当考虑下列内容：

①财务报表的整体列报、结构和内容是否合理；

②财务报表（包括相关附注）是否公允地反映了相关交易和事项。

（四）评价财务报表是否恰当提及或说明适用的财务报告编制基础

注册会计师应当评价财务报表是否恰当提及或说明适用的财务报告编制基础。

注册会计师对以上各方面评价之后，如果认为财务报表在所有重大方面按照适用的财务报告编制基础编制并实现公允反映，注册会计师应当发表标准无保留意见。

三、审计意见的类型

注册会计师的审计目标就是在评价依据审计证据所得出的结论的基础上，对财务报表是否在整体上不存在重大错报形成审计意见，并将该意见以书面报告的形式表达出来。

如果认为财务报表在所有重大方面按照财务报告编制基础的规定编制并实现公允反映，注册会计师应当发表无保留意见。

当存在下列情形之一时，注册会计师应当按照规定，在审计报告中发表非无保留意见：

①根据获取的审计证据，得出财务报表整体存在重大错报的结论；

②无法获取充分、适当的审计证据，不能得出财务报表整体不存在重大错报的结论。如果财务报表没有实现公允反映，注册会计师应当就该事项与管理层讨论，并根据财务报告编制基础的规定和该事项得到解决的情况，决定是否有必要按照规定在审计报告中发表非无保留意见。

四、无保留意见审计报告

审计报告的要素是指审计报告的组成部分，一般地，审计报告要素包括：标题；收件人；审计意见；形成审计意见的基础；管理层对财务报表的责任；注册会计师对财务报表审计的责任；按照相关法律法规的要求报告的事项（如适用）；注册会计师的签名和盖章；会计师事务所的名称、地址及盖章；报告日期。这也构成了无保留意见审计报告的要素。

（一）标题

审计报告的标题一般统一规范为"审计报告"。

考虑到这一标题已广为社会公众所接受，因此，我国注册会计师出具的审计报告中标题没有包含"独立"两个字，但注册会计师在执行财务报表审计业务时，应当遵守独立性的要求。

（二）收件人

审计报告的收件人是指注册会计师按照业务约定书的要求报送审计报告的对象，一般是指审计业务的委托人。审计报告应当按照审计业务的约定载明收件人的全称。

注册会计师应当与委托人在业务约定书中约定报送审计报告的对象，以防止在此问题上发生分歧或审计报告被委托人滥用。针对整套通用目的财务报表出具的审计报告，审计报告的报送对象通常为被审计单位的全体股东或治理层。

收件人表述举例如下："某某股份有限公司全体股东"，或"某某股份有限公司董事会"，或"某某股份有限公司全体股东及董事会"。

（三）审计意见

审计意见部分由两部分组成。第一部分应指出已审财务报表，通常包括下列内容：
①指出被审计单位的名称；
②说明财务报表已经审计；
③指出构成整套财务报表的每一财务报表的名称；
④提及财务报表附注，包括重要会计政策概要和其他解释性信息；
⑤指明构成整套财务报表的每一财务报表的日期或涵盖的期间。

审计意见涵盖由适用的财务报告编制基础所确定的整套财务报表。例如，在许多通用目的的编制基础中，财务报告包括资产负债表、利润表、现金流量表、所有者权益变动表和相关附注（通常包括重大会计政策和会计估计以及其他解释性信息）。

第二部分应当说明注册会计师发表的审计意见。如果对财务报表发表无保留意见，除非法律法规另有规定，审计意见应当使用"我们认为，财务报表在所有重大方面按照适用的财务报告编制基础（如企业会计准则等）编制，公允反映了……"的措辞。审计意见说明财务报表在所有重大方面按照适用的财务报告编制基础编制，公允反映了财务报表旨在反映的事项。例如，对于按照企业会计准则编制的财务报表，这些事项是"被审计单位期末的财务状况、截至期末某一期间的经营成果和现金流量"。

（四）形成审计意见的基础

审计报告应当包含标题为"形成审计意见的基础"的部分。该部分应当紧接在审计意见之后，并包括下列方面：
①说明注册会计师按照审计准则的规定执行了审计工作。
②提及审计报告中用于描述审计准则规定的注册会计师责任的部分。
③声明注册会计师按照与审计相关的职业道德要求独立于被审计单位，并履行了职业道德方面的其他责任。声明中应当指明适用的职业道德要求，如中国注册会计师职业道德守则。
④说明注册会计师是否相信获取的审计证据是充分、适当的，为发表审计意见提供了基础。

（五）管理层对财务报表的责任

审计报告应当包含标题为"管理层对财务报表的责任"的部分。审计报告中应当使用特定国家或地区法律框架下的恰当术语，而不必限定为"管理层"。在某些国家或地区，恰当的术语可能是"治理层"。管理层对财务报表的责任部分应当说明管理层负责下列方面：

①按照适用的财务报告编制基础编制财务报表，并使其实现公允反映，并设计、执行和维护必要的内部控制，以使财务报表不存在由于舞弊或错误导致的重大错报。

②评估被审计单位的持续经营能力和使用持续经营假设是否适当，并披露与持续经营相关的事项（如适用）。对管理层评估责任的说明应当包括描述在何种情况下使用持续经营假设是适当的。

在审计报告中指明管理层的责任，有利于区分管理层和注册会计师的责任，降低财务报表使用者误解注册会计师责任的可能性。

（六）注册会计师对财务报表审计的责任

审计报告应当包含标题为"注册会计师对财务报表审计的责任"的部分。该部分应当包括下列内容：

①说明注册会计师的目标是对财务报表整体是否不存在由于舞弊或错误导致的重大错报获取合理保证，并出具包含审计意见的审计报告。

②说明合理保证是高水平的保证，但并不能保证按照审计准则执行的审计在某一重大错报存在时总能发现。

③说明错报可能由于舞弊或错误导致。在说明错报可能由于舞弊或错误导致时，注册会计师应当从下列两种做法中选取一种：

a. 描述如果合理预期错报单独或汇总起来可能影响财务报表使用者依据财务报表作出的经济决策，则通常认为错报是重大的；

b. 根据适用的财务报告编制基础，提供关于重要性的定义或描述。

④说明在按照审计准则执行审计工作的过程中，注册会计师运用职业判断，并保持职业怀疑。

⑤通过说明注册会计师的责任，对审计工作进行描述。这些责任包括：

a. 识别和评估由于舞弊或错误导致的财务报表重大错报风险，设计和实施审计程序以应对这些风险，并获取充分适当的审计证据，作为发表审计意见的基础。由于舞弊可能涉及串通、伪造、故意遗漏、虚假陈述或凌驾于内部控制之上，未能发现由于舞弊导致的重大错报的风险高于未能发现由于错误导致的重大错报的风险。

b. 了解与审计相关的内部控制，以设计恰当的审计程序，但目的并非对内部控制的有效性发表意见。当注册会计师有责任在财务报表审计的同时对内部控制的有效性发表意见时，应当略去上述"目的并非对内部控制的有效性发表意见"的表述。

c. 评价管理层选用会计政策的恰当性和作出会计估计及相关披露的合理性。

d. 对管理层使用持续经营假设的恰当性得出结论。同时，根据获取的审计证据，就可能导致对被审计单位持续经营能力产生重大疑虑的事项或情况是否存在重大不确定性得出结论。如果注册会计师得出结论认为存在重大不确定性，审计准则要求注册会计师在审计报告中提请报表使用者关注财务报表中的相关披露；如果披露不充分，注册会计师应当发表非无保留意见。注册会计师的结论基于截至审计报告日可获得的信息。然而，未来的事项或情况可能导致被审计单位不能持续经营。

e.评价财务报表的总体列报、结构和内容（包括披露），并评价财务报表是否公允反映相关交易和事项。

⑥说明注册会计师与治理层就计划的审计范围、时间安排和重大审计发现等事项进行沟通，包括沟通注册会计师在审计中识别的值得关注的内部控制缺陷。

⑦对于上市实体财务报表审计，指出注册会计师就已遵守与独立性相关的职业道德要求向治理层提供声明，并与治理层沟通可能被合理认为影响注册会计师独立性的所有关系和其他事项，以及相关的防范措施（如适用）。

⑧对于上市实体财务报表审计，以及决定按照规定沟通关键审计事项的其他情况，说明注册会计师从与治理层沟通过的事项中确定哪些事项对本期财务报表审计最为重要，因而构成关键审计事项。注册会计师应当在审计报告中描述这些事项，除非法律法规禁止公开披露这些事项，或在极少数情形下，注册会计师合理预期在审计报告中沟通某事项造成的负面后果超过在公众利益方面产生的益处，因而确定不应在审计报告中沟通该事项。

（七）按照相关法律法规的要求报告的事项（如适用）

除审计准则规定的注册会计师对财务报表出具审计报告的责任外，如果注册会计师在对财务报表出具的审计报告中履行其他报告责任，应当在审计报告中将其单独作为一部分，并以"按照相关法律法规的要求报告的事项"为标题，或使用适合于该部分内容的其他标题，除非其他报告责任涉及的事项与审计准则规定的报告责任涉及的事项相同。如果涉及相同的事项，其他报告责任可以在审计准则规定的同一报告要素部分列示。如果将其他报告责任在审计准则要求的同一报告要素部分列示，审计报告应当清楚区分其他报告责任和审计准则要求的报告责任。

（八）注册会计师的签名和盖章

审计报告应当由项目合伙人和另一名负责该项目的注册会计师签名并盖章。注册会计师应当在对上市实体整套通用目的财务报表出具的审计报告中注明项目合伙人。

（九）会计师事务所的名称、地址和盖章

审计报告应当载明会计师事务所的名称和地址，并加盖会计师事务所公章。

根据相关法律的规定，注册会计师承办业务，由其所在的会计师事务所统一受理并与委托人签订委托合同。因此，审计报告除了应由注册会计师签名并盖章外，还应载明会计师事务所的名称和地址，并加盖会计师事务所公章。

（十）报告日期

审计报告应当注明报告日期。审计报告日不应早于注册会计师获取充分、适当的审计证据（包括管理层认可对财务报表的责任且已批准财务报表的证据），并在此基础上对财务报表形成审计意见的日期。注册会计师在确定审计报告日期时，应当确信已获取下列两方面的审计证据：

①构成整套财务报表的所有报表（包括相关附注）已编制完成；

②被审计单位的董事会、管理层或类似机构已经认可其对财务报表负责。

审计报告的日期非常重要。注册会计师对不同时段的资产负债表日后事项有着不同的责任，而审计报告的日期是划分时段的关键时点。在实务中，注册会计师在正式签署审计报告前，通常把审计报告草稿和已审计财务报表草稿一同提交给管理层。如果管理层批准并签署已审计财务报表，注册会计师即可签署审计报告。注册会计师签署审计报告的日期通常与管理层签署已审计财务报表的日期为同一天，或晚于管理层签署已审计财务报表的日期。在审计报告日期晚于管理层签署已审计财务报表日期时，注册会计师应当获取自管理层声明书日到审计报告日期之间的进一步审计证据，如补充的管理层声明书。

五、非无保留意见审计报告

（一）非无保留意见的内涵

非无保留意见是指注册会计师对财务报表发表的保留意见、否定意见或无法表达意见。

当存在下列情形之一时，注册会计师应当在审计报告中发表非无保留意见：

1. 根据获取的审计证据，得出财务报表整体存在重大错报的结论

为了形成审计意见，针对财务报表整体是否不存在由于舞弊或错误导致的重大错报，注册会计师应当得出结论，确定是否已就此获取合理保证。在得出结论时，注册会计师需要评价未更正错报对财务报表的影响。

2. 无法获取充分、适当的审计证据，不能得出财务报表整体不存在重大错报的结论

如果注册会计师能够通过实施替代程序获取充分、适当的审计证据，则无法实施特定的程序并不构成对审计范围的限制。

下列情形可能导致注册会计师无法获取充分、适当的审计证据（即审计范围受到限制）：

（1）因不可抗力或意外状况而超出被审计单位的控制

在注册会计师实施审计工作获取审计证据的过程中，有时会因火灾或其他一些不可抗力或意外状况而导致被审计单位的一些会计资料或会计记录受损，这种突发状况超出了被审计单位的控制以致被审计单位无法向注册会计师提供用以辅助完成审计工作所必

须的一些重要会计资料或记录。例如：被审计单位的会计记录因火灾而被毁坏；作为重要组成部分的会计记录已被政府有关机构无限期地查封。

（2）注册会计师审计工作的工作性质或时间安排

在注册会计师实施审计工作的过程中，注册会计师有时可能会因审计工作的工作性质或时间安排而无法获取充分、适当的审计证据。例如：注册会计师确定仅实施实质性程序是不充分的，但被审计单位的内部控制是无效的；注册会计师接受审计委托的时间安排，使得注册会计师无法实施存货监盘。

（3）管理层对审计范围施加限制。

在注册会计师实施审计工作的过程中，有时会出现管理层对审计范围施加限制而导致注册会计师无法获取充分、适当的审计证据的情形。例如：管理层阻止注册会计师实施存货监盘；管理层阻止注册会计师对特定账户余额实施函证。需要指出的是，管理层所施加的限制除对审计意见可能造成影响外，也可能对审计产生其他影响，如注册会计师对舞弊风险的评估和对业务保持的考虑。

（二）确定非无保留意见的类型

注册会计师确定恰当的非无保留意见的类型，取决于下列事项：①导致非无保留意见的事项的性质，是财务报表存在重大错报，还是在无法获取充分、适当的审计证据的情况下，财务报表可能存在重大错报；②注册会计师就导致非无保留意见的事项对财务报表产生或可能产生影响的广泛性作出的判断。

广泛性，是描述错报影响的术语，用以说明错报对财务报表的影响，或者由于无法获取充分、适当的审计证据而未发现的错报（如存在）对财务报表可能产生的影响。根据注册会计师的判断，对财务报表的影响具有广泛性的情形包括：①不限于对财务报表的特定要素、账户或项目产生影响；②虽然仅对财务报表的特定要素、账户或项目产生影响，但这些要素、账户或项目是或可能是财务报表的主要组成部分；③当与披露相关时，产生的影响对财务报表使用者理解财务报表至关重要。

1. 发表保留意见

当存在下列情形之一时，注册会计师应当发表保留意见：

①在获取充分、适当的审计证据后，注册会计师认为错报单独或汇总起来对财务报表影响重大，但不具有广泛性。

注册会计师在获取充分、适当的审计证据后，只有当认为财务报表就整体而言是公允的，但还存在对财务报表产生重大影响的错报时，才能发表保留意见。如果注册会计师认为错报对财务报表产生的影响极为严重且具有广泛性，则应发表否定意见。因此，保留意见被视为注册会计师在不能发表无保留意见情况下最不严厉的审计意见。

②注册会计师无法获取充分、适当的审计证据以作为形成审计意见的基础，但认为未发现的错报（如存在）对财务报表可能产生的影响重大，但不具有广泛性。

注册会计师因审计范围受到限制而发表保留意见还是无法表示意见，取决于无法获取的审计证据对形成审计意见的重要性。注册会计师在判断重要性时，应当考虑有关事项潜在影响的性质和范围以及在财务报表中的重要程度。只有当未发现的错报（如存在）对财务报表可能产生的影响重大但不具有广泛性时，才能发表保留意见。

2. 发表否定意见

在获取充分、适当的审计证据后，如果认为错报单独或汇总起来对财务报表的影响重大且具有广泛性，注册会计师应当发表否定意见。

3. 发表无法表示意见

如果无法获取充分、适当的审计证据以作为形成审计意见的基础，但认为未发现的错报（如存在）对财务报表可能产生的影响重大且具有广泛性，注册会计师应当发表无法表示意见。

在极少数情况下，可能存在多个不确定事项。尽管注册会计师对每个单独的不确定事项获取了充分、适当的审计证据，但由于不确定事项之间可能存在相互影响，以及可能对财务报表产生累积影响，注册会计师不可能对财务报表形成审计意见。在这种情况下，注册会计师应当发表无法表示意见。

在确定非无保留意见的类型时还需注意以下两点：

一是在审计过程中，注册会计师应当要求管理层消除对审计范围所施加的限制。在承接审计业务后，如果注意到管理层对审计范围施加了限制，且认为这些限制可能导致对财务报表发表保留意见或无法表示意见，注册会计师应当要求管理层消除这些限制。如果管理层拒绝消除限制，除非治理层全部成员参与管理被审计单位，注册会计师应当就此事项与治理层沟通，并确定能否实施替代程序以获取充分、适当的审计证据。如果无法获取充分、适当的审计证据，注册会计师应当通过下列方式确定其影响：①如果未发现的错报（如存在）可能对财务报表产生的影响重大，但不具有广泛性，应当发表保留意见；②如果未发现的错报（如存在）可能对财务报表产生的影响重大且具有广泛性，以至于发表保留意见不足以反映情况的严重性，注册会计师应当在可行时解除业务约定（除非法律法规禁止）；③如果在出具审计报告之前解除业务约定被禁止或不可行，应当发表无法表示意见。需要指出的是，在可以解除业务约定的情况下，注册会计师应当在解除业务约定前，与治理层沟通在审计过程中发现的、将会导致发表非无保留意见的所有错报事项。

二是注册会计师对在同一审计报告中对按照相同财务报告编制基础编制的单一财务报表或者财务报表特定要素、账户或项目所发表的审计意见与在同一审计报告中对财务报表整体所发表的审计意见不能相矛盾。如果认为有必要对财务报表整体发表否定意见或无法表示意见，注册会计师不应在同一审计报告中对按照相同财务报告编制基础编制的单一财务报表或者财务报表特定要素、账户或项目发表无保留意见。在同一审计报告中包含无保留意见，将会与对财务报表整体发表的否定意见或无法表示意见相矛盾。

（三）非无保留意见审计报告的格式和内容

如果对财务报表发表非无保留意见，除在审计报告中包含规定的审计报告要素外，注册会计师还应当：

1. 恰当修改标题，并对导致非无保留意见的事项进行描述

将审计报告的要素之一"形成审计意见的基础"这一标题修改为恰当的标题，如"形成保留意见的基础""形成否定意见的基础"或"形成无法表示意见的基础"，并在该部分对导致发表非无保留意见的事项进行描述。导致非无保留意见的事项有如下几种情况：

（1）量化财务影响

如果财务报表中存在与具体金额（包括财务报表附注中的定量披露）相关的重大错报，注册会计师应当在导致非无保留意见的事项段中说明并量化该错报的财务影响。举例来说，如果存货被高估，注册会计师就可以在审计报告的导致非无保留意见的事项段中说明该重大错报的财务影响，即量化其对所得税、税前利润、净利润和所有者权益的影响。如果无法量化财务影响，注册会计师应当在形成非无保留意见的基础部分说明这一情况。

（2）存在与叙述性披露相关的重大错报

如果财务报表中存在与叙述性披露相关的重大错报，注册会计师应当在形成非无保留意见的基础部分解释该错报错在何处。

（3）存在与应披露而未披露信息相关的重大错报

如果财务报表中存在与应披露而未披露信息相关的重大错报，注册会计师应当：

①与治理层讨论未披露信息的情况；

②在形成非无保留意见的基础部分描述未披露信息的性质；

③如果可行并且已针对未披露信息获取了充分、适当的审计证据，在形成非无保留意见的基础部分包含对未披露信息的披露，除非法律法规禁止。

（4）无法获取充分、适当的审计证据

如果因无法获取充分、适当的审计证据而导致发表非无保留意见，注册会计师应当在形成非无保留意见的基础部分说明无法获取审计证据的原因。

（5）披露其他事项

即使发表了否定意见或无法表示意见，注册会计师也应当在形成非无保留意见的基础部分说明注意到的、将导致发表非无保留意见的所有其他事项及其影响。这是因为，对注册会计师注意到的其他事项的披露可能与财务报表使用者的信息需求相关。

2. 在审计意见部分应使用恰当的标题并进行恰当的表述

（1）标题

在发表非无保留意见时，注册会计师应当对审计意见部分使用恰当的标题，如"保留意见""否定意见"或"无法表示意见"。审计意见部分的标题能够使财务报表使用者清楚注册会计师发表了非无保留意见，并能够表明非无保留意见的类型。

（2）非无保留意见各意见类型的恰当表述

①发表保留意见

当由于财务报表存在重大错报而发表保留意见时，注册会计师应当根据适用的财务报告编制基础在审计意见段中说明：注册会计师认为，除了形成保留意见的基础部分所述事项产生的影响外，财务报表在所有重大方面按照适用的财务报告编制基础的规定编制，公允反映了……当由于无法获取充分、适当的审计证据而导致发表保留意见时，注册会计师应当在审计意见部分使用"除……可能产生的影响外"等措辞。

②发表否定意见

当发表否定意见时，注册会计师应当在审计意见部分说明："注册会计师认为，由于形成否定意见的基础部分所述事项的重要性，后附的财务报表没有在所有重大方面按照适用的财务报告编制基础的规定编制，未能公允反映……"

③发表无法表示意见

当由于无法获取充分、适当的审计证据而发表无法表示意见时，注册会计师应当在审计意见段中：一是说明注册会计师不对后附的财务报表发表审计意见；二是说明由于形成无法表示意见的基础部分所述事项的重要性，注册会计师无法获取充分、适当的审计证据以作为对财务报表发表审计意见的基础。

（3）非无保留意见对审计报告要素内容的修改

当发表保留意见或否定意见时，注册会计师应当修改形成无保留意见的基础部分的描述，以说明：注册会计师相信，注册会计师已获取的审计证据是充分、适当的，为发表非无保留意见如"保留意见""否定意见"提供了基础。

当注册会计师对财务报表发表无法表示意见时，注册会计师应当修改无保留意见审计报告中形成审计意见的基础部分，不应提及审计报告中用于描述注册会计师责任的部分，也不应说明注册会计师是否已获取充分、适当的审计证据以作为形成审计意见的基础。

需要说明的是，当注册会计师对财务报表发表无法表示意见时，注册会计师应当修改无保留意见审计报告中注册会计师对财务报表审计的责任部分，使之仅包含下列内容：

①注册会计师的责任是按照中国注册会计师审计准则的规定，对被审计单位财务报表执行审计工作，以出具审计报告；

②但由于形成无法表示意见的基础部分所述的事项，注册会计师无法获取充分、适当的审计证据以作为发表审计意见的基础；

③声明注册会计师在独立性和职业道德方面的其他责任。

第二节 审计报告中的事项

一、在审计报告中增加强调事项段和其他事项段

（一）强调事项段

强调事项段，是指审计报告中含有的一个段落，该段落提及已在财务报表中恰当列报或披露的事项，且根据注册会计师的职业判断，该事项对财务报表使用者理解财务报表至关重要。

1. 审计报告中需增加强调事项段的情况

审计报告中需增加强调事项段的情况有如下几个方面：

按照被确定为关键审计事项的事项，根据注册会计师的职业判断，也可能对财务报表使用者理解财务报表至关重要。在这些情况下，可将该事项作为关键审计事项沟通时，注册会计师可能希望突出或提请进一步关注其相对重要程度。在关键审计事项部分，注册会计师可以使该事项的列报更为突出（如作为第一个事项），或在关键审计事项的描述中增加额外信息，以指明该事项对财务报表使用者理解财务报表的重要程度。

某一事项可能不符合规定，因而未被确定为关键审计事项（即该事项未被重点关注过），但根据注册会计师的判断，其对财务报表使用者理解财务报表至关重要（例如期后事项）。如果注册会计师认为有必要提请财务报表使用者关注该事项，根据审计准则的规定，该事项将包含在审计报告的强调事项段中。

某些审计准则对特定情况下在审计报告中增加强调事项段提出具体要求。这些情形包括：①法律法规规定的财务报告编制基础不可接受，但其是由法律或法规作出的规定；②提醒财务报表使用者注意财务报表按照特殊目的的编制基础编制；③注册会计师在审计报告日后知悉了某些事实（即期后事项），并且出具了新的审计报告或修改了审计报告。

除上述审计准则要求增加强调事项段的情形外，注册会计师可能认为需要增加强调事项段的情形还有：异常诉讼或监管行动的未来结果存在不确定性；提前应用（在允许的情况下）对财务报表有广泛影响的新会计准则；存在已经或持续对被审计单位财务状况产生重大影响的特大灾难。

需要指出的是，强调事项段的过多使用会降低注册会计师沟通所强调事项的有效性。因此，应把握好度，同时应注意，强调事项段应当仅提及已在财务报表中列报或披露的信息。

2. 在审计报告中增加强调事项段时注册会计师应采取的措施

如果在审计报告中增加强调事项段，注册会计师应当采取下列措施：

①将强调事项段作为单独的一部分置于审计报告中，并使用包含"强调事项"这一术语的适当标题。

②明确提及被强调事项以及相关披露的位置，以便能够在财务报表中找到对该事项的详细描述。强调事项段应当仅提及已在财务报表中列报或披露的信息。

③指出审计意见没有因该强调事项而改变。

在审计报告中包含强调事项段不影响审计意见。包含强调事项段不能代替下列情形：①根据审计业务的具体情况，按照规定发表非无保留意见；②适用的财务报告编制基础要求管理层在财务报表中作出的披露，或为实现公允列报所需的其他披露；③按照相关文件的规定，当可能导致对被审计单位持续经营能力产生重大疑虑的事项或情况存在重大不确定性时作出的报告。

（二）其他事项段

其他事项段，是指审计报告中含有的一个段落，该段落提及未在财务报表中列报或披露的事项，且根据注册会计师的职业判断，该事项与财务报表使用者理解审计工作、注册会计师的责任或审计报告相关。

如果认为有必要沟通虽然未在财务报表中列报或披露，但根据职业判断认为与财务报表使用者理解审计工作、注册会计师的责任或审计报告相关的事项，在同时满足下列条件时，注册会计师应当在审计报告中增加其他事项段：

①未被法律法规禁止。

②当规定适用时，该事项未被确定为在审计报告中沟通的关键审计事项。

与在审计报告中增加强调事项段相同，如果在审计报告中包含有其他事项段，注册会计师应当将该段落作为单独的一部分，并使用"其他事项"或其他适当标题。

需要指出的是，如果拟在审计报告中增加强调事项段或其他事项段，注册会计师应当就该事项和拟使用的措辞与治理层沟通。与治理层的沟通能使治理层了解注册会计师拟在审计报告中所强调的特定事项的性质，并在必要时为治理层提供向注册会计师作出进一步澄清的机会。

二、沟通关键审计事项

（一）沟通关键审计事项的重要意义

关键审计事项，是指注册会计师根据职业判断认为对当期财务报表审计最为重要的事项。在审计报告中沟通关键审计事项，具有重要意义：

首先，在审计报告中沟通关键审计事项，可以提高已执行审计工作的透明度，增加审计报告的沟通价值。

其次，沟通关键审计事项能够为财务报表使用者提供额外的信息，以帮助其了解注册会计师根据职业判断认为对当期财务报表审计最为重要的事项。

再次，沟通关键审计事项还能够帮助财务报表预期使用者了解被审计单位以及已审计财务报表中涉及重大管理层判断的领域。

最后，沟通关键审计事项，还能够为财务报表预期使用者就与被审计单位、已审计财务报表或已执行审计工作相关的事项进一步与管理层和治理层沟通提供基础。

（二）确定关键审计事项的步骤

1. 在与治理层沟通事项的基础上选择关键审计事项

注册会计师与被审计单位治理层沟通审计过程中的重大发现，包括注册会计师对被审计单位的重要会计政策、会计估计和财务报表披露等会计实务的看法，审计过程中遇到的重大困难，已与治理层讨论或需要书面沟通的重大事项等，以便治理层履行其监督审计报告过程的职责。对财务报表和审计报告使用者信息需求的调查结果表明，他们对这些事项感兴趣，并且呼吁增加这些沟通的透明度。因此，应从与治理层沟通事项中选取关键审计事项。

2. 从"与治理层沟通过的事项"中选出"在执行审计工作时重点关注过的事项"

注册会计师在确定哪些事项属于重点关注过的事项时，应当考虑下列方面：

①评估的重大错报风险较高的领域或识别出的特别风险。评估的重大错报风险较高的领域或识别出的特别风险。根据审计准则中的定义，特别风险是指注册会计师识别和评估的、根据判断认为需要特别考虑的重大错报风险。评估的重大错报风险较高的领域或识别出的特别风险，通常需要注册会计师在审计中投放更多的审计资源予以应对。因此，注册会计师在确定重点关注过的事项时需要特别考虑该方面。

②与财务报表中涉及重大管理层判断（包括被认为具有高度不确定性的会计估计）的领域相关的重大审计判断。财务报表中复杂、重大的管理层判断领域，通常涉及困难、复杂的审计判断，并且可能同时需要管理层的专家和注册会计师的专家的参与。因此，注册会计师在确定重点关注过的事项时需要特别考虑该方面。

③本期重大交易或事项对审计的影响。对财务报表或审计工作具有重大影响的交易或事项可能属于重点关注领域，并可能被识别为特别风险。例如，在审计过程中的各个阶段，注册会计师可能已与管理层和治理层就重大关联方交易或超出被审计单位正常经营过程之外的重大交易对财务报表的影响进行了大量讨论。管理层可能已就这些交易的确认、计量、列报或披露作出困难或复杂的判断，这些判断可能已对注册会计师的总体审计策略产生重大影响。经济、会计、法规、行业或其他方面的重大变化可能影响管理层的假设或判断，也可能影响注册会计师的总体审计方法，并导致某一事项需要重点关注。

3. 从"在执行审计工作时重点关注过的事项"中选出"最为重要的事项"以构成关键审计事项

注册会计师可能已就需要重点关注的事项与治理层进行了较多的互动。就这些事项与治理层进行了多方面的沟通，沟通的性质和范围通常能够表明哪些事项对审计而言最为重要。例如，对于较为困难和复杂的事项，注册会计师与治理层的互动可能更加深入、频繁或充分，这些事项（如重大会计政策的运用）构成注册会计师判断的重大关键审计事项的对象。在确定与治理层沟通过的某一事项的相对重要程度以及该事项是否构成关键审计事项时，需考虑下列相关方面：

①该事项对预期使用者理解财务报表整体的重要程度，尤其是对财务报表的重要性。

②与该事项相关的会计政策的性质或者与同行业其他实体相比，管理层在选择适当的会计政策时涉及的复杂程度或主观程度。

③从定性和定量方面考虑，与该事项相关的由于舞弊或错误导致的已更正错报和累积未更正错报（如有）的性质和重要程度。

④为应对该事项所需要付出的审计努力的性质和程度。

⑤在实施审计程序、评价实施审计程序的结果、获取相关和可靠的审计证据以作为发表审计意见的基础时，注册会计师遇到的困难的性质和严重程度，尤其是当注册会计师的判断变得更加主观时。

⑥识别出的与该事项相关的控制缺陷的严重程度。

⑦该事项是否涉及数项可区分但又相互关联的审计考虑。例如，长期合同的收入确认、诉讼或其他或有事项等方面，可能需要重点关注，并且可能影响其他会计估计。

"最为重要的事项"并不意味着只有一项。从需要重点关注的事项中，确定哪些事项以及多少事项对本期财务报表审计最为重要属于注册会计师的职业判断问题。关键审计事项的确定应恰当，并非越多越好，对关键审计事项作冗长的列举可能与这些事项是审计中最为重要的事项这一概念相抵触。

（三）沟通关键审计事项

1. 在审计报告中沟通关键审计事项

在审计报告中沟通关键审计事项，注册会计师主要从以下两方面入手：

（1）在审计报告中单设关键审计事项部分

审计准则规定，注册会计师应当在审计报告中单设一部分，以"关键审计事项"为标题，并在该部分使用恰当的子标题逐项描述关键审计事项。关键审计事项部分的引言应当同时说明下列事项：

①关键审计事项是注册会计师根据职业判断，认为对本期财务报表审计最为重要的事项；

②关键审计事项的应对以对财务报表整体进行审计并形成审计意见为背景，注册会

计师不对关键审计事项单独发表意见。

需要强调指出的是，导致非无保留意见的事项，或者根据规定可能导致对被审计单位持续经营能力产生重大疑虑的事项或情况存在重大不确定性，就其性质而言都属于关键审计事项。但这些事项不得在审计报告中的关键审计事项部分进行描述，而应当按照适用的审计准则的规定报告这些事项，并在关键审计事项部分提及形成保留（否定）意见的基础部分或与持续经营相关的重大不确定性部分。进一步来说，在关键审计事项部分披露的关键审计事项必须是已经得到满意解决的事项，即不存在审计范围受到限制，也不存在注册会计师与被审计单位管理层意见分歧的情况。

（2）描述单一关键审计事项

为帮助财务报表使用者了解注册会计师确定的关键审计事项，注册会计师应当在审计报告的关键审计事项部分逐项描述每一关键审计事项，还应当分别索引至财务报表的相关披露（如有），并同时说明下列内容：

①该事项被认定为审计中最为重要的事项之一，因而被确定为关键审计事项的原因；

②该事项在审计中是如何应对的。

2. 不在审计报告中沟通关键审计事项的情形

前已提及，在审计报告中沟通关键审计事项，有助于提高审计的透明度，是符合公众利益的。然而，在极其罕见的情况下，关键审计事项可能涉及某些"敏感信息"，沟通这些信息可能给被审计单位带来较为严重的负面影响。例如，公开披露某事项可能妨碍相关机构对某项违法行为或疑似违法行为的调查。在这种情况下，则不宜在审计报告中沟通该关键审计事项。

按照审计准则的规定，如果存在下列情形之一，注册会计师不应在审计报告中描述每项关键审计事项：

①法律法规禁止公开披露某事项；

②在极少数情形下，如果合理预期在审计报告中沟通某事项造成的负面后果超过在公众利益方面产生的益处，注册会计师确定不应在审计报告中沟通该事项。如果被审计单位已公开披露与该事项有关的信息，则本项规定不适用。

3. 与治理层沟通的关键审计事项

治理层在监督财务报告过程中担当着重要角色。注册会计师就关键审计事项与治理层沟通，能够使治理层了解注册会计师就关键审计事项作出的审计决策的基础以及这些事项将如何在审计报告中作出描述，也能够使治理层考虑鉴于这些事项将在审计报告中沟通，作出新的披露或提高披露质量是否有用。因此，与治理层沟通关键审计事项十分必要。注册会计师应当就下列事项与治理层沟通：

①注册会计师确定的关键审计事项；

②根据被审计单位和审计业务的具体事实和情况，注册会计师确定不存在需要在审计报告中沟通的关键审计事项（如适用）。

第三节　比较信息

比较信息是当期财务报表的不可缺少的组成部分。财务报表使用者为了确定在一段时期内被审计单位财务状况和经营成果的变化趋势，需要了解涉及一个或多个以前会计期间的比较信息。为适应此需求，我国多项具体会计准则和现行的其他相关法律法规对比较信息的披露作了明确规定。与此相适应，注册会计师在对财务报表发表审计意见时，也应当考虑比较信息对审计意见的影响。

一、比较信息的含义

比较信息是指包含于财务报表中的、符合适用的财务报告编制基础的、与一个或多个以前期间相关的金额和披露。若要理解比较信息，必须首先明了作为比较信息组成部分的对应数据和比较财务报表这两个概念。

①对应数据——属于比较信息，是指作为本期财务报表组成部分的上期（前期）金额和相关披露，这些金额和披露只能和与本期相关的金额和披露（本期数据）联系起来阅读。对应数据列报的详细程度主要取决于其与本期数据的相关程度。

②比较财务报表——属于比较信息，是指为了与本期财务报表相比较而包含的上期（前期）金额和相关披露。比较财务报表包含信息的详细程度与本期财务报表包含信息的详细程度相似。如果上期金额和相关披露已经审计，则将在审计意见中提及。

其中，上期金额主要是指报表中列示的与本期数对应的上期数，以及在附注中列示的报表项目上期数的明细资料等。相关披露主要是指附注中的文字描述或说明，如财务报表的编制基础，遵循企业会计准则的声明，重要会计政策、会计估计的说明，会计政策、会计估计变更以及差错更正的说明，以及需要披露的关联方关系及其交易等其他重要事项。需要指出的是，如果比较信息包括一期以上的金额和相关披露，定义中所称"上期"应理解为"以前数期"。

作为本期财务报表组成部分的上期金额和相关披露的比较信息，其本身并不构成完整的财务报表，而应当与本期相关的金额和披露联系起来阅读。从比较信息的含义出发，可以看出比较信息具有以下特征：

首先，比较信息是本期财务报表的组成部分。一般地，财务报表除提供本期财务信息之外，还需要提供涉及一个或多个以前期间的比较信息，以帮助财务报表使用者判断被审计单位在一定时期内财务状况和经营成果的变化趋势。为了更好地满足财务报表使用者进行趋势分析的需要，一份完整的财务报表至少应当由若干会计期间的财务信息构成，缺少了比较信息，财务报表就失去了完整性。因此，比较数据是本期财务报表的重要组成部分。

其次，比较信息符合适用的财务报告编制基础。比较信息的编报应符合适用的财务报告编制基础，财务报表中列报的比较信息的性质取决于适用的会计准则和相关会计制度的规定。

最后，比较信息应与本期数据联系起来阅读。为了确保财务信息具备符合规定的质量特性，财务报表需要同时列示比较信息（上期金额和相关披露）及本期数据（本期金额和相关披露），但比较信息并不能构成独立的财务报表。列示比较信息的目的，是增加财务报表的信息量，便于财务报表的使用者分析判断被审计单位财务状况和经营成果的变化趋势，因此，比较信息本身并不构成完整的财务报表，而应与本期数据联系起来阅读。

二、比较信息的审计实施

注册会计师应当获取充分、适当的审计证据，以确定比较数据的编制是否符合适用的会计准则和相关会计制度的规定。注册会计师对比较数据负有审计责任，比较信息的审计实施应从以下几方面考虑：

（一）比较信息的审计目标

作为财务报表组成部分的比较信息，注册会计师对其审计的目标主要在于获取充分、适当的审计证据，以确定在财务报表中包含的比较信息是否在所有重大方面按照适用的财务报告编制基础有关比较信息的要求进行列报，并按照注册会计师的报告责任出具审计报告。

（二）比较信息审计程序的范围

注册会计师针对比较信息的审计程序范围通常限于确定财务报表中是否包括适用的财务报告编制基础要求的比较信息以及比较信息是否得到恰当分类，其审计程序的范围明显小于针对本期数据所实施的审计程序范围。

（三）比较信息审计程序的实施

为达到对比较信息的审计目标，获取充分、适当的审计证据，以确定被审计单位是否在所有重大方面按照适用的财务报告编制基础的要求列报有关比较信息，注册会计师应当对比较信息的相关事项进行评价，即注册会计师应当实施以下两个方面的审计程序：

①评价比较信息与上期财务报表列报的金额和相关披露是否一致，如果必要，比较信息是否已经重述。本期财务报表中的比较信息来源于上期财务报表中的本期数据。因此，有必要将比较信息与上期财务报表列报的金额和相关披露进行核对，以确定二者是否一致。

如果比较信息与上期财务报表列报的金额和相关披露不一致时，注册会计师检查的内容通常包括：

　　a. 出现不一致是否因会计准则和会计制度变化引起，或是否符合法律法规规定；

　　b. 金额是否作出适当调整，包括报表项目的重分类和归集，附注中前期对应数的调整等；

　　c. 是否已在附注中充分披露对比较信息作出调整的原因和性质，以及比较数据中受影响的项目名称和更正金额；

　　d. 如果发现对比较信息的调整缺乏合理依据，应当提请管理层对比较信息作出更正，并视更正情况出具适当意见类型的审计报告。

　　②评价在比较信息中反映的会计政策与本期采用的会计政策是否一致，如果会计政策已发生变更，这些变更是否得到恰当处理并得到充分列报和披露。根据企业会计准则的规定，企业采用的会计政策，在每一会计期间和前后各期应当保持一致，不得随意变更。因此，注册会计师需要检查比较信息采用的会计政策与本期数据采用的会计政策是否一致。但企业会计准则并非绝对不允许企业变更会计政策。当法律、行政法规或者国家统一的会计制度等要求变更会计政策，或者会计政策变更能够提供更可靠、更相关的会计信息时，企业可以变更会计政策，但注册会计师应确定会计政策的变更是否得到恰当处理并得到充分列报和披露。

　　当被审计单位变更会计政策时，注册会计师检查的内容通常包括：

　　a. 会计政策变更是否符合企业会计准则和会计制度的规定；

　　b. 会计政策变更是否经过被审计单位有权限机构的批准；

　　c. 会计政策变更的会计处理是否恰当，如是否对比较数据进行了适当的调整；

　　d. 会计政策变更，包括会计政策变更的性质、内容和原因，比较数据中受影响的项目名称和调整金额，无法进行追溯调整的事实和原因是否已充分披露。

（四）首次接受委托时对比较信息的审计要求

　　当上期财务报表已由前任注册会计师审计或未经审计时，注册会计师应当评价比较数据是否正确列报和适当分类，并按照相关规定实施审计程序，获取充分、适当的审计证据。

（五）比较信息存在重大错报时的审计要求

　　在实施本期审计时，如果注意到比较信息可能存在重大错报，注册会计师应当根据重大错报的性质、影响程度和范围等实际情况，有针对性地追加实施必要的审计程序，获取充分、适当的审计证据，以确定是否存在重大错报。具体应考虑：

　　如果上期财务报表已经审计，注册会计师还应遵守相关规定。如果上期财务报表已经得到更正，注册会计师应当确定比较信息与更正后的财务报表是否一致。

　　注册会计师应获取与审计意见中提及的所有期间相关的书面声明。对于管理层作出的、更正上期财务报表中影响比较信息重大错报的任何重述，注册会计师还应当获取特定书面声明。

三、比较信息在审计报告中的处理

由于审计意见是针对包括比较信息在内的本期财务报表整体发表的，因此，注册会计师通常无需在审计报告中特别提及比较信息。但是，在出现特定情形时，注册会计师应当在审计报告中提及比较信息。

（一）对应数据在审计报告中的处理

如果出现以下情形，应在审计报告中提及对应数据：

①导致上期财务报表非无保留意见的事项仍未解决，则应在本期财务报表审计报告的事项段中提及对应数据。如果以前针对上期财务报表发表了保留意见、无法表示意见或否定意见，且导致非无保留意见的事项仍未解决，注册会计师应当对本期财务报表发表非无保留意见。在审计报告的导致非无保留意见的事项段中，注册会计师应当分下列两种情况予以处理：

a.如果未解决事项对本期数据的影响或可能的影响是重大的，注册会计师应当在导致非无保留意见事项段中同时提及本期数据和对应数据；

b.如果未解决事项对本期数据的影响或可能的影响不重大，注册会计师应当说明，由于未解决事项对本期数据和对应数据之间可比性的影响或可能的影响，因此发表了非无保留意见。

②如果注册会计师已经获取上期财务报表存在重大错报的审计证据，而以前对该财务报表发表了无保留意见，且对应数据未经适当重述或恰当披露，注册会计师应当就包括在财务报表中的对应数据，在审计报告中对本期财务报表发表保留意见或否定意见。

③如果上期财务报表已由前任注册会计师审计，注册会计师在审计报告中可以提及前任注册会计师对对应数据出具的审计报告。当注册会计师决定提及时，应当在审计报告的其他事项段中说明：

a.上期财务报表已由前任注册会计师审计；

b.前任注册会计师发表的意见的类型（如果是非无保留意见，还应当说明发表非无保留意见的理由）；

c.前任注册会计师出具的审计报告的日期。

④如果上期财务报表未经审计，注册会计师应当在审计报告的其他事项段中说明对应数据未经审计。但这种说明并不减轻注册会计师获取充分、适当的审计证据，以确定期初余额不含有对本期财务报表产生重大影响的错报的责任。

（二）比较财务报表在审计报告中的处理

如果出现以下情形，应在审计报告中提及比较财务报表：

①如果上期财务报表已由前任注册会计师审计，除非前任注册会计师对上期财务报表出具的审计报告与财务报表一同对外提供，注册会计师除对本期财务报表发表意见外，还应当在其他事项段中说明：

a.上期财务报表已由前任注册会计师审计；

b.前任注册会计师发表的意见的类型（如果是非无保留意见，还应当说明发表非无保留意见的理由）；

c.前任注册会计师出具审计报告的日期。

②如果上期财务报表未经审计，注册会计师应当在其他事项段中说明比较财务报表未经审计。但这种说明并不减轻注册会计师获取充分、适当的审计证据，以确定期初余额不含有对本期财务报表产生重大影响的错报的责任。

③当因本期审计而对上期财务报表发表审计意见时，如果对上期财务报表发表的意见与以前发表的意见不同，在其他事项段中披露导致不同意见的实质性原因。

需要指出的是，如果注册会计师认为存在影响上期财务报表的重大错报，而前任注册会计师以前出具了无保留意见的审计报告，则注册会计师应当就此与适当层级的管理层沟通并促其更正，同时告知前任注册会计师。如果上期财务报表已经更正，且前任注册会计师同意对更正后的上期财务报表出具新的审计报告，注册会计师应当仅对本期财务报表出具审计报告。

第四节　注册会计师对其他信息的责任

一、其他信息的含义

在了解其他信息的含义之前，首先应明了年度报告的含义。年度报告，是指管理层或治理层根据法律法规的规定或惯例，一般以年度为基础编制的、旨在向所有者（或类似的利益相关方）提供实体经营情况和财务业绩及财务状况（财务业绩及财务状况反映于财务报表）信息的一个文件或系列文件组合。一份年度报告包含或随附财务报表和审计报告，通常包括实体的发展，未来前景、风险和不确定事项，治理层声明，以及包含治理事项的报告等信息。而其他信息，则是指在被审计单位年度报告中包含的除财务报表和审计报告以外的财务信息和非财务信息。注册会计师阅读和考虑其他信息，是由于如果其他信息与财务报表或者与注册会计师在审计中了解到的情况存在重大不一致，可能表明财务报表或其他信息存在重大错报，两者均会损害财务报表和审计报告的可信性。此类重大错报也可能不恰当地影响审计报告使用者的经济决策。

二、注册会计师对其他信息所实施的程序

注册会计师对其他信息所实施的程序包括：

（一）获取其他信息

注册会计师在获取其他信息的过程中，应当：

①通过与管理层讨论，确定哪些文件组成年度报告，以及被审计单位计划公布这些文件的方式和时间安排。根据法律法规或惯例，以下一项或多项文件可能构成年度报告：

a.董事会报告；

b.公司董事会、监事会及董事、监事、高级管理人员保证年度报告内容的真实、准确、完整，不存在虚假记载、误导性陈述或重大遗漏，并承担个别和连带法律责任的声明；

c.公司治理情况说明；

d.内部控制自我评价报告。

②就及时获取组成年度报告的文件的最终版本与管理层作出适当安排。如果可能，在审计报告日之前获取。

③如果第1项中确定的部分或全部文件在审计报告日后才能取得，要求管理层提供书面声明，声明上述文件的最终版本将在可获取时并且在被审计单位公布前提供给注册会计师，以使注册会计师可以完成准则要求的程序。

（二）阅读并考虑其他信息

注册会计师应当阅读其他信息。在阅读时，注册会计师应注意：

①考虑其他信息和财务报表之间是否存在重大不一致。作为考虑的基础，注册会计师应当将这类其他信息中选取的金额或其他项目（这些金额和其他项目旨在与财务报表中的金额或其他项目相一致，或对其进行概括，或为其提供更详细的信息）与财务报表中的相应金额或其他项目进行比较，以评价其一致性。

②在已获取审计证据并已得出审计结论的背景下，考虑其他信息与注册会计师在审计中了解到的情况是否存在重大不一致。

需要指出的是，当根据以上两条要求阅读其他信息时，注册会计师应当对与财务报表或注册会计师在审计中了解到的情况不相关的其他信息中似乎存在重大错报的迹象保持警觉。

三、注册会计师针对其他信息可能存在重大错报的应对

对其他信息，不同情形下注册会计师有不一样的应对措施。

（一）当似乎存在重大不一致或其他信息似乎存在重大错报时的应对

如果注册会计师识别出似乎存在重大不一致，或者知悉其他信息似乎存在重大错报，注册会计师应当与管理层讨论该事项，必要时，实施其他程序以确定：

①其他信息是否存在重大错报；

②财务报表是否存在重大错报；

③注册会计师对被审计单位及其环境的了解是否需要更新。

（二）当注册会计师认为其他信息存在重大错报时的应对

①其他信息存在重大错报，要求管理层更正其他信息。

如果注册会计师认为其他信息存在重大错报，应当要求管理层更正其他信息：

a. 如果管理层同意作出更正，注册会计师应当确定更正已经完成；

b. 如果管理层拒绝作出更正，注册会计师应当就该事项与治理层进行沟通，并要求作出更正。

②审计报告日前获取的其他信息存在重大错报，与治理层沟通后其他信息未得到更正。

如果注册会计师认为审计报告日前获取的其他信息存在重大错报，且在与治理层沟通后其他信息仍未得到更正，注册会计师应当采取恰当措施，包括：

a. 考虑对审计报告的影响，并就注册会计师计划如何在审计报告中处理重大错报与治理层进行沟通。注册会计师可在审计报告中指明其他信息存在重大错报。在少数情况下，当拒绝更正其他信息的重大错报导致对管理层和治理层的诚信产生怀疑，进而质疑审计证据总体上的可靠性时，对财务报表发表无法表示意见可能是恰当的。

b. 在相关法律法规允许的情况下，解除业务约定。当拒绝更正其他信息的重大错报导致对管理层和治理层的诚信产生怀疑，进而质疑审计过程中从其获取声明的可靠性时，解除业务约定可能是适当的。

③审计报告日后获取的其他信息存在重大错报。如果注册会计师认为审计报告日后获取的其他信息存在重大错报，应当采取以下措施：

a. 如果其他信息得以更正，注册会计师应当根据具体情形实施必要的程序；

b. 如果与治理层沟通后其他信息未得到更正，注册会计师应当考虑其法律权利和义务，并采取恰当的措施，以提醒审计报告使用者恰当关注未更正的重大错报。

（三）当财务报表存在重大错报或注册会计师对被审计单位及其环境的了解需要更新时的应对

如果注册会计师认为财务报表存在重大错报，或者注册会计师对被审计单位及其环境的了解需要更新，注册会计师应当作出恰当应对，包括修改注册会计师对风险的评估、评估错报、考虑注册会计师关于期后事项的责任。

四、其他信息在审计报告中的列示

（一）审计报告应包括一个以"其他信息"为标题的单独部分

如果在审计报告日存在下列两种情况之一，审计报告应当包括一个单独部分，以"其他信息"为标题：

①对于上市实体财务报表审计，注册会计师已获取或预期将获取其他信息；

②对于上市实体以外其他被审计单位的财务报表审计，注册会计师已获取部分或全部其他信息。

（二）审计报告包含的其他信息部分的内容

审计报告包含的其他信息部分的内容应当包括：

①管理层对其他信息负责的说明。

②指明：

a. 注册会计师于审计报告日前已获取的其他信息（如有）；

b. 对于上市实体财务报表审计，预期将于审计报告日后获取的其他信息（如有）。

③说明注册会计师的审计意见未涵盖其他信息，因此，注册会计师对其他信息不发表（或不会发表）审计意见或任何形式的鉴证结论。

④描述注册会计师根据审计准则的要求，对其他信息进行阅读、考虑和报告的责任。

⑤如果审计报告日前已经获取其他信息，则选择下列两者之一进行说明：

a. 说明注册会计师无任何需要报告的事项；

b. 如果注册会计师认为其他信息存在未更正的重大错报，说明其他信息中的未更正重大错报。

如果注册会计师发表保留或者否定意见，注册会计师应当考虑导致非无保留意见的事项对上述第 5 项要求的说明的影响。

第八章　审计信息化的产生与发展

第一节　审计信息化的产生

审计的出路在于信息化，信息化的关键在于数字化，要全面推进审计信息化建设。随着信息技术发展到云计算阶段，对审计的影响也发生了质的飞跃。随着信息技术的发展，审计系统越来越多地借助信息论、系统论的研究成果开展审计工作，在云计算平台上，云计算技术必然能够为审计提供源源不断的技术创新支持，从而带动审计技术的革新，云审计将成为未来审计发展的必然趋势。随着云计算的发展，云计算不断影响互联网以外的行业，并进一步影响会计、审计行业，给审计带来新的挑战。

一、审计信息化的概念

审计是人类社会经济发展到一定阶段的产物。无论在中国还是在其他国家，审计都是在一定经济关系下，为维护所有者利益或社会公众利益而进行的一种经济监督和评价活动。受托经济责任是审计产生和发展的一般客观基础。在人类社会发展过程中，随着生产力水平的不断提高，社会财富迅速集中到少数人手中。当财产所有者不能直接经营和管理其所拥有的财产时，就需要委托他人代表经营和管理，这种所有权和经营管理权的分离就产生了委托和受托的关系——受托经济责任关系。

审计不是一种个人行为，而是一种社会经济的行为。某一种审计的产生与发展，都是有赖于社会经济环境的某种需要，对审计活动所提供的信息的需求。所谓审计的客观基础，就是审计所赖以产生和发展的，源于社会经济环境的某种需要。审计的客观基础是研究审计基本理论的起点。正由于存在着这种客观基础，审计才得以产生和发展，并且充满着生命力。如果这种客观基础消失，或者根本就不存在，审计就会缺乏生命力，即使勉强产生也会很快消亡。

随着计算机技术的普及应用，审计信息化也全面展开。在讨论其概念之前，有必要对其相关的概念进行阐述以此来加以区分。

（一）电算化审计

在管理信息系统中，某些企业单位利用电子信息技术对企业的会计信息进行管理，并将人工与电子计算机结合。在这种情况下，人工的记账、算账、报账就会被计算机技术所代替，针对这种情况的发生，审计人员必须对采用了电算化的企业进行审计，这就是所谓的电算化审计，审计的对象为电算化会计信息系统。

（二）计算机审计

根据日本会计检察院计算机中心的观点，计算机审计有两方面的含义：一是对计算机系统本身的审计，包括系统安装、使用成本，系统和数据、硬件和系统环境的审计；二是计算机辅助审计，包括用计算机手段进行传统审计，用计算机建立一个审计数据库，帮助专业部门进行审计。

有关著作中做过如下定义：计算机审计与一般审计一样，同样是执行经济监督、鉴证和评价职能。其特殊性主要在两个方面：一方面，对执行经济业务和会计信息处理的计算机系统进行审计，即计算机系统作为审计的对象；另一方面，利用计算机辅助审计，即计算机作为审计的工具。概括起来说，无论是对计算机进行审计还是利用计算机进行审计都统称为计算机审计。至于电算化审计与计算机审计在内涵上人们的理解基本相同。

可见，对"计算机审计"一词的理解普遍存在两个方面，即对计算机进行审计和利用计算机进行审计。

根据这个定义，下列审计活动均属计算机审计：

①审计人员用手工审计方法和技术对电算化信息系统所进行的审计。

②审计人员用电算机审计方法和技术对手工信息系统所进行的审计。

③审计人员利用计算机审计方法和技术对电算化信息系统所进行的审计。

（三）计算机辅助审计

在不改变审计的总体目标和范围的情况下，将计算机技术应用于审计程序。计算机辅助审计主要关注的是将审计方法、技术和手段进行必要的计算机化。计算机辅助审计，是指对被审计单位与财政、财务收支相关的计算机应用系统运用计算机进行辅助审计，计算机作为了审计机关和注册会计师等审计人员的审计工具。

（四）审计信息化

一直以来，许多人都对现代审计信息化建设的认识存在误区，认为审计信息化就是计算机审计，在审计工作中贯彻使用了计算机就是实现了审计的信息化建设。其实计算机的应用只是基础,把信息化的思想贯彻到每一个审计人员以至每一个财会人员的脑中,抛开旧有的审计方法、模式，运用计算机技术，通过网络互联，对企业的财务成果和经营活动进行在线实时的远程审计和实时监控，从质上改变审计人员的工作方式，把审计人员从繁杂重复的数据记录、整理、分析中解救出来，极大地提高审计工作效率，并从根本上提高审计质量，这才是现代审计信息化的思想。

事实上，目前对现代审计信息化的内涵有多种说法。诸如计算机审计、信息系统审计、网络审计、远程审计等。每种说法、每种认识分不同的时段、不同角度来考虑，但都是偏重审计手段的管理。实际上，审计信息化不仅包含了审计手段，还包含了执行的全过程。它所涉及的也不仅仅是审计手段的改变，还有审计人员的知识结构等。就目前而言，现代审计信息化在现阶段即表现为网络审计。由于网络审计的研究还处在探索的阶段，我们可以从两个方面来理解网络审计的概念。首先，从审计对象的角度来看，网络审计就是对被审计单位的网络会计信息系统和基于网络系统的经济活动(如电子商务)以及反映这些活动的会计信息进行审计。其次，从审计手段的角度来看，网络审计就是利用计算机网络及通讯技术辅助审计人员进行的审计。在网络审计模式下，审计人员需要硬件和软件两方面的网络技术支持。由此可见，现代审计信息化是一个广泛的概念，它存在于审计发展的各个时期。随着审计手段的发展，它也将随之向前发展，并再赋之以新的内涵。

二、审计信息化产生的背景

(一) 信息技术发展的推动

信息时代的到来，会计电算化以其高效、自动、方便、准确、及时等优点正日益受到广大会计人员的欢迎。我国会计电算化正走向普及，应该说电算化是其会计发展史上的一次飞跃。同时，这个飞跃也给审计工作带来很大的影响。主要表现在以下几个方面:

1. 审计环境的改变

由于各单位会计电算化系统的使用要求和环境大不相同，应用程序也各具特点。从使用的系统来看，大致分为购置的商用会计软件系统和自行开发的会计软件系统两种类型。但各种会计软件自身的缺陷也给审计工作带来了很大的困难。例如，各种会计软件的数据库千差万别，其防范保密措施也各显神通，给审计人员开发通用的审计软件带来了困难。在系统安全方面及内部控制方面也需要人工予以辅助来加强系统的管理。

2. 审计线索的改变

在手工系统中，由原始凭证到记账凭证，由过账到财务报表的编制，每一步都有文字记录，都有经手人签字，审计线索十分清楚。但在电算化会计系统中，传统的账簿没有了，绝大部分的文字记录消失了，代之的是存有会计资料的磁盘。此外，从原始数据进入计算机，到财务报表的输出，这中间的全部会计处理集中由计算机按程序指令自动生成，传统的审计线索在这里中断、隐藏并消失了。

3. 会计系统内部控制的改变

国际审计都是以内部控制系统为基础的。显然，手工会计系统原有的内部控制已不能适应电子数据处理的新特点必须考虑电算化系统的特点，针对其固有的风险，建立新的内部控制。如何识别、研究、审查和评价这些新的内部控制，尤其是程序化的内部控制，是会计电算化给审计提出的又一个新挑战。

4. 审计内容的改变

在电算化会计信息系统中，会计事项由计算机按程序自动进行处理，如果系统的应用程序出错或被非法篡改，则计算机只会按给定的程序以同样错误的方法处理所有的有关会计事项，系统就可能被嵌入非法的舞弊程序，不法分子可以利用这些舞弊程序大量侵吞企业的财物。系统的处理是否合格、合法、安全可靠，都与计算机系统的处理和控制功能有直接关系。电算化会计信息系统的特点及其固有的风险，决定了审计的内容要增加对计算机系统处理和控制功能的审查。在会计电算化条件下，审计人员要花费较多的时间和精力来了解和审查计算机系统的功能，以证实其处理的合法性、正确性和完整性，从而保证系统的安全可靠。

5. 审计技术的改变

在手工会计处理的条件下，审计可根据具体情况进行顺查、逆查或抽查。审查一般采用审阅、核对、分析、比较、调查和证实等方法。所有审查工作都是由人工完成的。在会计电算化条件下，会计的特点决定了审计的内容和技术的改变。虽然人工的各种审查技术仍很重要，但计算机辅助审计是必不可少的审计技术。

6. 对审计人员的要求更高

在会计电算化条件下，不懂得计算机的审计人员，因审计线索的改变而无法参与审计；不懂得电算化会计系统的特点和风险而不能识别和审计内部控制；不懂得使用计算机而无法对计算机进行审查或利用计算机进行审计。

（二）电子商务的迅猛发展

电子商务在经济全球化形势下的迅猛发展使企业在各个方面都发生了深刻的变化。电子商务和会计信息化对审计工作的影响，是审计人员面临的新挑战，面对信息技术的挑战，我国审计界必须采取应对新挑战的措施。在电子商务环境下，企业面对一个全新的网络空间，交易信息以光速在网上传递。其运作主要由计算机信息系统按先进的管理模式控制。企业确认客户订购，安排生产计划，控制采购计划，进行账务处理都由系统自动完成，经营管理走向网络化与自动化。电子商务与网络经营使企业的经营观念、组织结构、管理模式、交易授权等发生巨大变化，审计人员必须适应这种审计环境。例如，仅从对注册会计师的影响角度考察（增加了注册会计师的执业风险、拓宽了注册会计师的业务范围、促使会计师事务所改变其经营方式），审计环境就发生了新变化。

（三）审计技术创新的必然选择

从免疫过程看，发挥免疫作用的前提条件是免疫识别。审计要发挥"免疫系统"功能，首先要进行审计"免疫识别"，而审计"免疫识别"离不开先进的审计技术方法。就如同传统的"望、闻、问、切"诊疗方法发展到各种高科技诊疗方法一样。随着信息技术的快速发展，传统手工条件下的审计技术遇到了来自计算机技术的严峻挑战。审计对象的信息化要求审计手段必须信息化，否则审计人员将面临进不了门、打不开账的无奈局面。因此，对审计技术创新而言，当前最重要的就是如何实现审计手段的信息化，如何走好科技强审之路；否则，面对"病毒"，免疫系统则无法识别、确认，其功能也无法发挥。

信息化审计手段的固有优势与"免疫系统"功能的特点相吻合。

一是宏观性。传统审计关注的都是某个具体的受托责任关系，而审计免疫系统论关注的则是整个社会经济系统中的受托责任关系。对审计发现的问题产生直接原因和深层次原因全面进行分析，提出针对性强、操作性强的建议，为领导进行宏观决策提供依据。信息化审计则突破了原有手工条件的束缚，对单位大量业务和财务数据，包括信息化系统本身进行分析、审查，显然更有利于从宏观层面进行分析。

二是预见性。免疫系统的最大功能就是在病毒入侵时，能及时识别、确认，并将其清除，而不是等病毒扩散之后处理，体现了预见性。信息化审计则很好地契合了这一点，一方面，工作效率极大提高；另一方面，一些新的技术，如联网审计，可以使审计关口前移、事先介入，随时跟踪，及时发现存在的问题，并予以解决。

三是建设性。审计工作建设性的作用是审计作为经济社会运行一个"免疫系统"的基本要求，要在全面认识的基础上科学分析，努力揭示体制、机制上的原因，从根本上提出建设性意见，促进国家经济平稳、健康运转。而建设性与宏观性是相辅相成的，信息化审计做到了微观与宏观的有机结合，特别是实现了数据的宏观分析，有利于提出建设性意见。

三、计算机审计模式

（一）计算机审计发展阶段

计算机审计是信息化环境下的一种崭新的审计方式，它是利用计算机技术、计算机软件对外部数据和计算机本身的信息系统进行的审计，其审计模式经历了以下几个阶段：

1. 绕过计算机审计

在20世纪50年代中期至60年代中期，电子数据处理系统处于数据的单项处理阶段，管理信息系统、会计信息系统的电算化还处于起步阶段。此时，系统结构和应用环境简单，计算机没有得到广泛和深入的应用，审计人员还未来得及更新知识，掌握计算机技术。因此，这时的审计主要采用"绕过计算机审计"的方法，计算机审计处于"绕过计算机审计"的发展阶段。

绕过计算机审计又称"黑盒"审计或间接审计，这种审计模式把计算机仅仅看成存储和处理数据的机器，审计人员在审计时只对输入资料和打印输出资料及其管理办法进行审查。这种审计模式的原理是"黑箱原理"，即审计人员追查审计线索到黑箱外部的输入和输出，通过对这两种变量的研究，得出黑箱内部情况的推理：如果输入与输出不相符，则推定会计电算化系统的处理过程是错误的，反之亦然。

2. 利用计算机审计

随着计算机技术的发展，数据处理技术进入数据综合处理阶段。计算机技术和电算化管理、会计信息系统的发展，既向审计工作提出了挑战，又为审计人员提供了接受挑战、解决新问题的有力武器。计算机不仅可以帮助审计人员减轻繁重的审计文书处理负担，加快审查速度，提高审计效率，而且可以用来审计电算化信息系统的应用程序和数据文件，扩大审计范围，提高审计质量。另外，有了计算机，审计人员可以利用计算机，发展和创造新的审计方法、技术和技巧。计算机审计迎来新的发展阶段——"利用计算机审计"阶段。

利用计算机审计又称计算机辅助审计，是指利用计算机技术和审计软件对会计信息系统所进行的审计。审计软件一般有两种：一种是通用审计软件，它是一组能够帮助审计人员获取、计算、分析电算化信息记录的程序，适用于多种审计工作。例如，利用通用审计软件可实现数据获取、数据重计算、数据分类、文件格式转换、文件合并等功能。另一种是专用审计软件，它是为了某个特定的系统或某个审计项目而编写的程序。例如，工程预决算审计软件、计算机审计抽样软件等。

3. 穿过计算机审计

随着电算化系统的复杂化和审计人员对计算机知识及技术的掌握，数据处理技术进入数据的系统处理阶段，同时计算机审计进入"穿过计算机审计"的发展阶段。

穿过计算机审计又称"白盒"审计或直接审计。这种审计模式不仅要求审查被审单位的输入与输出数据，还要审查被审单位会计电算化系统的系统程序、应用程序、数据文件以及计算机硬件等配置，以实现在对被审系统的控制与处理功能的可靠性进行评价的基础上确定实质性测试的性质、时间与范围。

4. 网络审计

进入 21 世纪后，随着"（互联网）Internet"和电子商务的发展，现代信息技术为计算机审计的发展带来前所未有的机遇。审计人员只要把自己的计算机连接到网上，并取得被审单位的审查权限，就可在任何地方、任何时间通过网络完成除实地盘点和观察外的大部分审计工作。审计项目负责人可以在网上完成审计计划的制订，以给在不同地点的审计人员分配审计任务；在网上复核审计人员的工作底稿，并对助理人员进行监督与指导；随时了解审计项目的进展情况，协调各审计人员的工作；草拟和签发审计报告等工作。"Internet"（互联网）和网络经营的发展带来了计算机审计的新时代—网络审计。

随着计算机网络的发展，出现了会计联机实时报告系统，传统的事后审计、就地审计方式将逐渐被在线实时审计模式所取代。所谓在线实时审计是指通过审计机关和被审单位的网络互联，即时审查被审单位会计信息系统的审计模式。

（二）现代审计信息化作业模式

在信息化环境下，面对计算机系统和电子数据，必须借助计算机这一先进的工具来开展审计。审计的作业方式主要有以下三种：

第一种是现场单机审计模式。审计人员运用台式机或笔记本电脑，独立地开展工作。这种方式灵活方便，适用于规模小、数据量小的被审计单位。

第二种是现场网络审计模式。审计组在审计现场组建专用的小型局域网，有专门的服务器存放和处理数据，审计人员分设若干个工作站，在网上协同工作。这种方式适用于规模大、数据量大的被审计单位，也便于人员共享信息，有利于对审计进行信息化管理。目前，在海关、金融、企业审计中，许多地方都采用这种模式。

第三种是远程网上审计。通过设立审计服务器，从被审计单位实时下载数据，在远程网上开展审计。一些审计机关已经对这种方式进行了成功的试验。

第二节　审计信息化与传统审计的区别

一、审计准则的变化

在过去的审计环境中，一般的审计准则、现场操作准则、报告准则、职业道德规范、质量检查标准等对指导审计工作都是非常有益的。但是随着审计信息化的发展，注册会计师应该注意更多的新情况和新问题。原有的审计准则已经无法有效地指导审计信息化下的审计工作。计算机系统的应用也带来了许多新的问题。因此，国内外都在积极地探索适用于审计信息化下的审计准则。

新审计准则针对电子证据存在的形式，对电子证据也进行了特殊说明。新准则规定，注册会计师应当提请被审计单位保存某些信息以供查阅，或在可获得该信息的期间执行审计程序。被审计单位的会计业务在未来将会实现全面高度自动化，审计证据也以电子形式存在，所以审计工作实施的有效性在很大程度上取决于会计信息系统相关控制的有效性。所以新审计准则对审计信息化下注册会计师如何获得充分、适当的审计证据也做了相关的规定。

二、审计手段和内容的变化

会计信息化的实施必然要求审计信息化，这是会计信息化对审计手段提出的新的要求。为了提高审计的工作质量和效率，必须在审计工作中运用现代会计信息技术，使之与审计高度融合。这样审计就成了名副其实的计算机审计，不断提高审计的效率。审计人员就可使用记录于磁盘、光盘等介质上记录的电子数据、网络数据，而不仅仅依赖于纸张记录的会计数据。同时，注册会计师在审计信息化下的审计底稿、审计档案等也全部电子化，审计工作也从原来的事后审计、定期审计转为实时或定时的网络审计，即审计证据可实时连续抽取。

企业实施会计信息化后，由于会计信息特有的开放性，使其容易受到诸如网络故障、黑客、计算机病毒等网络问题的困扰，这些状况都严重威胁到会计信息的数据安全性、可靠性，甚至导致系统整体崩盘。所以注册会计师在审计时，应对会计信息系统实施定期的安全检测，检测内容主要包括授权信息、身份验证、数据处理、内部控制、防火墙等，其合法性和有效性对系统非常重要。

审计的具体工作方式也在企业实施了会计信息化之后发生了巨大的变化。被审计单位会计信息的收集，不再是通过提供会计凭证、会计账簿等资料，而应该主要通过网络获得实时的财务、资产、供应、仓储、销售等各方面的资料，以方便审计。为了了解被审计单位及其环境，注册会计师不仅通过询问、观察等方法，对公司的整体环境，包括内部环境及外部环境进行了解，还应该通过从网络上收集国内外有关经济、财税、贸易、法律等有关信息，获取更加充分的外部证据，有时还可通过电子邮件进行函证。对审计信息进行加工处理时，也不再是翻看凭证，书写手工的工作底稿，而是可以通过计算机审计技术，将所有的底稿归为电子化底稿，充分运用网络的强大功能，简化审计工作。除了需要人为地盘点实物存货、观察资产流动去向外，大大简化了传统意义上的查账工作。由于会计信息化数据收集、处理和报告的实时化，注册会计师将来在进行审计时应该更加注重对企业进行事前和事中的动态审计，应该经常和被审计单位交换意见，提供管理建议书，从而为企业提供更加有利的决策信息。

审计信息化下的审计应当首先建立在对会计数据分析基础之上。要想使审计工作更加有效，统一各行业会计信息系统的数据标准是非常有必要的。如果数据标准没有形成，将会严重影响注册会计师的审计工作。注册会计师运用审计软件进行审计，首要的工作就是要将被审计单位的会计数据导入到自己的审计软件中。企业会计信息必须能与不同的审计软件进行有效的交流。所以其数据接口也必须是统一标准的，否则审计工作将无法实现。如果被审计单位的会计软件数据接口不标准，审计人员就必须将要审计的会计数据全部手工抄录，然后再录入相关的审计软件中。这样不仅浪费时间，而且加大了数据出错的概率，增大了审计风险。

三、审计范围的扩大

在企业实施了会计信息化之后，因为审计所要面对的会计信息系统更加复杂，计算机方面的专家因此也被要求参与到审计工作中。审计信息化的实施拓展了审计人员的范围，同时对审计人员计算机技术掌握程度的要求也相应提高。审计人员必须与计算机专家协同工作，并努力提高自己在计算机方面的技术能力。对于深层次的、与计算机技术高度融合的审计工作，如网络信息系统的安全检查、实时审计软件的开发应用、专业信息系统软件的审计等，这些工作，单纯依靠注册会计师本身是很难完成的。注册会计师应当与计算机专家多进行交流，以便能充分运用计算机专家的工作结果来辅助实现审计目标。

此外，审计信息化的实施以及其固有的风险都决定了审计的范围要发生相应的变化。在企业实施了会计信息化之后，大部分会计业务都会按照计算机固定程序完成，很少会出现手工操作的录入错误，但是信息系统天生的缺陷还是有很多。一是企业采用会计信息化之后，原始凭证保留的越来越少，数据之间要想对应起来比较费时费力，这都是由于财务处理全部高度集成。二是现在对于会计记录进行修改都可以不留痕迹。会计软件的"反记账"和"反审核"会让修改变得很容易。当公司内部一些人员篡改程序时，审计人员很难发现修改痕迹。三是有些人员通过一些非法程序将会计数据转移，提供给审计人员的则是虚假数据。这些操作都会增加审计风险。因此，审计信息化下的审计要对企业会计信息系统的安全控制、系统开发与维护控制、硬软件操作等各方面都进行审计，而不只是对被审计单位提供的财务资料和信息进行简单的审计。审计人员除了上述审计之外，还应当参与被审计单位会计信息系统的设计与开发，对系统进行事前、事中审计。从审计的角度观察系统在运行、安全方面是否存在问题，这些事项都会使审计的范围扩大。

四、审计人员的变化

随着企业会计信息化的实施，审计人员的素质也应不断提高。由于审计准则、审计手段、审计内容和审计范围的变化，决定了对审计人员素质要求的提高。审计人员必须从传统的审计观念转变为信息化社会的现代电子观念，具体表现为注册会计师在审计时不再仅仅依赖于纸质的会计凭证、账簿和报表等书面证据，而是主要依靠电子数据，灵活运用计算机来辅助审计工作。同时，审计人员除了需要掌握基本的审计知识外，还应当熟练掌握计算机技术，掌握数据处理软件，掌握现代信息技术的应用。注册会计师应当能够将计算机当作一种提高审计质量和效率的有力工具来使用，结合企业的实际开发出既规范又具有充分保留和提供审计线索功能的审计软件。当需要利用审计软件进行审计时，不仅要能熟练运用，还应当能够根据需要编制各种测试审计程序的模块。

第三节　我国审计信息化的发展策略与方向

一、审计信息化的发展策略

走科技强审之路，运用"预算跟踪＋联网核查"模式，从单一的事后审计转变为事后审计与事中审计相结合，从单一的静态审计转变为静态审计与动态审计相结合，从单一的现场审计转变为现场审计与远程审计相结合。为有效履行国家审计在信息化条件下的审计监督职责，充分发挥审计免疫系统功能，建设国家审计信息系统，培养适应信息化的审计队伍，全面提升审计监督能力，最终实现审计信息化。

（一）加强制度建设

建立并不断健全审计信息化制度规范是实现审计信息化的先决条件。要积极构建以审计信息化方面的国家标准、审计准则、审计指南为主要框架的规范体系，推进审计信息系统有序建设、有效运行和规范管理。依托全国审计信息化标准化技术委员会，积极组织国家标准的制定和修订，完善审计信息化建设规范和管理规范。进一步总结和推广计算机审计专家经验，建立各专业审计领域的计算机审计方法体系，积极研究探索审计抽样、内控测评、风险评估等审计方法的信息化实现技术和方式。

（二）坚持审计数字化、均衡化发展

各级审计机关要继续缩小各级审计机关之间、东西部地区之间的差距，全面推进审计信息化的进程。一方面，要抓好示范工程的建设，积极探索审计管理系统的应用创新，以需求为导向，研发集成审计项目数据库并嵌入审计管理系统，为领导决策和业务查询分析提供帮助；同时，适应信息时代发展的需要，对系统消息发送提醒功能进行开发和优化，以提高审计工作效率，创新审计机关信息化发展的方向和路子。另一方面，要带动区域性甚至是全国的审计机关的信息化发展，通过理论或实务研讨等多种形式，结合AO（现场审计实施系统）在实际应用中存在的问题进行不断的优化和升级，努力建设完善的国家审计信息系统，为国家审计信息化的发展提供强有力的保障。

（三）构建标准化的审计作业体系和管理平台

在研究、积累和总结信息系统审计经验、技术和方法的基础上，一方面，构建具有实际指导意义的标准化的审计作业体系，使审计人员可以依照体系规定的步骤和审计关注的关键点进行审计，并按照科学的分类标准对审计资料、事项进行分类，集中存储管理，实现集中分析、分散核查的审计方式。另一方面，优化审计管理平台的使用环境，使审计人员在审计现场也能登录审计管理系统，以便于及时掌握各类有效信息、起草流转各类文书、查阅相关资料等，避免经验式的审计和管理模式，加强全面的质量控制，促进审计水平的整体提升，从而提高工作效率。

（四）建设全覆盖的数据联网系统

国家审计信息化的最终目的是服务和完善国家治理，充分发挥审计的"免疫系统"功能、建立重大危机事件的预警机制，为国家政治、经济的平稳发展提供制度上的保障。当前，要充分利用联网审计的方式，及时分析被审计单位的财务及业务数据，并对积累的历史数据进行趋势分析和预测评价。应按照预测数额、时限、用途等条件进行自动巡检、自动预警等，自动分析审计切入点，提前审计工作的作用节点，实现事前审计、事中审计的作用和效益。

（五）建设强大的现场审计实施系统

审计要发挥免疫系统的作用，及时发现问题，将"病毒"消灭，现场审计是关键。因此，必须打造功能强大的现场审计实施系统，实现审计实施过程信息化，这也是审计技术创新的关键所在。审计人员摆脱了传统的纸、笔和算盘，极大地提高了审计效率和质量，强大的功能使被审计单位经济业务数据尽在审计人员的掌握之中。全面推广应用该系统和实现该系统与其他系统的对接将是下一步审计信息化工作的重点。

（六）建设科学的审计管理系统

审计管理主要包括内勤管理和外勤管理，从项目计划、经费安排、人员调整到项目资料库、法律法规库的建立、人员培训等，除审计现场实施外，都可以归入审计管理系统。建立科学的审计管理系统，实现审计机关管理信息化可以有效地促进审计管理上规范、上层次。

（七）积极培养适应审计信息化的人才

人才是各项事业发展的根本，审计也不例外，免疫功能能否发挥作用，最根本的还要依赖审计人员的事业心、责任感、能力和水平。目前，国家审计系统中的审计人员数量和质量还不能满足其实际需要，特别是不能适应审计信息化工作的需要，复合型人才偏少。因此，一要把好人员进入关，要挑选真正适合审计需要的人才进入审计机关；二要把好人员培训关，要重视审计人员后续教育，将计算机应用培训放到重要位置上；三要把好审计人员组合关，在实施每个项目前，要科学合理地配置审计组人员，要考虑审计人员的经验程度、计算机应用能力高低甚至年龄的大小等，尽量组成结构合理的审计小组，这对审计实施有重要意义；四是把好优秀人才选拔关，要培养和树立一批典型，将他们培训成审计信息化的骨干和中坚力量。

二、审计信息化的未来发展方向

按照国家审计政务的基本职能和发展职能需求，利用现代信息技术和方式，打造信息化环境下的电子审计体系转型发展的技术支撑和发展模式，发挥电子审计体系在国家审计促进和完善国家治理中"免疫系统"功能的支撑作用。

（一）审计管理数字化

1. 电子审计组织指挥模式

加快数字化审计指挥中心建设，包括组织指挥系统、信息展示系统和决策支持系统三大部分。其中，组织指挥系统重点包括对全国性审计项目的统一组织指挥，以审计计划为主线的数字化审计管理和质量控制的统一组织指挥；信息展示系统重点包括全国性统一组织审计项目等各类信息的多方式交互和展示；决策支持系统是通过对全国性审计项目和审计计划管理的实施进度、重大问题的普遍性与倾向性、审计资源配置与调度、审计质量控制等内容的信息展示和分析，提供科学决策，及时下达指导意见的功能。

2. 数字化综合分析和绩效评价模式

建立综合数据分析平台为总体分析、多级联动等发展模式提供支持，开展多专业融合、多视角分析、多方法结合、多层级联动的分析。同时，全面推进绩效审计，建立制定经济责任审计评价指标体系和其他审计绩效审计方法体系。为此，需要构建数字化综合分析和绩效的数字化审计分析评价模式。

3. 模拟审计和风险仿真预测模式

建设模拟审计实验室为审计业务、审计管理和领导决策提供仿真预测等有效支持。为此，需要构建模拟审计和科学实验系统。一方面，为数据分析和审计学习提供真实场景模拟的审计环境；另一方面，对财政、社保等重要行业的突出矛盾、潜在风险的风险预测提供计算机多维分析、仿真分析的科学实验环境。

（二）审计作业自动化

1. 审计数据的标准化

审计工作中获取的和形成的基础数据，以及对基础数据的审计应用、共享和交换要进行规划。制定目录体系的资源分类和编码规则，信息资源的数据元素和数据表的业务界定与编制规则，交换体系的技术构架、交换方式和技术实现规范。其目的在于实现了各种审计信息资源的规范化与标准化。不管是什么样的单位，只要业务相同，就可以用标准化的数据进行表示。只有依托数据的标准化，我们才能谈到审计资源的共享，我们才能谈到审计分析的自动化、模块化，甚至是智能化。

2. 作业自动化

正如前面提到，我们有了标准化的数据，有了通用的计算机审计方法，就可以据此建立计算机分析模型，使其自动运行，实现审计作业的自动化。例如，审计数据的自动采集，触发采集，自动清洗、验证，按照既定的方法自动进行分析，并将结果反馈给审计人员等。审计人员要做的就是核实问题和进行审计取证。审计作业的自动化可以大大提高审计工作的效率，可以做到用更少的审计人员从事更多的审计工作，并取得更大的审计成果。

（三）审计的人工智能化

1. 人工智能

所谓"人工智能"，就是智能机器所执行的通常与人类智能有关的功能。如判断、推理、设计、思考和问题求解等思维活动。人类的思维认知活动，可以被看成是一个如下的过程：接受外界信息刺激 — 大脑根据已知知识对其进行分析、决策 — 人类机体作出相应的反应。由此，科学家们认为，计算机也可以用其各个部件来模拟人类智能活动的过程：计算机输入设备接受外界信息—中央处理器根据人类编制的智能处理程序进行运算，得出结果—输出设备显示运行结果。这一过程是计算机通过执行相应的程序来完成模拟人类智能活动的基本模式。

2. 审计专家系统

审计专家系统是建立在会计电算化和计算机人工智能技术基础上的一种计算机审计软件系统。与普通计算机辅助审计技术不同的是，审计专家系统利用人工智能的原理，借助计算机模拟人类的思维过程，对信息系统的数据进行计算、分析与推理，作出相应的判断，提出审计建议及线索，以供审计人员进行进一步的重点审计，从而得出审计结论。建立审计专家系统的目的就在于，提高审计效率，降低审计风险，进而保证审计报告的质量。

（四）云计算在审计信息化中的应用

结合审计工作的实际情况，云计算在审计系统内的应用，应主要从两个方面考虑，一个是计算能力的应用，另一个是存储空间的应用。一个不容忽视的事实是，这些资源都分散在不同的审计机关和众多的审计人员手中，独自发挥着作用，尚未形成合力。如果能将这些资源统一调配，综合利用，形成合力，将拥有更高的效率。

我们可以利用审计系统内的资源，搭建一个私有云平台。这个云的范围可以逐步扩大，先从机关开始，然后扩展到特派办，再扩展到地方审计机关，最终覆盖到全国的审计机关。首先，这个云可以调动云内所有的计算资源进行审计分析，其效率是无法想象的。其次，它还可以利用审计系统内众多存储设备的存储能力，大大扩展了国家审计数据中心的存储能力，并提高了审计系统内众多存储设备的利用率。

第九章 信息化审计模式

第一节 账套式审计模式与数据式审计模式

一、账套式审计模式

账套式审计是在信息化财务系统和计算机审计条件下产生的一个新概念。它是指，当审计人员从被审计单位财务系统中导入相关数据后，将其整理转换为传统意义上的账目系统，然后再进行检查的审计模式。在这种模式下，审计的重心依然是账目系统，只不过是由纸质账目系统转换为电子账目系统。如果，将电子账目系统打印成纸质账目系统，则审计就又变成了传统的账目基础审计。

账套式审计取证模式包括账套基础审计模式（数据还原为电子账套，不以系统内部控制为基础）和账套式系统基础审计模式（数据还原为电子账套，以系统内部控制为基础）。

在信息化环境下，账套式审计可以采取账套基础审计模式，也可以采取系统基础审计模式。这里的"系统"是指"计算机系统内部控制"。系统基础审计相当于纸质环境下的制度基础审计，只不过制度基础审计评价的是内部控制制度，系统基础审计评价的是系统内部控制。若采取账套基础审计模式，它唯一的对象就是电子账套；若采取系统基础审计模式，它有两个对象，一是系统内部控制，二是电子账套。

账套式审计模式不是现阶段我们提倡的计算机审计方式。但由于这种审计方式与传统的手工审计方式有很多相似之处，所以更容易被审计人员接受，因此在目前的实务中也仍被大量采用。

二、数据式审计模式

（一）数据式审计模式的概念

数据式审计模式标志着这一种崭新的审计方式的诞生。它是真正意义上的计算机审计，代表了信息化环境下计算机审计的真正未来。

数据式审计模式不同于以往任何一种审计模式，它不是审计账目或信息化环境下的电子账套，而是将电子数据作为直接的审计对象，而不必将其转换成规定的电子账套。根据审计对象的差异，我们可以将数据式审计模式分为以下三种类型。

第一种是数据基础审计模式。它是以数据为直接对象的审计方式。在信息化环境下，被审计单位的纸质账目变成了存储在信息系统底层数据库的电子数据。因此，数据基础审计实质上是账目基础审计在计算机环境下的具体体现。

第二种是系统基础审计模式，又叫信息系统审计。它是对被审计单位用于经营决策、业务管理、财务核算的信息系统及其相关的信息技术内部控制和流程进行检查和分析，评估信息系统的安全性、可靠性、有效性、效益性、合法合规性方面存在的问题，提出针对性的审计建议，从而促进信息系统对被审计单位产生正面影响的一系列活动。简而言之，它是以被审计单位的信息系统为审计对象的一种审计方式。在信息化环境下，内部控制制度由手工控制变成了信息系统内部的自动控制，因此系统基础审计模式实质上是制度基础审计和风险基础审计在计算机环境下的具体体现。

第三种是数据式系统基础审计模式。它是以系统内部控制测评为基础，通过对电子数据的收集、转换、整理、分析和验证，来实现审计目标的审计方式。简而言之，它有两个审计对象，一是数据，二是信息系统。因此也可以把它看作是数据基础审计和系统基础审计的结合体。

在实际应用中，可以根据被审计单位的具体情况，结合审计目标、审计内容、审计成本效益、审计组人员与设备配置情况等因素选择不同的数据式审计模式，开展审计。

（二）数据式审计模式的特点

1. 数据式审计的对象是系统内部控制和电子数据

数据式审计的运用一定是在信息化环境下。如同在纸质环境下一样，系统内部控制的合理性、健全性和有效性直接影响数据的真实性、完整性和正确性。因此，为了控制数据风险，保障审计目标的实现，审计人员首先应该调查、测试和评价系统内部控制。

数据式审计的最大特点就是对电子数据的直接利用。这里所说的直接利用是指审计人员无须先将其转换成电子账套，然后再实施审计程序，但并不是不对系统内部控制进行必要的测评。这种特点使数据式审计可以发挥出其他任何审计模式都无法比拟的巨大优势。

数据式审计模式扩大了审计人员的视野，丰富了审计人员的可用信息。在数据式审计模式下，审计人员可以摆脱传统的电子账套及其所反映的财务信息，深入到计算机信息系统的底层数据库，获取更多更广泛的数据，然后通过对底层数据的分析处理，获得大量的多种类型的有用信息。这些信息不但包括传统的财务信息，而且还包括非财务信息、自行组合的新财务信息、财务数据与非财务数据组合的混合型信息。这些类型的信息在传统账套中是无法轻易取得的。

2. 数据式审计改变了审计的核心方法

在账目基础审计模式中，审计的核心方法是详查法，它主要用于审计史上曾经流行一时的英式簿记审计。其主要做法是：核对原始凭证与分录账；核对分录账与总账；核对总账与试算表、资产负债表。在详查法的基础上，审计人员逐步开发了逆查法和顺查法。在账目基础审计模式流行的早期，审计方法与簿计方法几乎相同，因为当时审计人员的主要任务，就是运用簿计方法来重复执行会计人员的核算过程，以便验证簿记的正确性。

当制度基础审计模式发展到风险基础审计时，测试的类型没有发生实质性变化，但分析性测试的作用更加突出，运用的范围更加广泛，成为核心中的核心。在数据式审计模式中，详查法和测试法已经不再是审计的关键问题，因为计算机手段既可以解决详查问题，也可以解决测试问题（实际上是解决抽查问题）。面对众多数量和类型的数据，关键的问题在于，审计人员是否能够对数据进行有效的分析，并使各种各样的原生态数据转化为对审计人员有用的信息。

只有完成数据转化为信息的过程，审计人员才能实施审计程序，审计目标才能最终实现。因此，审计的核心方法应该是数据分析方法。数据分析方法不同于传统的分析性测试。首先，数据分析是对数据的处理，并试图使数据转化为有用信息。分析性测试则是对信息的处理，是对信息的再利用。明确这种区别至关重要，因为数据是底层的、元素性的，它可以有多种多样的组合，在用途上可以做多种多样的拓展，从而形成多种多样的信息；信息则是上层的，具有明确的表现形态，也有具体而又确定的内容，在用途上具有一定的限制，因而只能做有限的再利用，不能做深度的挖掘。其次，在理论上，分析性测试只是实质性测试的一种，数据分析则可以完全不限定于某一种测试。换句话说，数据分析技术可以用于多种测试工作。

3. 数据式审计需要创建大量的新型审计技术

数据式审计模式是一种全新的审计模式。相对于账目基础审计模式、制度基础审计模式、风险基础审计模式之间的传承关系，数据式审计模式更具革命性。既然是全新的模式，当然需要革新传统的技术方法，更需要创建全新的技术方法。举例来说，数据式审计模式的诸多新技术方法中，比较突出的两种是审计中间表方法和审计分析模型方法：审计中间表是利用被审计单位数据库中的基础电子数据，按照审计人员的审计要求，由审计人员构建，可供审计人员进行数据分析的新型审计工具。它是实现数据式审计的关键技术。审计中间表按照目的的不同，可分为基础性审计中间表和分析性审计中间表。前者可以帮助审计人员选定审计所需的基础性数据；后者可以帮助审计人员实现对数据的模型分析。

审计分析模型是审计人员用于数据分析的技术工具，它是按照审计事项应该具有的时间或空间状态（如趋势、结构、关系等），由审计人员通过设定判断和限制条件来建立数学的或逻辑的表达式，并用于验证审计事项实际的时间或空间状态的技术方法。目前，常见的审计分析模型有以下几种：根据法律规定的状态来建立；根据业务的逻辑关系来建立；根据不同类型数据之间的对应关系来建立；根据审计人员的符合客观实际的经验来建立；根据审计人员科学合理的预测来建立等。

4. 数据式审计需要重塑审计程序和审计管理模式

新的审计模式需要新的审计程序，数据式审计模式当然也不会例外。按照正常的逻辑关系，有新的技术方法，就需要有新的审计程序。在账目基础审计模式下，审计人员经常要执行诸如以原始凭证核对记账凭证或以记账凭证核对会计账簿等审计程序；在制度基础审计模式下，审计人员经常要执行诸如观察某业务循环中某项内部控制的执行情况等审计程序；在数据式审计模式下，审计人员则要经常执行建立某种业务的审计中间表或审计分析模型，并进行某种类型的数据分析等审计程序。这些要求应该是不言而喻的。但是，由于数据式审计模式从根本上不同于其他审计模式，因此，诸如上述不同于其他审计模式的审计程序比比皆是，都需要审计人员去创新、去重构。

传统审计模式中，国家审计的审计过程一般可分为审计准备、审计实施和审计报告三个阶段。但是，在引入数据式审计模式后，审计准备阶段与审计实施阶段的界限变得非常不清，令人疑惑，而且无所适从。分析其原因可能是：数据分析既像审计准备工作，又像审计实施工作。其中，主要的问题可能是审前调查的归属没有明确的限定。审前调查需要做大量的数据分析工作，而数据分析的测试属性又无法合理确定，于是有些审计人员将其划入审计准备阶段，有些审计人员则将其划入审计实施阶段。

如果事实果真如此，我们就应当将审计过程再进行细分，将其直接划分为四个阶段，即审计准备阶段、审前调查阶段、审计实施阶段和审计报告阶段。审计准备阶段与审前调查阶段划分的原则应该是，审计人员是否需要实施实际的数据分析。如果需要，就须向被审计单位出具具有法律效力的通知书，然后才能获取敏感性、实质性的数据。经历了审前调查阶段，审计人员就可以名正言顺地进行数据的采集、转换、整理和分析，从而为制订审计实施方案和进行审计验证奠定坚实的基础。审计准备阶段与审前调查阶段的划分标志应该是审计通知书，审前调查阶段与审计实施阶段的划分标志应该是审计实施方案。

5. 数据式审计模式需要重新构筑基础审计理论

首先，审计模式的理论需要修订。现有审计理论概括的审计取证模式是：账目基础审计模式、制度基础审计模式、制度基础审计模式的发展——风险基础审计模式。信息化审计方式引入后，我们必须对审计取证模式进行重新归纳。

其次，审计方法的理论需要修订。由于审计理论的研究严重滞后于审计实践的发展，现有的审计理论缺乏对信息化条件下审计方法的分类和总结，因而有关审计方法的理论还不能对其作出完整地概括。例如，上述审计中间表方法和审计分析模型方法、多维分析方法及其切片、钻取和旋转技术等都还没有正式总结纳入审计方法体系。

最后，审计程序和审计管理的理论需要修订。目前，有关信息化条件下的审计程序和审计管理理论，基本上还是一片空白，职业界和学术界都还缺乏系统的论述和专著，因而亟待人们去研究、总结和升华。

（三）作业模式

1. 现场单机审计模式

审计人员运用台式机或笔记本电脑，一个个独立地开展工作，相互之间用移动存储设备（U盘或者硬盘）来进行资料交互。这种方式灵活方便，当被审计单位规模小、数据量小时较适用。

2. 现场网络审计模式

审计组在审计现场组建专用的小型局域网，有专门的服务器存放和处理数据，审计人员之间通过局域网进行资料交互，在网上协同工作。这种方式适用于被审计单位规模大，数据量大的情况，也便于审计人员共享信息，有利于对审计进行信息化管理。

3. 手工采集审计模式

审计人员根据被审计单位的具体情况，结合审计目标、审计内容，将审计目标表格化，通过问卷（表）调查法，实地观察法、访谈法、文档查阅法等方法从被审计单位和外部关联单位对相关数据进行手工采集，然后运用统计分析、查询分析、多维分析、数据挖掘等多种技术手段和方法构建模型进行数据分析，以达到把握总体、锁定重点的目的，从而搜集审计证据，实现审计目标的方法。这种方法适合整体项目小、投入审计力量少、审计时间短的"短、平、快"审计项目。

（四）审计基本流程

1. 审前调查，全面了解被审计单位的基本情况

在采集数据之前，首先通过访谈法、调查表统计法、文档查阅法或实地观察法等方法，对被审计单位的基本情况、核心业务流程及其信息化程度，重点信息系统的软硬件配置、主要功能和管理使用情况等进行充分的调查，从而获得信息系统的数据库类型，数据量，数据生成过程、数据来源和特殊的数据处理流程等信息。在此基础上，提出满足审计需要的数据需求，从而确定数据采集的对象和所采用的技术方法。

2. 采集数据，获取充分的信息

数据的采集是实现数据式审计的前提和基础。在审前调查提出数据需求的基础上，审计人员可以在被审计单位技术人员的配合下，根据被审计单位的具体情况，按照审计目标，结合审计组人员与设备配置情况等因素，选择合适的采集手段对数据进行采集。一种是利用审计软件或数据库管理系统等采集工具，通过直接拷贝，数据接口，文件传

输等方式,有选择性地获取被审计单位和外部关联单位信息系统数据库底层的电子数据。另一种是审计人员将审计目标表格化,通过问卷(表)调查法、实地观察法、访谈法、文档查阅法等方法从被审计单位和外部关联单位手工采集到相关数据。

3. 对采集的数据进行转换、清理和验证

在完成数据采集工作之后,需要对数据进行清理、转换和验证以满足审计分析的需要。从广义上讲,凡是有助于提高数据质量的程序都属于数据清理工作,主要包括处理冗余数据,如重复行数据、列中冗余数据、冗余字段等;处理空置;处理不规范数据,如字段值缺失、带多余空格、取值异常数据等。

数据转换是指将从被审计单位及外部关联单位采集到的数据有效地装载到审计人员可操作的数据库中。通常涉及三种类型:简单变换,日期、时间格式的转换,字段值合并、拆分。简单变换,即转换源数据库中某些字段的类型、长度等,最常见的简单变换是转换一个数据元的类型。对于类型相容(指一种类型数据的值域可以通过常用的转换函数转换映射到另一类值域上,而不会降低数据的精确度)的,可以直接转换,而对于不相容的可通过编写简单程序完成转换。日期、时间格式的转换,即将来自各个数据源的不同格式的日期和时间数据变换成统一的规范格式。字段值合并、拆分,即将源数据库中的多个字段的值合并成一个字段值或将源数据库中的一个字段值拆分成多个字段值。

数据验证则贯穿于数据审计的各个阶段,以确认电子数据的真实性、完整性和准确性。主要方法有核对记录数、总金额,检查借贷是否平衡,顺序码断号,重号验证等。

4. 创建审计中间表

在对数据进行采集、转换、清理和验证后,应根据审计利用数据的方式和目的创建审计中间表。由于数据库中的数据根据范式的要求,往往是按一定的规则进行模式分解后存放于不同的、相互关联的逻辑基本表中;而且由于审计利用数据的方式和目的与管理、核算利用数据的方式和目的不同,满足管理、核算要求的数据表不一定都能够满足审计的需求,所以造成了信息的"分裂";同时,由于利用外部关联数据带来的信息整合等方面的问题,审计人员通常需要对处理后的数据库中的基础数据进行投影、连接等操作,生成能够体现业务特征、面向分析主题、保持相对稳定和随着审计分析的深入而变化的审计中间表,它为构建审计模型奠定了基础。换言之,审计人员运用的对其进行分析的不是从被审计单位获取的原始数据,而是由审计人员从源数据中生成的审计中间表。

5. 总体把握,构建系统和类别分析模型

审计分析模型是审计人员用于数据分析的数学公式或逻辑表达式,它是按照审计事项应该具有的性质或数据量关系,由审计人员通过设定计算、判断或限制条件建立起来的,用于验证审计事项实际的性质或数量关系,从而对被审计单位经济活动的真实性、合法性和效益型作出科学的判断。审计分析模型有多种表现形态,用在查询分析中,表现为一个或一组查询条件;用在多维分析中,表现为"切片切块旋转钻取";用在数据挖掘分析中,表现为"设定挖掘条件"。从技术角度看,现在结构化查询技术和多维分

析技术是两类主流的数据分析技术，而数据挖掘技术尚处于探索状态。通常情况下，审计人员应该按照"系统分析模型—类别分析模型—个体分析模型"的流程来构建审计分析模型。也就是说，数据分析应该从总体到细节。

系统分析模型是通过对被审计单位资产、负债、损益、现金流情况的分析，对主要财务、业务指标的计算分析，从整体层次上全面的、系统的分析、评估、把握被审计单位的总体情况，对其主要特点、运营规律和发展趋势形成一个总体的概念和认识，同时初步确定审计重点范围。

在对被审计单位进行系统分析把握总体情况的基础上，还需根据被审计单位的主要业务类别分别建立起类别分析模型，从业务类别的层次上进行分析，查找经营管理的薄弱环节，锁定各主要业务类别重点审计的内容、范围。

6. 针对突破口，建立个体分析模型

通过构建系统分析模型和类别分析模型，对被审计单位电子数据进行整体层次和业务类别层次的总体分析后，我们还应建立起不同的个体分析模型，对总体分析模型锁定的审计重点进行进一步的深入分析，以达到核查问题或筛选审计线索的目的，从而为延伸取证提供明确具体的目标。

第二节　远程联网审计模式与连续审计模式

一、远程联网审计模式

（一）远程联网审计模式的概念

远程联网审计就是运用审计信息系统在网络环境下借助大容量的信息数据库利用网络资源的共享性、快捷性和广泛性的特点对客户的相关信息进行采集、整理、分析进而得出审计结论的过程。审计人员在获得必要的权限下，利用网络审计信息系统和网络使大量分散的信息在较短的时间内得以集中整理分类。这样一来，便可完整、快速地获取企业会计和经济业务数据，并做进一步的计算、分析、检查和核对，大大减少了审计工作量和审计成本，以提高审计效率。

（二）数据采集方式

目前，联网审计的常见实现模式主要有以下三种，即联网报送电子数据模式、建立联网审计数据中心模式和在被审计单位计算机系统上设置审计接口模式。

1. 联网报送电子数据模式

在该种联网审计模式下，通过在审计机关与被审计单位之间建立网络互联，实现被审计单位定期、定时向审计机关传递电子数据。该模式适合审计机关与电子数据量相对较小的被审计单位互联。

2. 建立联网审计数据中心的模式

在该联网审计模式下，不是审计机关直接与被审计单位建立互联，而是在审计机关与被审计单位之间建立联网审计数据中心。被审计单位电子数据迁移至联网审计数据中心的基础上，审计机关再与联网审计数据中心建立互联，以基础通用数据库、基本操作系统、通用审计系统应用平台、通用业务数据结构标准、通用数据接口标准、通用存储备份标准、通用计算机审计规范和通用审计模型开发标准为基础，实现异地联网审计。

3. 在被审计单位计算机系统上设置审计接口的模式

在该联网审计模式下，在被审计单位计算机系统上设置审计接口，审计机关与被审计单位建立网络互联后，通过该接口可直接访问被审计单位的数据库。在此模式下，由于审计机关直接访问的是被审计单位业务计算机系统上产生的数据，可以实现对数据的实时审查，做到异地实时审计。

（三）审计系统体系结构

通过网络进行审计的网络审计信息系统是审计中心通过网络获得被审计单位的会计信息并进行审计。审计人员就不必亲自到审计单位，这样可以降低审计成本并且使审计人员更好的保持独立性。网络审计系统的体系结构由三个部分组成：审计中心（服务器）、被审计单位（客户机）和网络环境。客户中心在服务器端配备大容量的存储器。被审计单位会计信息系统的所有会计信息都实时的传输到审计中心，由审计中心统一保存，审计中心随时对保存在本地的审计信息进行审计。由于被审计单位的所有会计信息都在审计中心，被审计系统可以不设数据库，有关数据库的操作都可以请求服务器来完成，但这样可能导致服务器不堪重负，因此被审计系统最好自设数据库，保留本端数据，相当于做一个备份。在这种模式下，审计中心进行审计时不需通知被审计系统，更进一步提高会计信息审计的真实性和审计的可靠性。

（四）审计相关流程

1. 数据采集

数据采集是网络审计中的一个初始环节，是审计测试和审计抽样的数据来源的根本渠道。此环节通过以审计信息系统和被审单位的财务信息系统的对接使将被审计单位的财务数据按照通过已加密的传输通道从被审计单位的财务信息系统的接口中导入到审计部门的数据系统中从而实现数据采集。数据从被审计单位的财务信息系统转换到审计单位审计信息系统并不改变它的内容，只是从形式上改变它在被审软件系统中的识别标志，从而可以按照审计信息系统要求的标志为审计信息系统所识别。数据采集是网络审计系统工作的基础，对于企业通常只需要导入科目表、期初余额表、凭证库表就可以生成相应的会计明细账、总账、各种报表等信息。还可将原始数据加入相应的数据库，以备核查并其他功能模块共享。

2. 数据整理与转换

数据整理是对从被审计单位采集来的数据进行分析，查找审计对象潜在的问题、疑点和异常情况，并得出初步意见，主要涉及数据的匹配与合并。通过匹配，发现重复的对象；通过合并，保留或生成一个完整的对象。数据整理活动的核心是近似重复对象的识别。如果两条记录在某些字段上的值相等或足够相似，则认为这两条记录互为近似重复。我们把从被审计单位数据到审计中间表数据之间所需要的各种操作均刻画为转换操作，在审计数据的转换过程中，一个转换将源对象利用一种转换规则转换成一组目标对象。源对象和目标对象都是数据对象集合的元素。数据对象集中的元素能够是任何类型的数据元素，但是典型的是表、列或表示在内存中暂存对象的模型元素。通常，转换也可以产生一系列的临时数据。那些必须一起执行的转换被归类到相应的转换任务中。在执行时，转换步骤是用来协调转换任务之间执行情况的控制流。每个转换步骤执行单一的转换任务，这种转换任务既可以是从源对象利用一种转换规则转换成一组目标对象，又可以是源对象经过多种转换规则转换成一组目标对象。

3. 数据处理

对预处理后的财务电子数据采用查询、统计、抽样、汇总、计算等技术进行分析处理。

4. 符合性测试

进行符合性测试工作按照计划安排，依照审计程序，对所审计对象进行符合性测试，主要通过填表或回答问题方式完成调查表，通过程序进行统计，分析出符合性测试结果。

5. 实质性测试

在已做好符合性测试的基础上进行实质性测试。审计程序会自动形成各科目固定格式的审定表，审计人员要进一步套用模板，形成诸如现金盘点、固定资产折旧、应付福利费等的计算表，将分析和测试后的数据归档存入审计工作底稿。

二、连续审计模式

（一）连续审计模式的概念

连续审计模式在国外运用得比较成熟。20 世纪 50 年代，审计职业界开始反省传统期间审计的效率和效果，出现了连续审计的萌芽，审计职业界开始思考是否可以将审计工作分散于全年。审计师可以提前接受委托，甚至在年初就可以开始年度审计工作。这是最早提出的连续审计思想，虽然将年度财务报告审计工作分散于全年，但审计期间并没有发生变化，而且仍是以人工审计方式实现的。

连续审计是一种审计方法，这种方法能让独立的审计人员，在审计事件发生的同时或者发生后的极短时间内，通过审计报告提供关于审计对象的书面证明。与我国停留在传统审计基础上的连续审计的概念不同，国际上的连续审计概念将 IT 技术高度整合进了审计领域，融合了实时审计、计算机辅助审计、联网审计、非现场审计等方式，实现审计人员和被审计单位电子数据的及时连接和交互，克服当前审计的滞后性。随着信息技术的进步、电子商务的普及以及管理决策对信息实时性需求的日益增强，连续审计将成为信息化时代审计模式发展的必然趋势之一。

（二）连续审计模式的特征

连续审计与传统期间审计相比，具有以下一些不同的特征：

1. 是一种技术驱动型审计

连续审计的实现在很大程度上依赖信息技术，技术在自动化例外和（或）异常的识别、关键数值领域内数据模式分析、趋势分析、详细交易分析、控制测试、组织中纵向比较分析和与其他相同企业之间的横向比较分析中扮演着关键的角色。

2. 具有不间断性和循环性

审计师在一个更连续、更频繁的基础上实施与审计相关的活动。

3. 强调审计实施的即时性

审计师在委托事件发生的同时或稍后很短的时间内，就可以为委托事件提供常青的审计报告。

4. 是一种基于异常（例外）事项的审计

审计师根据规定的标准进行交易和控制测试来识别异常（例外）情况，以供执行额外程序。

5. 可以经济地实现详细测试

连续审计利用技术自动执行控制和风险评估的方法，使审计策略从传统的交易样本的周期性符合向对所有交易进行连续测试的转变在经济上成为可能。

（三）审计技术

从连续审计的 IT 技术原理看，连续审计类似于病毒扫描。基本的技术框架是：在连续审计自动执行审计程序的过程中，任何与初始设置不相符或者异常的记录都将引起审计软件的报警，并通过电子邮件等形式传送到客户和审计人员那里，审计人员据此决定采取相应的措施，所有这些程序将通过信息系统自动完成。现有关于，连续审计的信息技术探讨，主要可以归纳为两方面：一是运用嵌入式审计模块；二是运用连续审计代理。

1. 嵌入式审计模块

早期的研究主要关注于运用嵌入式原理来解决连续审计问题。从实际的审计程序上看，审计人员需要运用嵌入式审计模块测试企业的内部控制，运用分析程序来证实财务报表的真实性。此时，许多传统的实质性测试方法都没有太大的改变，只是收集审计证据的手段发生变化。有许多已经发展起来的具体方法，这些方法主要是通过在客户应用系统中嵌入或者连接上专门的连续审计程序进行操作。例如，ITF 是通过审计模块向客户的信息系统引进虚拟检测数据，通过查看客户信息系统处理虚拟数据的结果，来测验信息系统处理真实数据的真实性、可靠性和全面性。但类似 EAMs 的方法因为需要修改客户的应用系统，存在三个比较突出的问题：一是必须有相应的大量系统专家，由此造成实施连续审计的成本很高；二是审计客户很可能不情愿，担心连续审计会造成自身信息系统的不稳定，或者外部审计人员在连续审计过程中获取了自己的非公开信息；三是连续审计模块本身就需要处理大量的数据，难免会对客户的信息系统造成负担，影响系统整体运行效率。这些问题导致运用 EAMs 很难使连续审计被大范围推行。

2. 连续审计代理

从现有文献看，连续审计代理主要是通过网络启动数字代理实现连续审计。与嵌入式模块的区别是，审计人员可以通过网络向数字代理输入命令以半自动的方式启动审计，而且通过网络进行审计不会过度占用客户的系统资源，由此可以克服嵌入式模块的主要缺陷。在全网络、局域网和内部网已经盛行的情况下，通过网络运用审计代理实现连续审计是一种更为有效的方案。这种研究主要是配合当前会计信息披露的网络化趋势进行的。

（四）审计要素

连续审计模式的构成要素包括信息收集系统、数据库、网络服务器和审计见面四方面的基本要素，每一个要素的内涵和应具有的功能具体如下：

1. 信息收集系统

该系统包括被审计单位信息系统和审计单位信息系统，其中被审计单位信息系统收集经济交易的数据并处理该数据生成财务报告，包括通用财务报告信息模块和非通用财务报告信息模块；审计单位信息通过连接上述两个模块实现对系统数据的收集。

2. 数据库

数据库主要用来存储财务信息、数据结构、财务信息关系和访问控制。被审计单位数据库存储明细会计数据的实例文档，审计单位数据库存储 XARL 一种可扩展验证报告语言文档。

3. 网络服务器

网络服务器主要负责信息的发布和使用者访问的接受，通过网络将使用者的界面同网络服务器连接起来。

4. 审计界面

审计界面主要实现利用 XARL（可扩展的验证报告语言）对被审计单位的数据进行审计服务，生成 XARL 文档，为使用者提供经合理保证的鉴证信息。

第三节　导入式智能审计模式与神经仿生系统审计云模式

一、导入式智能审计模式

（一）导入式智能审计模式的概念

导入式智能审计模式将在被审计单位实现会计信息化的基础上，强调"数据导入""智能审计"以及"会计审计软件一体化"三个主要概念。首先是导入会计信息化的基础性数据，如科目编码、记账凭证和年初余额三大类数据；其次是运用会计审计一体化软件，对导入的基础性数据实现全面重算，以核实被审计单位的账表，进而彻底摆脱会计软件的误导，将现代风险导向审计的重点放在记账凭证上，并对其实现智能化审计。

（二）导入式智能数据采集

导入式智能审计模式的数据导入可采用 ASP（活动服务器页面）来进行数据库的访问，通常使用 IDC（internet database connector）互联网教程接口、ADO（activex data objects）插件数据对象、RDS（remote data service）远程数控服务等三种方式。由于数据接口国家标准的出台，这些技术将被软件厂商应用于其通用数据接口中，数据导入可以平滑流畅地实现。由于"智能审计"着眼于被审计单位的记账凭证，要实现对"海量"的记账凭证数据进行审计，除了用传统的分析性复核等方式进行审计之外，必须要应用计算机技术发展的新成果，如数据仓库技术、联机分析处理技术、数据挖掘等来实现有效的智能审计。当然，导入式智能审计模式是一个宽泛的概念，随着信息技术的飞速发展，其实现的技术手段将日新月异，"智能审计"在不同的时期将会被赋予新的内涵。

（三）基本原理

在会计凭证、会计账簿和会计报表三大审计对象中，传统审计模式总是将主要精力放在会计账簿和会计报表上，这很容易被会计信息化软件牵着鼻子走，难免会出现重大错报。导入式智能审计模式将在被审计单位实现会计信息化的基础上，强调"数据导入""智能审计"以及"会计审计软件一体化"三个主要概念。首先是导入会计信息化的基础性数据，如科目编码、记账凭证和年初余额三大类数据；其次是运用会计审计一体化软件，对导入的基础性数据实现全面重算，以核实被审计单位的账表，进而彻底摆脱会计软件的误导，将现代风险导向审计的重点放在记账凭证上，并实现智能化审计。很明显，导入式智能审计模式彻底丢掉了被审计单位的会计账簿和会计报表，最后就只剩下记账凭证一个审计对象。这对创新审计观念，强化审计的主动性与独立性，指导审计软件开发，实现我国一体化计算机现代审计具有重要的现实意义。

（四）主要技术手段

当前，计算机审计是处于一个网络化的大环境，因此，导入式智能审计模式的"数据导入"环节，其数据导入可采用 ASP（网络应用服务供应商）来进行数据库的访问。

二、神经仿生系统审计云模式

（一）神经仿生系统审计模式的概念

基于云计算的技术基础，提出审计系统专用私有云 ——"审计云"的概念。审计云依照仿生学原理，仿照人体神经系统结构，构成国家治理的神经系统，实现审计系统内部从计算能力、数据、软件服务等方面的高度共享。

审计云仿生人体神经系统结构概述。神经系统是机体内起主导作用的系统，分为中枢神经系统和周围神经系统两大部分。其基本结构和功能单位是神经元（神经细胞），而神经元的活动和信息在神经系统中的传输则表现为一定的生物电变化及其传播。与人体神经系统相对应，审计云分为中枢审计云系统和周围审计云系统，中枢部分包括脑（大型云计算中心）和脊髓（云计算分中心），组成审计云的中枢神经系统。外围部分包括各省级的云计算分中心。这些分中心，每一个均可作为本省级单位的审计云中枢神经系统，同时集体构成全国审计云的外围部分。在省级单位下层，仿照审计云的整体组织架构向下部署云计算中心或者终端站点，从而将审计云在全国铺开。

各层次云计算中心内部组成。各层次审计云计算中心依据在审计云中的地位不同，配备不同性能及规模的设备。但是，其内部组成结构及功能相仿。所有云计算中心中的设备需遵守即插即用、即拔即废、对用户透明等基本原则。各层次云计算中心主要由服务器集群、数据存储中心、数据分析中心、若干终端等组成。

（二）关键技术

审计云计算平台的实施基础是更高层次的虚拟化技术，它将硬件、软件、数据、网络、存储等一一隔开，达到集中管理、动态调配和按需使用的目的，从而提高了系统整体的弹性和灵活性，降低了管理成本和风险，改进了应用服务的可用性和可靠性。其关键技术如下：

一是跨平台的互操作性。审计云计算平台将帮助用户通过一个虚拟的逻辑层接入系统，发现、使用并管理所有的计算资源，减少因支持多种类型软硬件平台而导致的系统管理复杂度和不稳定性。

二是高效、可靠的数据传输交换。审计云平台的可靠性和安全性依赖于一个高效、可靠的数据传输交换系统，实现在网络不稳定的情况下保证数据通道的畅通性。

三是高效的分布式事件和事务处理。高效的分布式事件和事务处理机制可以在异构多环境的网络世界把各地分散的计算资源用结构化的方式整合在一起，从一个无序体系中构建出高可靠、高性能的具有强大处理能力的审计云计算平台。

四是动态负载均衡和群组管理调配。整合了动态负载均衡和群组管理调配机制的审计云计算平台能够实时地监测全系统各个节点的运行状态，动态地调整和均衡全系统范围内不同资源的负荷，从而很好地解决了大规模系统的合理使用和有效管理问题。

五是智能化的服务总线。智能化的服务总线可以在审计云计算平台中通过定义良好的接口将系统的应用和资源联系起来，然后根据需求进行分布式部署、组合和使用，使这些应用和资源转变为可共享的标准服务，并实现服务的"即插即用"。

六是工作流引擎。审计云计算平台的工作流引擎让使用者只需通过简单的编程提交需要完成的计算任务和数据，系统就可以自动处理包括数据的分割、传输、多机环境下的程序执行和调度以及输出等其他复杂工作，让用户像使用单机一样使用计算机集群来解决复杂的 IT 问题，轻松高效地完成工作。

第十章　我国审计制度的创新

第一节　我国审计制度的创新路径

基于我国社会主义审计制度的特征与基本经验，为了进一步促进我国审计事业的发展和壮大，最大限度地发挥审计职能作用，提高审计质量，需要采取相关措施，以创新我国社会主义审计制度并优化其运行环境。

一、凸显审计理论的先导功能

要创新审计制度，首先要创新审计理论。创新审计理论可以从不同方面或角度。这里，我们分析审计理论的先导功能以起到创新审计理论的作用。

审计是一种独立性的经济监督形式。从实践角度讲，这一形式表现为具体的经济监督活动；从理论角度讲，这一形式则是指导经济监督活动的理念与原则。审计实践是审计理论的基础，这是通常提到的审计理论来源于审计实践并指导审计实践。但这只解释了二者基本层面上的关系，未能揭示出审计理论的先导功能。

审计理论来源于审计实践，但并不囿于审计实践。审计监督活动是一项复杂的系统工作过程，这一过程可以形成、丰富与完善相关审计理论，但当审计过程中需要实施一项尝试性的活动或工作时，是否就没有审计理论或不需要审计理论作指导呢？答案是否定的。事实上，审计理论来源于审计实践，但高于审计实践。当丰富的审计实践生成与完善审计理论的同时，审计理论便逐步具备了自我创新的基础与条件。这种创新体现在审计理论对既往审计实践的高度总结与概括，体现在审计理论作为一个完整体系所发挥出的"1 + 1 > 2"的功效。创新的审计理论既可以指导审计的基本实践活动，更能指导尝试性的审计活动或工作；既可以指导审计实践的实施过程，更能在审计实践活动前对其实施审视、预测与论证。审计理论的这种自我创新与前导作用反推其具有天然的先导功能。

审计的发展历史，实际就是审计理论逐步创新、不断发挥其先导功能作用的过程。就审计本质而言，20 世纪 70 年代末，会计理论界即开始了对其进一步的研究，其基本认识是，审计是一种会计检查活动或方式。到 80 年代中期，较多的同仁认为，审计是一种独立的经济监督形式。90 年代，伴随我国社会主义市场经济体制的逐步确立，对审计本质的认识趋于多元化。有人认为，审计是基于维系委托受托经济责任正常化需要而产生的；有人认为，审计是为满足所有者对经营管理者监督的需要而产生；有人认为，审计是一种经济控制系统；还有人认为，审计是经济实体防范经营风险的重要形式。进入 21 世纪，我们更多地强调审计所扮演的"经济卫士"的特殊角色。上述对审计本质的不同观点，是业界在不同历境和条件下，基于不同角度所得出的研究成果或结论。这实际体现了对审计本质的认识在不断深化，这种不断深化的直接结果就是逐步创新了审计本质理论，发挥了审计本质理论的先导功能与作用。

审计机关作为一个免疫系统，能够感受并及早预防经济病害侵蚀的风险，揭示其所带来的危害，抵御与查处由此所造成的损失。可见，"免疫系统"论强调国家审计通过经济监督发挥国家机器的威慑与治理作用，这是对审计本质认识的一种深化。这种对审计本质认识上的深化，进一步彰显了审计理论的先导功能。因为在对审计本质认识深化的过程中，也导出了对审计职能的深层次理解。当认为审计是一种会计检查活动或方式时，对审计的职能则理解为检查；当认为审计是一种独立的经济监督形式时，对审计的职能则理解为经济监督；当认为审计是基于维系委托受托经济责任正常化需要或基于满足所有者对经营管理者监督的需要而产生时，对审计职能的理解则不局限于经济监督，还包括鉴证与评价等内容；当认为审计是一种经济控制系统或是经济实体预防经营风险的形式，以及强调审计所扮演的"经济卫士"特殊角色时，对审计职能的理解则包括了经济控制。现在，基于审计是国家社会经济运行的"免疫系统"的审计本质观，对审计职能的理解无疑发生了新的变化。根据国家审计"免疫系统"论，预防、揭示与抵御作为审计发挥其国家社会经济运行免疫系统作用的三种方式也是审计所具有的三种职能。将预防、揭示与抵御归纳为审计的职能是对审计职能在新的环境和条件下的一种重新表述和理解，是对审计本质有了新的认识和理解后所形成的新的"审计职能观"。预防、揭示与抵御中，预防无疑是最根本的。只有注重预防，才能防患于未然。在被审计单位发生违法违纪等问题之前采取相关措施予以防范，比问题发生后再消除（且不说能否消除或彻底消除），其效果要好得多。着眼于并全力做好审计预防有利于逐步降低被审计单位的错报或问题发生率，逐步改善与完善其经营管理，提高经济效益，这就为整个审计工作奠定了坚实基础。当然，强调审计预防并不意味着忽视审计揭示与抵御，问题的关键是，必须明确并摆正三者之间的关系，必须将审计预防作为审计的根本职能。将预防作为审计的根本职能，无疑印证了审计本质认识的深化进一步彰显了审计理论的先导功能，因为审计理论先导功能的表现之一是强调审计理论对审计实践活动的事前审视、预测与论证作用。审计理论的这种审视、预测与论证作用与审计预防职能所发挥的作用有着异曲同工之妙。

审计理论的先导功能有其重要的价值与作用。首先，可以全方位指导审计工作实践。审计监督活动不仅在其实施过程中需要审计理论予以指导，也应于事前运用审计理论进行系统地分析与测试，于事后运用审计理论对监督活动结果进行检测与验证。其次，可以使审计实践活动更有序和高效地进行。审计实践日新月异、千变万化，任何新形式与特殊内容的审计活动都可能随时出现，这就需要审计理论指导及时跟进。此时如果没有审计理论的先导功能发挥其特殊作用，则可能造成审计工作起始乃至全程的无序和低效。如果过河前想尽办法勘测河流之物理状态，检验过河所需之条件，那过河时则可能无须"摸着石头"，即使需要，行动也会更主动，目标更明确，过河的总体行动就会更为有序和高效。最后，可以丰富审计理论体系。审计理论需要通过审计实践活动予以丰富与完善，也需要通过自我创新以不断演进与优化。从一定意义上讲，自我创新更能丰富审计理论体系。

那么，在我国当今越来越注重审计监督作用的环境下，如何强化审计理论的先导功能呢？首先，摒弃与审计理论先导功能相悖的认识。这种认识既有把审计理论简单化和庸俗化的，也有过于强调审计实践作为审计理论基础的。前者认为审计理论可以机械地、套公式解决审计实践中的有关问题。这就把审计理论教条化了，不利于审计理论的发展与完善，也无助于审计理论先导功能的发挥；后者否认审计理论可以对审计实践进行预测与检验，认为审计理论只是对审计实践的简单总结，审计实践是天然合理的。这定会导致轻视以至忽视审计理论，给审计实践活动带来极大盲目性。强化审计理论的先导功能，必须摒弃这种偏颇认识，正确理解审计理论与审计实践的辩证关系。

其次，培植审计工作者的创新思维。无论是审计理论工作者，还是审计实务工作者，都应注重培养与形成创新思维方式。创新思维是指对事物间的联系进行超越性、前瞻性思考，从而创造新事物、新成果的思维方法。创新思维是思维的高级形态，一切创新活动都离不开创新思维，审计创新也不例外。只有具备创新思维方式才能进行审计理论研究和审计工作实践的创新，也才能进一步促使审计理论的自我创新，从而丰富审计理论的先导功能。审计工作者培植创新思维的方法有多种，如替代创新法、挖潜创新法等。前者是通过对思考和研究的相关对象与内容进行科学有序地替换以探求解决复杂问题与矛盾的方法，后者是针对所思考和研究的对象与内容，根据其特性和逻辑关系，充分挖掘其内在潜力与能量，以解决复杂问题和矛盾的方法。审计工作者首先要有创新意识，运用科学有效的方式方法，根据客观环境和自身条件，逐渐培养并形成创新思维，不断开创审计工作新局面，逐步丰富与强化审计理论的先导功能。

再次，制定并实施先进的审计规范。审计规范的内涵各人有不同的界定，我们认为，审计规范是审计人员实施审计监督活动时所应遵循的行为准则和判断问题的标准与依据。它既包括具有法律法规效能的审计法、审计条例等内容，也包括具有规则作用的审计准则、审计操作指南等。审计规范的制定需要根据审计工作实践的需要，也需要依据审计理论，尤其是制定那些特殊领域的、具有特殊作用的审计规范更需要审计理论的先导功能发挥其特殊作用。据此所制定的审计规范就会具有先进性，这种先进性要求审计规范不拘泥于指导现实中基本的审计工作实践，要适当预见、指导与解决现实中可能或即将发生的问题与矛盾。当然，这种前瞻性是有限的，是以不影响审计规范的科学性为前提的。这种具有先进性的审计规范即嵌入了审计理论的先导功能。先进的审计规范制定后，还须在实施过程中进行适时修订，以保持先进的持续性，保证审计理论先导功能作用的持续发挥。

最后，科学考评审计工作质量。由于审计的预防职能与审计理论的先导功能有着内在逻辑关系，所以强化了审计的预防职能也就强化了审计理论的先导功能。强化审计的预防职能有多种方法和要求，而科学考评审计工作质量是其重要方面之一。因为审计预防的结果或效果需要通过审计工作质量来反映，而审计工作质量又是一个需要进行科学考评的复杂问题。审计工作质量是审计报告及其所反映的结果与客观事实相符的程度。从理论上讲，这一相符程度存在一个合理的范围，低于这一范围无疑反映出低质量的审计工作，但高于这一范围也不是高质量的审计工作，因为审计工作是有成本的，是要依照成本与效益原则规划与考核审计整体工作和效果的。审计结果落实在设定的合理相符程度范围内才是高质量的审计工作。理论上的这一合理范围在实际操作时需要进行判断并设定（这种设定会根据现实情况进行调整）。只有确定审计结果是否落在所设定合理的相符程度范围内才能判定审计工作质量状况。考评审计工作质量需要运用一个完整的考评指标体系。现实中，审计工作质量的考评指标未形成完整体系，存在以偏概全的弊端。有的审计机关过多地依据查出被审计单位违纪金额的多少来评价审计组或审计人员的工作业绩或质量。这种依据不成体系的考评指标的做法不利于审计发挥其预防职能，甚至可能助长审计人员盲目追求查处被审计单位的违纪金额，以致陷入一种僵化的乃至错误的工作境地。审计作为国家经济社会的免疫系统，客观上要求审计自身必须是一个完整的科学系统。科学考评审计工作质量，需要科学设计并合理运用审计工作质量考评指标体系。这一指标体系包括定量和定性两方面指标，定量指标如审计覆盖率、审计计划完成率、被审计单位违纪问题重复发生率、审计处理落实率等，定性指标如审计人员是否强化了审计预防意识、审计人员的素质能否胜任审计预防工作、审计机构内部管理控制制度是否健全有效、审计组或审计人员在审计计划与实施阶段是否注重审计预防职能的具体体现与落实、审计机构是否及时与正确处理已查证被审计单位的各种违纪问题等。需要注意的是，须将定量指标与定性指标有机地结合起来，作为一个整体完整准确地运用，以得出审计工作质量考评的正确结论。一般来讲，定量指标是得出结论的主导指标，但需要以定性指标考评结果为基础和前提。没有定性指标，定量指标无法得出准确结论。定量指标与定性指标共同构成考评审计工作质量的完整体系。总之，科学考评审计工作质量，有助于审计预防职能作用的充分发挥，进而强化审计理论的先导功能。

二、建设社会主义审计文化

审计文化是指审计活动中形成的物质财富和精神财富的总和，由审计的物质文化、制度文化和精神文化构成，其中审计精神文化在审计文化中处于核心地位。审计活动是脑力劳动，是智力作业，无须使用更多的实物工具和用具，这也是审计文化中物质元素稀少的原因之一。审计文化与财政文化、金融文化、贸易文化和会计文化等同属于管理类文化。由于各种管理活动内容相关，所使用的工具和用具也相近，因此审计文化的物质元素与管理类文化的物质元素基本相同，这是造成审计文化的专属物质元素少的重要原因。由于审计文化的专属物质元素少，因而审计文化是以精神元素为主。

审计文化的作用在于：能够统和协调审计制度的执行者的行为；能够引导审计人员的行为方向，为其提供行为有效性的评估参考；能够维持审计工作秩序，将由审计制度树立的正确审计活动秩序加以维持，建立审计人的价值观；能够传承审计制度，即通过文化流传的方式完成了审计制度从老一代向新一代传递的作用。

建设我国社会主义审计文化，其具体措施可以包括以下几方面：

（一）确立审计人员的核心价值体系。责任、忠诚、清廉、依法、独立、奉献是审计人员的核心价值观

这个核心价值观是审计职责、职能的体现。《中华人民共和国审计法》明确规定了审计机关的条职责，概括起来就是审计机关对国有资产及政府财政财务收支出进行审计监督，各级审计机关对本级政府报告审计结果。这就决定了审计机关和审计人员要有责任，对人民、对政府忠诚。要履行好职责，需要审计人员有奉献精神。《中华人民共和国审计法》明确规定了审计机关的审计程序、法律责任，也就决定了审计机关和审计人员要依法，要独立。《中华人民共和国审计法》赋予了审计机关的权限，权力既能为民做事，也能谋私，这就要求审计人员清廉。

（二）把传统文化的优秀基因融入国家审计文化建设中

在我国的传统文化中，儒家、道家和法家文化影响较大，其中，儒家的"仁""中""和"观念影响最大，也最深远，它们对审计文化建设的影响也不可忽视。

在现代社会，"仁"对人们的影响是要求人们在经济、社会活动中尊重和保护他人的合法权益，不能不顾一切地追求自我利益，但在社会生活中并非人人都能做到"仁者爱人"。在审计实践中强调"仁"，不是要求审计人员对假公济私和违法乱纪现象包庇纵容、仁慈有加，而是强调审计人员在面对困难、利益与荣誉时，不以自我为中心。在国家审计文化建设中强调"仁"，对稳定和团结国家审计队伍、提高国家审计团队合作效率具有重要的意义。

"和"强调以下两点：一是"天时不如地利，地利不如人和"；二是尊重对方、服

从大局。这就要求审计组织内部的人员在相互信任与必要怀疑之间达成一种复杂均衡。"和"的理念有利于审计机关在宏观决策和利益分配等重大事项上大力推行民主，实现"知无不言，言无不尽"，有利于形成和完善严谨的管理制度并提高制度的执行力，有利于审计人员弘扬无私奉献和团结协作精神。

"中"努力实现"理性与感性""内与外"的合一。在审计文化建设中，我们要积极实现"和"目标，避免和减少审计组织内部、审计人员与审计对象之间的矛盾对立和激化。

（三）在审计质量考评指标体系构建中落实与完善审计文化建设

审计质量考评指标体系应从考虑战略型的审计质量考评模式，实现全面、准确、立体的考评目标。融合了审计文化建设的绩效考评指标，更具有引导和约束的作用，能够在引导审计人员注重提高自身修养的同时，树立审计机关共同的价值观念，将审计机关的目标、宗旨和社会责任等都内化成为审计人员的精神和行为，同时更能够将以人为本的原则落在实处。我们追求的将"文化修养"在审计人员自身得到加强的制度，也可以通过建立一套融合审计文化精神的绩效考评制度得以实现，至于这方面的具体指标如何设计，需要我们专题研究。

三、完善审计体制

我国初步形成了以《中华人民共和国注册会计师法》为主体，《中华人民共和国公司法》《中华人民共和国证券法》等法律法规相结合的民间审计法律规范体系。《中华人民共和国注册会计师法》是规范注册会计师执业行为，保障社会主义市场经济有序运转的重要法律。它有助于把各种力量统一起来，从而真正地成立一个以注册会计师为主体的社会经济监督体系，使社会主义市场经济条件下的整个社会监督体系在法制化的轨道上有效的、规范化的运转。

政府监督是指有关部门依法对注册会计师、会计师事务所和注册会计师协会进行监督、指导。具体包括：一是业务监督。财政部门主要通过注册会计师协会，监督会计师事务所对国家法律、行政法规和工作规则的遵守情况，业务工作制度的执行情况。二是违纪处理。对会计师事务所违反法律、行政法规和工作规则的根据情节轻重，可以给予警告、暂停执业，吊销注册会计师证书等处分。三是制定收费标准。会计师事务所的收费标准由省级财政部门会同同级物价管理部门制定。

注册会计师行业自律监管是注册会计师行业内部的自我管理和自我约束，其特点在于：注册会计师行业微观层面的事务均由注册会计师行业通过其职业组织来实施控制，这包括注册会计师执业资格的认定、执业技术规则与职业道德准则的制定并由注册会计师职业组织监督注册会计师，对这些行业管理规则的遵循给予惩戒。在现阶段，行业自律与行政监管都不可少，都需要进一步加强。自律监管是注册会计师行业监管的重要组成部分，应当根据"法律规范、政府监管、行业自律"的基本思路，处理好行政监管和行业自律的关系，明确界定各自职能和权限，构建以自律监管为基础、以行政监管为主导、以法律规范为保障的注册会计师行业监管模式。努力做到各司其职、各负其责、相互监督、协调运转，共同促进注册会计师行业的健康发展。

注册会计师行业特点决定了自律的基础性。注册会计师向社会公众提供的是监管和鉴证服务是一种专门服务。注册会计师的核心价值在于其特殊的专业技能和诚信的道德品质，因此注册会计师行业管理模式的选择不仅应当做到管理形式的监管，应当把管理形式与管理内容统一起来。注册会计师行业的自律管理具有突出的专业优势，可以根据行业特点制定职业行为规范。注册会计师行业自律监管的优点在于其具有较大的灵活性和适应性，能较好地发挥注册会计师职业组织的专业知识优势，迅速发现和解决行业发展中存在的问题，针对经济环境变化对注册会计师行业的要求作出反应。这种自律，不仅是行业协会的自律，还是会计师事务所内部的自律和注册会计师的自我约束。因此，会计师事务所应建立自律性的运作机制，加强内部的日常控制，强化风险导向审计，建立注册会计师的日常工作报告制度，对注册会计师的日常工作应有迹可查，同时也起到一定的监控作用；有意识地培养注册会计师的诚信道德，树立诚信是会计师事务所立所之本。因此行业自律监管是行业健康发展的重要推动力，是注册会计师行业监管的重要组成部分。

合伙制会计师事务所有助于实现行业自律监管。从世界范围看，规模较大会计师事务所的通用体制是合伙制，这是注册会计师这一特殊行业对其体制的客观要求，因为没有承担合理的无限责任这把利剑高悬在注册会计师的头上，就很难让社会公众相信注册会计师的独立、客观和公正。失去了社会的公信力，整个注册会计师行业就失去了存在的基础。

在有限责任公司制下，规模小的会计师事务所赔偿能力小；而以合伙制为会计师事务所的组织形式有利于培养投资者对注册会计师的信心，有利于会计师事务所保持高度的职业敬业态度，因为只有在无限责任的制度约束下，合伙人才会在关注切身利益时切实提高审计质量保持审计独立性。这样人力资本所有者共担风险，就会促使其互相监督，从而有效约束事务所内会计师的行为。实行合伙制的精髓就在于体现了会计师之间地位平等、风险共担、资源共享。合伙制体现的无限连带责任使事务所有强大的动力去建立一套完整的风险控制机制，约束所内合伙人的行为，从而解决事务所内的风险控制问题。

合伙制会计师事务所有助于实行自律监管，其原因有三点：一是合伙制可以提高注册会计师的风险意识。由于在合伙制下，合伙人以各自的财产对事务所的债务承担无限连带责任，使合伙人的个人资产同其执业质量紧密联系起来，注册会计师和事务所才真正成为经济和法律责任的主体，才真正适应了注册会计师的行业特征，提高自律监管的水平，促进行业的健康发展。二是合伙制可以有效地维护会计师事务所的独立性。《公司法》规定，有限责任公司的所有者可以自由地出让其在公司的份额或利益。因此如果事务所采取有限责任制，则会计师事务所的所有权在理论上就可以由企业暗中收购，会严重损害事务所审计的独立性；而合伙制事务所则不同，如果某个合伙人要转让其利益份额就必须征得所有合伙人的同意才可能进行，因此合伙制可以让审计的独立性又多了一层保证。三是合伙制可有效地制约注册会计师的行为。在市场经济环境下，市场本身就存在各种可能的制衡力量。市场中的各种可能制衡力量可以来自受害者，也可以来自市场中的任何利益相关者。在制度安排上必须使受害者或相关利益者可以利用制度去保护自己的权益并惩戒违规者，进而提高审计质量和自律监管的水平。

目前，我们应进一步推行会计师事务所合伙制以强化注册会计师行业自律。为此，应注意以下几方面操作之关键点：首先，推行有限责任合伙制。有限责任合伙制事务所是事务所以全部资产对其债务承担有限责任，合伙人对个人执业行为承担无限责任，无过错合伙人无须对其他合伙人的职业性违规行为承担无限连带责任。有限责任合伙制既对会计师事务所组织进行制约，又对合伙人个人进行制约，体现了责任界定与承担的合理性。有限责任合伙制集中了有限责任制和合伙制的优点：一是有利于培养风险意识。各合伙人虽对其他合伙人的执业过失不承担法律责任，但仍对自己的执业过失承担无限责任，为此合伙人仍必须勤勉尽职以降低执业风险。二是有利于扩大事务所规模。合伙人之间不相互承担连带责任，合伙人可以不再为其他合伙人的错误或舞弊行为付出代价，可吸引更多人加入。因此积极推进事务所的有限合伙制改革，使事务所和注册会计师真正成为享受权利和承担义务的管制客体，也使虚假信息受害者能够得到赔偿方面的保障，促使注册会计师行业的自律。

其次，完善合伙制的有关法律体系。目前我国有关合伙制的法律体系尚不完善，虽颁布了《中华人民共和国合伙企业法》，但是除民法通则中有个别条款外，还没有对事业合伙事宜进行规范的单独立法。所以，建立相关法规和制度适用于普通合伙制、有限责任合伙制、个人独资和有限合伙制，并且修订现有的法律规章中适用于会计师事务所的有关合伙制的条款。因此，一是修改《注册会计师法》和《公司法》。我国迫切需要建立起一套适用于规范会计师事务所等实行有限责任合伙制的法律法规。应明确规定会计师事务所的组织形式为合伙制，达到一定规模的可以实行有效责任合伙制，并在法律责任条款中增加有关民事责任赔偿方面的内容；在相关法律法规中增加有限责任合伙的内容，尽快制定合伙法的实施细则，明确合伙制如何运作。还应建立和完善相关的配套法律法规。具体来说，应强调民事赔偿责任。事实上，与合伙制相关的法律风险应主要来自民事赔偿责任，而所谓的无限责任，也是针对注册会计师的民事赔偿责任而言。在当前这种赔偿风险低的法律环境下，合伙制并不能提高事务所成员的风险敏感性，即注册会计师感受风险的能力。另外，法律规定要具有可诉性。不同法律之间需相互协调，而具体到某个法律又要保证有明确的规定，在具体操作时能真正有法可依。

应建立个人财产的界定、认证、登记制度、保全制度和共有财产分割制度。只有对个人财产有清晰的界定与保护，明确个人财产范围与价值，才能使违约成本和审计失败的风险具备了具体而明确的承担主体，民事责任的赔偿、连带责任的追索才有可能实现，这是合伙制有效运行、发挥作用的前提条件。只有这样，才能保证合伙制对注册会计师的约束力。所以，应建立个人财产登记制度和共有财产分割制度。对此，首先可以建立注册会计师个人档案动态跟踪管理，从一个会计执业人员拿到注册会计师资格证书时开始建立记录其执业变动情况、收入情况等信息并进行动态追踪；其次可以完善会计师事务所财务信息公开机制，使注册会计师个人收入的透明度得到提高，从而使其对个人财产进行隐瞒的困难度增加，也使社会公众对注册会计师的收入水平有所了解；再次可以完善个人财产纳税申报制度，通过税收法律的强制手段实现个人财产的可监测性，这一措施最为直接和有效纳税申报，让注册会计师的个人收入无所遁形，从而可以对其个人财产起到一定的监控作用。

应提倡推行会计师事务所审计责任保险制度。注册会计师行业提供的服务性质决定了注册会计师不仅要对委托单位负责，还要对社会公众负责，其职业具有高风险特征。社会公众对于注册会计师的期望值与注册会计师自身的实际能力间的差距所形成的"审计期望差距"，为注册会计师面临"诉讼爆炸"和陷入"深口袋"埋下了隐患。应建立起有效的执业风险责任保险体系，并将责任保险列为注册会计师行业的强制保险范围，以减轻注册会计师及会计师事务所承担的相关责任。

综上所述，我国目前在注重注册会计师行业行政监管基础上应强化自律管理，强化自律管理的途径与措施很多，其中之一是完善会计师事务所合伙制，操作的关键点包括推行会计师事务所的有限责任合伙制，完善合伙制的有关法律体系，建立个人财产的界定、认证、登记制度、保全制度和共有财产分割制度，提倡推行会计师事务所审计责任保险制度等。

四、抓住审计重点

审计工作要全面履行其监督职责，发挥预防、揭示与抵御的功能作用；但是，研究和落实如何抓住审计重点是问题的另一个重要方面。这就需要审计机构或组织注重制定和执行中短期审计规划，谋划未来时期的重点审计领域和重点问题，并根据形势和环境变化科学合理地开展审计工作。

抓住审计重点是提高审计效率的重要手段，对审计项目可能出现的重点问题，以问题导向方式，要求审计机关、审计人员持续关注，并运用职业判断，根据可能存在问题的性质、数额及其发生的具体环境，判断其重要性，采取审计应对措施。这就是要求审计人员明确审计思路、确定审计重点，尤其要重视下述的创新审计方式。

五、强化审计队伍

所有的行为和活动，人是起决定作用的，审计工作也不例外。所以，强化审计队伍建设是提高审计效率和效果、提升审计工作质量、推进审计事业科学发展重要而紧迫的任务。关于强化审计队伍建设的内容，要深化干部人事制度改革、加强领导班子建设、加强审计人才队伍专业化建设等。为此，需要采取加强教育培训、强化审计业务培训、加强审计硕士专业学位教育工作、进一步拓宽培养干部的渠道、加强对直属单位的管理、加强机关党建和思想政治工作、加强反腐倡廉建设等措施，以保证审计队伍建设的质量和效果。

六、创新审计方式

（一）一般审计方式创新

创新审计方式是适应审计工作面临的新型、复杂情况的必然要求，要明确审计创新方向、促进经济发展方式转变。创新审计方式就是要不断探索符合我国发展实际的审计方式和方法，主要是要在坚持多种审计类型和形式的有机结合上下工夫、全力推进绩效审计、积极探索跟踪审计。

审计方式方法问题本质上是效率问题。增强免疫系统运行的功效，必须不断探索，改进和创新方式方法，提高工作效率和质量。一是适应形势发展要求，大力推进绩效审计。绩效审计是国家审计发展的主流，也应该成为免疫系统发挥功效的主渠道之一。安排绩效审计项目，作出审计评价，提出审计建议，要与当地经济社会发展水平相符合，充分考虑本单位的实际情况，考虑被审计单位及相关工作的实际情况，注重实际效果。要在财政财务收支审计的基础上，按照绩效审计的方法和要求，对审计对象和内容作出经济性、效率性和效果性评价，提出政策、制度和管理方面的改进建议。二是注重关口前移，突出事前、事中审计，积极开展全过程跟踪审计，更好地增强审计的时效性。三是树立审计技术和方法运用的科学理念。当今审计技术与方法的研究和开发所基于的基本理念，与传统的理念具有巨大差异。审计人员应积极适应理念的转变，研究和运用审计技术与方法，要明确审计技术与方法的研究和运用应始终围绕控制审计风险这一目标来进行，要研究审计技术与方法如何为全面的审计评价服务。四是要推进审计技术与方法的科学化、规范化、智能化和系统化。这要求我们从系统工程的角度研究审计技术与方法问题。这里，我们通过分析审计评价以探讨审计相关技术与方法问题。

（二）审计评价创新

审计评价是审计人员运用相关指标、依据相关标准对审计对象或相关要素进行分析判断，以得出相关结论的过程和活动。审计评价存在于审计的整个过程中，有多个评价环节和内容，其中公共管理效率的审计评价和管理审计评价是重要方面。

1. 公共管理效率的审计评价

公共受托责任理论认为，政府是社会提供公共物品的主要主体，依法拥有行政权并履行公共管理职能。政府受人民之托，管理经营公共资源和财富，所以政府必须对所经管的、社会公众托付的资源或财富使用的经济性和有效性负责。这是广泛存在于政府及其管理部门与社会公众之间的公共受托责任。公共受托责任的运行目的在于保证政府运作的有效性和高效率。

公共管理是一种管理模式，是公共组织对社会公共事务进行的管理活动。作为公共资金的提供者，社会公众关心资金的使用效果，各级政府及其公职人员须对公共资金使用的效果进行解释、说明，以解除其承担的公共受托责任。委托人和受托人对公共资金使用绩效的关注，使政府绩效评价成为公共受托责任的核心。

政府绩效审计因公共受托责任而产生与发展。公共受托经济责任关系是绩效审计的理论依据，也是推动绩效审计发展的直接动因和根本力量。政府绩效审计在国家权力委托代理关系中可以发挥较好的监督作用，是强化公共受托责任的控制机制，审计的目标正是界定和解除政府的公共受托责任，从而促进政府绩效的提高。

审计在公共管理中发挥的作用是公共受托责任的内在要求。政府公共部门作为受托人对公共事务进行管理，其使用的公共资源的使用效率、效果如何，应向公众有个清楚的交代。为此，需要有独立的部门对公共部门的管理效率进行评价，让公众了解公共部门是否高效率、低成本、负责任地运行。公众的这种需求正是政府绩效审计的目标和任务所在，换言之，政府绩效审计可以对公共管理效率进行评价，在公共管理效率评价中，绩效审计工作成为一种必要。公共部门绩效评估所关注的就是公共部门绩效审计所要注意的。

可见，审计与公共管理有着密切的联系。绩效审计是议会对审计机关的基本要求，是实现公共管理目标的重要手段和工具；而公共管理为审计提供了重要的政治、经济和社会环境，审计在这个管理大环境中不断发展，反过来又可以影响这个环境，两者相互影响、相互促进。

公共管理绩效主要反映的是政府绩效，包括各级公共部门在社会经济管理活动中的业绩、效果和效率。尽管公共管理绩效评价已有较长的历史，但作为一种方法还不甚完善，不少学者也发现了绩效评价的不足和局限性。而绩效审计可以在公共管理绩效（效率）评价方面弥补其他测评方法的不足，体现其评价优势。

绩效审计评价的优势主要表现在以下几方面。

第一，可以解除公共受托经济责任。人民将各项公共资源委托于政府，并要求以最经济和最有效的方法来使用和管理各项资源，绩效审计可以在一定程度上维护人民群众的根本利益。绩效审计作为有效提高政府绩效的动力工具，它要求公共部门的支出必须合法、合理，有效利用资源，使其达到预期结果，要求决策制定者应为自己作出的决策负责。因此，政府绩效审计在促进政府履行其公共受托责任方面起着不可或缺的作用，通过绩效评估有助于实现和落实公共受托责任，有助于提高公共服务的质量和效率。

第二，审计进行公共管理效率评价具有较强的独立性、权威性和公正性。独立性是审计监督的最本质特征，是区别于其他经济监督的关键所在，也是保证审计工作顺利进行的必要条件。独立性特征成为国家最高审计机关参与"以绩效为基础的管理"的绩效测评的必备条件。权威性是保证有效行使审计权的客观要求。各国法律对实行审计制度、建立审计机关以及审计机构的地位和权力都做了明确规定，赋予其具有法律效力的权威性。审计的公正性，反映了审计工作的基本要求。审计人员理应站在第三者的立场上，进行实事求是的检查，进行不带任何偏见、符合客观实际的判断，作出公正的评价和处理，以正确确定或解除被审计人的经济责任。审计的独立性、权威性及公正性特征，使得审计有别于其他经济管理活动、非经济监督活动以及其他专业性经济监督活动。因此，对公共管理效率进行审计评价，能够保证评价结果客观公正。

第三，具备完善的评价标准与指标体系。这有助于政府部门改进管理，提高公共服务的绩效，履行公共受托责任。

第四，具备结构合理的审计人员。各国政府审计组织中从事绩效审计的人员结构呈现多元化趋势，除会计师、审计师外，还有经济师、律师、工程师、数学家、电子计算机专家等各类专业人才，这为其在更广泛的领域内开展公共管理效率审计评价提供了人员保证。

公共管理效率审计评价需要遵循特定原则和标准。首先，评价标准的确定原则。公共管理效率审计评价标准的确定，应遵循四个原则：一是相关性原则，它是指评价标准应与具体审计目标相关。审计评价标准要能对公共管理效率的实现程度进行评价，并且保证绩效审计提供的信息有助于作出正确决策。审计人员应针对各具体公共管理目标选择相应的评价标准。二是可操作性原则，它是指审计评价标准必须简明、具体、易懂，便于审计人员进行分析，易于判断被审计对象绩效的好坏，有助于信息使用者的理解。三是科学性原则，它是指审计评价标准的内容必须科学合理，以准确反映审计对象的真实情况。四是可获得性原则，它是指评价标准所涉及的数据应易于取得，符合成本效益原则。

最后，公共管理效率审计评价标准是一个完整体系。从不同角度分析，公共管理效率审计评价标准的具体内容有所不同。一是从公共管理效率评价标准的性质角度分析。评价标准是进行公共管理效率审计的前提。在公共管理效率审计过程中，按评价标准的性质可以分为定性标准和定量标准。评价标准的性质不同，适用的取值基础也不相同。定性标准一般包括国家的各项方针和政策、法律法规和地方性法规。定量标准是依据统计数据，建立数学模型，并用数学模型计算出分析对象的各项指标及其数值的一种方法。它以财务指标值、技术指标值及社会经济指标值作为基础，并将这些指标与预算标准、历史标准和外部标准进行对比，从而得出评价结论。二是从公共管理的内容构成角度分析。如果用公式表达效率概念，则是：效率＝收益／投入。公共管理的内容呈多元化，根据公共管理的内容，并按定性和定量标准将公共管理效率审计评价标准分为四个方面。第一个方面，公共政策效率审计标准。公共政策效率是衡量政策取得的效果所表现出的政策资源的数量，它通常表现为政策投入与政策效果之间的比例。因此，对政策效率审计的标准主要包含政策成本、单项政策的投入产出、政策的全部成本和总体产出。政策成本审计主要关注政府投入的资源数量，单项政策的投入主要关注如何以最小的政策成本达到政策目标，政策的全部成本和总体产出主要关注政策系统与社会整体系统的内在关系。第二个方面，财政效率审计标准。财政效率包括财政经济效率和财政社会效率。这里主要分析财政经济效率。财政经济效率的审计标准可分为宏观、中观和微观三个层面。宏观层面主要包括财政收入规模和财政支出规模。财政支出规模以财政支出占GDP国内生产总值的比重衡量，财政收入规模以财政收入占GDP国内生产总值比重来衡量。中观层面包括财政收入结构和财政支出结构。财政收入结构以各种收入来源占财政收入比重及各种收入来源制度安排的合理性衡量。财政支出结构以政府各项主要财政支出在总支出中所占比重衡量，其中以基础设施支出、科教文卫支出、支援农业支出和行政事业费支出所占的比重为重点进行对比分析。微观层面的公共管理效率表现为行政支出效率，可用以行政管理费支出占财政支出比重、行政人员占总人口比重、行政人员工资水平、行政技术先进性指标进行衡量。第三个方面，行政管理效率审计标准。行政管理效率审计需要审查管理方法和手段是否先进，主要选择定性标准，包括行政管理系统的合理程度，与社会环境是否协调，管理机制是否健全并发挥作用，管理工作是否制度化、规范化和科学化，行政管理流程是否通畅，人员的流动和信息的流动是否及时无阻，现代化管理手段是否最大限度地被引入和得到利用，综合社会效果与行政管理综合消耗的比例是否合理等。第四个方面，人力资源管理效率审计标准。公共部门人力资源管理是公共管理活动重要的内容之一。行政人员作为公共部门管理活动的决策者和执行者，其行为质量高低直接关系公共部门管理的效率。评价标准主要有：是否吸引有效率的劳动力，需要审查人才招聘方法和选拔标准、人力资源结构比例（各层次学历人员总数／实际人员总数）；对录用人才管理是否合理，需要审查人员的使用是否恰当、岗位责任制是否落实和执行、个人工作能力与其承担的业务工作量的配比是否合理；是否采取有效措施培育和保持有效率的劳动力，需要审查人员的教育培训是否及时和有保证，人事管理、考核、奖惩制度是否科学与合理。三是从公共管理效率涵盖的内容角度分析。从公共管理效率涵盖的内容角度分析，公共管理效率审计评价标准包括公共组织效率评价标准和公共配置效率评价标准，包括两个方面：第一，公共组织效率评价标准。由于组织目标的复杂性，衡量组织效率的指标应多样化。相关学者列出了一个囊括衡量组织效率的各种标准的详细清单，这些标准包括组织的目标、产出、资源获取情况以及内部活动等各个方面。对于公共管理部门组织效率的衡量，我们从该学者的组织效率标准清单中选取以下标准：总体有效性，成员的工作满意度，灵活性与适应性，计划和目标确定、达成目标的一致，共识、职责和范围的一致，管理层与他人的沟通能力，管理层完成任务的技巧，信息管理和沟通，对环境的利用，人力资源的价值，对训练和发展的重视，实现目标的重视等。第二，公共配置效率评价标准。公共配置是对公共资源的配置，主要体现在人、财、物三个方面。因此，公共配置效率的审计评价标准包括财政资金使用效率评价标准、人力资源使用效率评价标准和物的效率评价标准三个方面。财政资金使用效率评价标准包括预算差异，部门财政支出效率，项目支出效率，本部门总支出占总量的比重，行政经费占总经费的比重，各项目经费占总经费的比重；人力资源使用效率评价标准包括部门人员效率，项目工作人员效率，各项作业所用人数和不同作业所用人数的比率；物的效率评价标准包括各职能部门资产效率，各项作业所用固定资产和不同作业所用固定资产的比率。

公共管理效率审计评价方式包括两个：一是组织效率审计评价方法。组织效率评价标准属于定性标准，因此，对组织效率的评价可以采用定性研究法。定性研究则主要运用逻辑推理、历史比较等方法。逻辑推理是根据一系列的事实或论据，使用特定推理方法以得出结论的理性思维过程，其基本步骤是：收集整理相关资料。可以采用参与观察和深度访谈方法获得第一手资料，采用归纳法使其逐步由具体向抽象转化；依据公共管理效率定性评价标准，分析公共管理部门的效率状况。在该过程中，可以聘请相关专家进行评估；对各项指标评价计分；计算管理效率评价分值，形成评价结果。历史比较法是对公共管理组织效率进行纵向比较，将逻辑推理得出的评价结果与基期效率进行比较，分析组织效率变动的原因，以提出改进建议与措施。二是配置效率审计评价方法。配置效率属于定量标准，根据效率公式定义及公共管理效率指标体系，对配置效率进行定量分析可以采用投入产出法，具体包括成本二效益分析法、生产函数法和模糊数学法等。成本一效益分析法。它是将一定时期内项目的总成本与总效益进行对比分析的一种方法，通过多个预选方案的成本效益分析，选择最优支出方案。该方法适用于成本和收益都能准确计量的项目评价，如公共工程项目等。生产函数法是通过生产函数的确定，明确产出与投入之间的函数关系，借以说明投入产出水平即经济效益水平的一种方法。模糊数学法是采用模糊数学建立模型，对效率进行综合评价的方法，将模糊的、难以进行比较与判断的效率指标之间的模糊关系进行多层次综合评价计算，从而明确各单位综合效率的优劣。此外，对于成本易于计算而产出不易计量的支出项目，可采用最低成本法，即最低费用选择法。该方法只计算项目的有形成本，在产出既定的条件下分析其成本费用的高低，以成本最低为原则确定最优的支出项目。

2. 管理审计评价

严格来说，管理审计的对象既包括公共管理活动，也包括企业经营管理活动，这里我们只分析企业经营管理活动问题，而且局限于评价指标方面。

管理审计评价指标设计需要有科学思路。管理审计与经济效益审计、经营审计是三个相互联系的概念，它们各有重点，适用性有所不同，且名词的提法也不尽统一，但是核心都是以经营管理活动为对象，以提高经济效益为目的。管理审计的主要目标是鉴证与评价管理活动的效率性、效果性和经济性。效果性强调经营管理的目标实现没有而不管是如何实现的；效率性则要求明确目标是如何达到的，是否采取各种有效方法、程序和技术使成本对产出价值的比例达到最小；经济性是指在一个较长时间内从取得利润角度出发，有效果和效率地使用资源。效果性体现管理结果，效率性体现管理过程，而经济性则既体现管理结果又体现管理过程。可见，管理审计的目标实际是合理鉴证企业管理活动的过程和结果。

管理过程是资源配置过程，每一层次的管理主体，从企业最高管理层到部门经理再到每个岗位，都在自己的职权范围内进行资源配置以实现各自的管理目标。这种资源配置是一个过程，同时，实现同一管理结果可能存在多种资源配置方案，受托人的责任就是寻找和选择最佳资源配置方案，以最低的成本实现自身最优的管理结果。

管理结果则是委托人对受托人资源使用的最终期望。委托人将资源托付给受托人之后，希望受托人使用这些资源来达到一种理想结果。组织内部存在着一个委托受托关系体系，所以每一层次的受托方，从企业最高管理当局到各个部门经理直至每个具体作业岗位，都是某个层次的管理主体，所以，都应有各自合理界定的管理结果。

要验证管理审计目标的实现程度,则需要设计管理审计的评价指标。设计管理审计评价指标可从企业管理过程及其结果两个层面上考虑,即所设计的管理审计评价指标体系需要着眼于鉴证与评价被审计者管理过程与管理结果的客观真实情况。

根据系统理论,管理结果既包括整体意义或大系统意义上的含义,也包含具体意义或子系统意义上的概念。所以,结果层面的管理审计评价指标可从此两个方面设计。首先,整体管理结果审计评价指标。整体管理结果体现企业经营管理活动的效果性,其审计评价指标可由一组财务和非财务指标构成。因为财务指标所反映的财务责任是管理审计评价中重要的组成部分,它是企业管理的最终责任的根本和直观的表现形式。从企业内外部各方利益相关者来说,他们要实现各自对企业的要求权,财务责任是基础和源泉,没有它,利益分享则无法进行。所以,财务责任是企业营造的可供分配的利益总额。另外,从财务责任的产生来说,它并不仅仅是财务部门的责任,还包括企业全体员工的责任。企业全体员工都是管理者,都在各自的权责范围内进行资源配置,资源配置必然会产生资金运动,而资金运动必然会影响企业财务状况和财务成果。企业全体员工在各自权责范围内进行资源配置所形成的对企业财务状况和财务成果的影响之和就是企业总的财务状况和财务成果,也就是企业的财务责任。财务责任是企业各方管理者共同努力的结果,具有综合性。因此,整体管理结果的效果性可以用若干财务指标和非财务指标来判断,可将其作为整体管理结果审计评价指标的主要组成部分。企业整体管理结果审计评价指标反映了企业整体管理水平。但是,在具体企业运用中还应该结合实际情况,根据公司是否上市、行业特点、资产规模等进行调整。一是评价企业整体管理水平和管理能力的指标。这类指标应该能够用于评价企业整体管理水平和管理能力的高低,可包括管理人员的技术水平、管理机构的健全程度、企业高级管理层能力和企业整体技术装备水平等。另外还应该将其每项指标划分为各种要素,并采用专家评分法加以量化,通过比较以评价企业整体管理水平和能力的高低。二是评价企业经营管理安全程度的指标。企业应降低或减少经营风险,因而对企业经营安全程度加以评价也是管理审计的重要内容之一。这方面的评价应该考虑下述几个指标:保本作业率,用以衡量企业的经营风险的大小;安全边际率和经营杠杆率,用以说明企业发生亏损的可能性和生产经营的安全性;市场占有率,用以反映企业的市场发展和开拓能力,判断企业当前的总体经营管理能力。三是评价企业偿债能力的指标。负债是每个企业重要的融资手段,而偿债能力的高低则是反映企业经济效益和整体管理实力的重要指标。因此,要对企业偿债能力进行评价,这部分评价指标应从短期偿债能力和长期偿债能力两个方面来设置,具体包括资产负债率、流动比率、现金流动负债比率等。四是评价企业营运能力的指标。评价企业营运能力是为了衡量企业营运资产的效率与效益。对一个企业来说,其自身营运能力的高低,必将对其整体经济效益能否持续增长形成至关重要的影响。因此,通过营运能力评价指标,可以评价企业经济效益的高低。企业营运能力的评价着重从企业对资源利用的角度进行,可以设置两类指标:一类是人力资源的技术构成指标和人力资源的工作效率指标。前者有专业技术职称结构、学历结构等指标,后者有劳动效率指标,即企业销售净额与平均职工人数的比率，该比率越大，说明工作效率越高；反之则效率越低。另一类是经济资源管理能力评价指标。企业拥有或控制经济资源营运能力的大小，集中体现于各项资产特别是流动资产和固定资产对企业效益实现与不断增长的贡献程度。因而，主要应设置如下具体指标：固定资产有效利用率，即实际使用固定资产与全部固定资产的比率。在实际操作中，必须先对固定资产的技术性能进行测定，对目前正常运转的固定资产进行考核；流动资产周转率，该指标反映企业流动资产的周转速度，是企业流动资产营运能力大小的具体体现；资产优化率，该指标的大小，反映了企业资产管理水平的高低。周转速度越快，则资产管理的水平越高，企业后续经营能力与风险抗御能力越强。五是评价企业获利能力的指标。企业获利能力指企业获取利润和收益的能力，它是企业经营管理业绩的直接体现。企业从事经营活动，其直接目的是最大限度地赚取利润并维持企业持续稳定地经营与发展。持续稳定地经营与发展是获取利润的基础；而最大限度地获取利润又是企业持续稳定发展的目的和保证。只有在不断获取利润的基础上，企业才可能发展。因此，获利能力是企业改进管理的突破口。该类指标主要应该包括加权平均净资产收益率、主营业务利润率、总资产利润率、盈利现金倍数和成本费用利润率等。六是评价企业成长能力的指标。企业成长能力反映企业管理理念和战略的合理性和有效性、经营业务范围的恰当性等，应将其作为整体管理结果评价指标的一部分。该部分评价指标主要包括主营业务增长率、资本扩张率和新产品开发率等指标。七是评价企业社会贡献能力的指标。企业的社会贡献能力从一定程度上反映了企业的管理理念和管理思想，这类指标也应作为企业整体管理结果评价不可或缺的部分。该部分的评价指标主要有客户满意度、污染控制能力、对社会发展的影响等。

除上述评价体系所包含的指标外，在审计过程中，应具体分析被审计对象的实际情况及审计范围，灵活运用和选择评价指标，以使对整体管理结果的审计评价结论更加科学、合理和准确。另外，还应将这些指标作为一个整体加以运用，单个指标不能独立进行审计评价，因为单个评价指标只反映企业整体管理结果的某个层次或某一个侧面的具体表现，其结果具有片面性、分散性；同时，每个评价指标都具有不同的计量属性与方法，虽然指标数值是数量化的，但就其本身来说，综合性较差。所以，整体管理结果综合审计评价是非常必要的。综合审计评价就是将单个评价指标运用科学的方法分别确定指标权重，在此基础上，采用一定方法将各评价指标反映的被评价对象的信息综合成为合理客观的综合评价值，以从整体上对被评价对象的发展状况和相对发展程度作出综合评价，从而全面、客观地对整体管理结果作出审计评价。但是由于各个企业管理理念和管理特点的不同，而且毕竟管理审计与业绩评价是有所差异的，所以绝对地为这些标准预先设定权重是不恰当的，这种权重的设定应根据企业的行业特点以及企业特点进行设立和调整。

其次，子系统管理结果审计评价指标。企业一般按照主要职能的不同在企业内部设立不同部门，凡同一性质的工作都归属于同一部门，由该部门全权负责该项职能的执行。这样每一个部门就构成了企业这个大系统的一个子系统。企业每个部门都是企业子系统，企业整体正是这些子系统的耦合。对子系统的管理审计主要以企业的各管理部门的管理活动为审计对象，通过审查评价各个管理子系统的管理职能的发挥程度、子系统的管理状况，可以发现企业子系统层面存在的问题和薄弱环节，发现影响企业经济效益的因素，以提出改进意见。与前述整体管理结果审计评价指标比较，这一层面的评价指标是系统管理结果的数量化体现，但也是一个复合性指标，而不是单个指标或标准；同时，由于不同管理系统的管理结果不同，评价指标具体内容是不同的。

子系统管理结果审计评价指标的设计也可从评价管理责任的角度来设计，在此以会计管理这一子系统作为研究对象来研究其评价指标的设计。

一是子系统要素分析。对子系统管理结果审计评价时，首先要综合分析以下几方面因素：第一，该子系统的主要职能。在对子系统建立管理审计评价指标时，应明确被审计子系统的功能定位，即本系统主要做什么，在企业中发挥什么作用？会计管理系统的主要职能是正确确认、计量、记录和报告会计信息，以有助于有关各方了解企业财务状况、经营成果和现金流量，有助于考核企业领导人经济责任的履行情况，有助于企业内部管理当局加强经营管理。第二，子系统员工构成及岗位责任情况。前者指本系统员工的相关情况，包括员工数量、员工技能水平、经验和知识结构等内容。对于会计系统，应了解其各员工的职业素质等；后者指财产所有者赋予该系统各岗位的经营管理责任，如会计部门负责会计信息的计量、确认、记录和报告等工作，各个岗位应及时正确地履行其职责。第三，子系统外部环境，即本子系统所面临的环境是确定性的还是处于变动中的，同时也包括本系统员工作业环境的其他因素。对于会计系统，应了解其是否受到管理当局的重视、会计人员是否经常发生变动、在处理经济业务的过程中是否遇到管理当局的异常压力等。

二是设置审计评价指标和指标权重。在对子系统功能、构成与职责等进行分析后，应据此形成其管理结果审计评价指标；同时，根据评价指标在本系统中的重要程度，确定其权重，反映单个指标在系统中的作用大小。在管理审计工作中，要将每个系统划分为若干工作岗位，分别为其建立基本的管理结果评价指标，并对岗位进行评价。

三是确定评价基准。上述指标值单独无法判断其优劣，在审计过程中，应将其与建立的指标基准值进行比较，这里的基准包括计划基准，即以系统内计划水平作为评价指标；相似基准，即以与企业本系统条件有较多共同之处或相似之处的单位的该系统管理结果指标水平作为评价指标；先进基准，即以同行业先进管理结果指标水平作为评价指标。基准的选择需要审计主体根据具体情况作出选择和判断。审计人员将有关子系统管理水平与评价基准相对比，以反映其在该项结果指标上的管理水平的高低与优劣。

四是审计评价值的计算与比较。根据单项指标的实际值并考虑其在全部指标中的权重计算求得该系统管理结果的审计评价值，然后将其与基准值对比以评价该系统管理的综合结果。

对于过程层面的管理审计评价指标，也需要进行科学设计。设计管理过程的审计评价指标也是必要的。评价指标构成了控制过程的基础对管理责任履行情况，一方面要对管理结果进行评价，另一方面要对实现该管理结果的管理过程进行评价。如通过企业的净资产收益率可以评价企业的管理成果，但是这种成果是否以牺牲企业的长期利益为代价，这就需要通过有关指标评价这一结果的取得过程。如果不对管理过程进行审计评价，那么管理结果得不到印证。

审计人员对管理过程的评价主要通过定性指标来进行。这一定性指标概括讲就是被审计者制定与遵循有关业务规范情况。管理过程的业务规范包括管理过程原则与概念、管理过程操作指南和管理过程操作规范三个层次。第一层次是管理过程基本原则与概念。它是整体管理过程和子系统管理过程的概念结构体系。管理过程基本原则和概念结构的主要功能是指导管理过程指南的建立。因为管理过程的原则与概念是管理的基本要素，正如会计假设和会计原则在会计规范体系中的作用一样，它们保证了管理过程的原则和概念含义的统一，虽然财务管理形成了不同学派，各自具有不同理念和思想，但是其基本原则和概念的内涵是一致的。审计人员应考核与评价被审计者对其界定与遵循情况。第二层次是管理过程基本规则。管理过程操作指南是以管理过程原则和基本概念结构为基础，结合行业特点制定的一套规范管理过程的基本程序、方法与要求等，包括整体管理过程、子系统管理过程以及具体岗位管理过程的规则。它应既反映行业特点，又要体现管理过程原则和概念要求。审计人员应考核与评价被审计者对其制定与遵循情况。第三层次是管理过程的操作指南。管理过程的操作指南是以管理过程的基本规则为基础，结合企业和单位的实际情况而制定的规范管理过程的具体操作办法，它既体现了过程管理规则的要求，又结合了企业管理的内容与特点，且具有较强的可操作性。审计人员应考核与评价被审计者对其制定与执行情况。上述三个层次是一个从抽象到具体的层次结构，上一层次内容统帅下一层次内容；同时，下一层次内容又要体现上一层次内容的基本要求。

审计人员在进行管理过程审计评价时，首先要评价管理过程是否符合管理过程的基本原则；在此基础上，再评价管理过程的基本规则以及具体操作规范是否得到遵循；然后再对企业管理过程发表审计评价意见，即对被审计单位各管理过程是否符合管理标准发表意见。

为了正确评价管理过程符合规范的程度，可以进行优劣等级判断，可以采取先明细、后综合的方法，即先对管理过程操作指南中的各明细要素进行调查取证和分析研究，判断得出有关具体指标的"优""良""中""差"和"无"等级，其中前四个等级分别表示对一项明细指标值的界定，"无"则表示企业对于该项具体指标未做任何工作。这五个等级可对应5、4、3、2、0五个分值，各个指标的平均值即是综合指标值，这一结果即是对某管理过程进行审计的具体评价结论。

综上所述，管理审计既要运用结果层面上的评价指标评价企业管理结果，还要运用过程层面上的评价指标评价企业的管理过程，这就涉及两个层面上的管理审计评价指标以满足工作需要。在实际工作中还必须恰当处理好两个层面评价指标的综合运用问题。

第二节　我国审计制度运行环境的优化

完善的社会主义审计制度需要优化其运行环境，以期增强其实际运行效果。运行环境分内部环境和外部环境。内部环境方面，要首先树立科学的审计理念。如通过持续的宣传教育，逐步提高审计人员的法律意识、质量意识和风险意识，把依法规范审计行为作为确保审计工作效果和质量的出发点。其次，建立健全各项审计制度实施与落实责任制。这看似本身就是审计制度的责任制，其实是保证相对宏观的审计制度能够得到执行的一种责任意识和措施。

外部环境方面，需要通过舆论宣传，提倡被审计单位要从大局出发，大力支持、配合审计工作，积极完善组织领导，加强协调配合，自觉接受审计监督，努力为审计工作的深入开展创造良好的社会环境；需要实行同业互查，完善监督体系。实行同业互查是保证审计独立性和提高审计质量的重要举措之一。

这里，我们围绕注册会计师行业自律监管模式分析其如何优化运行的内部环境和外部环境。

一、内部环境

财政部门是注册会计师行业的行政监管部门，中国注册会计师协会应是注册会计师行业的业务主管机构。按照独立、客观、公正的基本原则，中国注册会计师协会首先应是独立于政府部门的职业组织，其人员配备应主要由会员选举产生，在此基础上充实力量，健全制度，强化监管，做好服务，优化自律监管模式运行的环境与条件。

（一）注册会计师协会内部管理

加强行业协会建设，以适应注册会计师行业改革和发展的需要。要按照市场经济运作规则，理顺管理权限，完善协会的组织机构建设，本着效率、合理、精干的原则配备协会领导班子，把懂专业、会管理、年富力强、有事业心的干部充实到协会，建立起政治过硬、道德水平高、专业精通的协会工作队伍，同时要建立和完善行业协会的专业委员会制，并从组织上、人力上加强行业监管力量。

加强职业组织建设，完善行业自律管理机制要改革协会现行的组织结构，强化决策机构对协会工作的及时监督与指导，并注意扩大执业人员在理事会中的比重。要建立各类专业委员会、研究会及特别委员会，充分发挥有关专家及协会成员在日常决策及监管中的重要作用。协会应当建立涉及纪律、调查、执业责任鉴定、注册、考试、审计准则、职业道德、职业教育等在内的各类专业委员会，其中应当注意聘请有声望并热心协会工作的有关专家及注册会计师作为委员会的成员，让他们积极参与各项调研、咨询和参谋，为决策机构的重大决策提供重要依据。

作为行业自律组织，中国注册会计师协会应逐步从挂靠的行政机关中独立出去。其本职工作是，严格执业资格管理，推行执业道德，有科学的培训计划，加强管辖范围内的执业质量调查与惩戒工作，督促注册会计师公正执业，促使本组织成员为社会提供更高质量的职业服务。中国注册会计师协会和各地注册会计师协会为更好地实施行业自律，必须健全行业自律组织体系，建立会员大会、理事会、秘书处三方面相互制衡的内部治理体系。要建设一个强有力的理事会，扩大执业人员在理事会中的比重，完善理事会的议事规则，发挥理事会对行业重大问题的决策功能，指导行业的发展。尽快建立并完善相应的专门委员会和专业委员会，以利于行业进行自律管理。协会秘书处要适应职能转换和自律管理体制建设的需要，加强自身建设。

行业协会要做好自律管理职能，必须大力推进行业自律管理体制建设，重点应围绕以下几个方面进行：一是自律功能建设，建立一个以会员为中心的完整的行业自律管理和服务职能体系，切实履行相关法律赋予的职责。二是自律组织建设，建立和完善会员代表大会、理事会和专门委员会为主体的自律管理组织机构及其工作制度和规则，使协会工作能够充分体现行业发展要求和行业整体意愿，增强协会自我管理的功能，为行业的健康发展提供有效的自律组织保障。三是协会秘书处建设。要将其建设成会员实现行业自律管理的有效通道和平台，要将其建设成适应理事会、专门委员会工作要求的高效运转的办事机构。

1. 理顺体制，分清责任

中国注册会计师协会作为我国注册会计师的全国组织，应是一个不具有政府行政职能的民间职业组织。其与财政部门的关系是指导与被指导、监督与被监督的关系，而不是领导与被领导的关系。财政部门对注册会计师行业的行政监管与中国注册会计师协会对注册会计师行业的自律监管是相辅相成、相互配合、优势互补的关系，其目的都为了促进注册会计师行业的健康发展，最终目标也都是为了维护社会公众利益。在此基础上，应分清两者的监管责任：注册会计师协会负责拟定并落实准则，指导、督促注册会计师公正执业，为会员提供专业支持和法律援助等。财政部门负责会计师事务所的批准设立、对会计师事务所和注册会计师的执业情况进行监督检查和行政处罚，同时监督注册会计师协会行业自律监管职责的履行情况。当会计师事务所和注册会计师出现执业质量问题时，财政部门和注册会计师协会应承担监管责任和连带责任。

2. 健全制度，强化监管

对此，应处理好四个方面的问题：第一，中国注册会计师协会和各地注册会计师协会首先应完善自身自律体制建设，建立会员大会、理事会、秘书处三方相互制衡的内部治理体系。中国注册会计师协会对省注册会计师协会实行垂直一元化业务领导，自上至下设立监管部门，建立有效的监管制度。第二，拟定行业规范并敦促执行。财政部门利用行政手段监督会计师事务所和注册会计师执行行业规范，协会通过制定行业规则监督事务所与注册会计师遵循行业规范。第三，实行同业互查制度，各省注册会计师协会成立统一要求统一标准的同业互查组，成员主要由非执业会员构成。利用非执业会员的力量进行同业互查，一方面可缓解我国现有注册会计师力量的不足，另一方面非执业会员具有更强的独立性。关键问题是如何选拔优秀的非执业会员，并调动非执业会员的积极性。一方面由非执业会员个人提出申请，协会通过考试、考查选取品学兼优的非执业会员，另一方面应给予非执业会员适当的待遇让其心甘情愿投入这一工作，同时建立非执业会员工作及诚信档案，作为将来申请注册会计师证书的依据。或者把同业互查作为非执业会员后续教育的必修课，省注册会计师协会监管部门根据会员的表现给出不同考核成绩，作为抵充后续教育学时的依据；当然这种做法的前提是要有规范的后续教育实施制度，如果后续教育本身流于形式，这种方式将无法操作。第四，尽快制定会计师事务所执业质量检查制度；进一步严格对执业注册会计师的审查制度、年检制度；完善行业业务报备制度、谈话提醒制度、惩戒制度；建立注册会计师与事务所诚信档案；完善后续教育制度，加大后续教育执行力度。

3. 严格考试，选拔人员

为此大力引进优秀人才，充实监管力量乃当务之急，应通过考试选拔各级注册会计师协会监管人员。我们知道，注册会计师必须通过五门课程的严格考试且从事审计工作两年以上方能申请，对注册会计师行业的监管人员应有更高的要求。为此建议：应尽快制定注册会计师行业监管人员考试办法，明确考试科目，组织全国性考试，选拔优秀监管人才。

注册会计师考试为选拔人才充实注册会计师队伍发挥了很大的作用，但也存在一些值得探讨或改进的方面。第一，可逐步提高注册会计师资格考生的学历要求。目前我国要求资格考生具有大专以上的学历，这个标准偏低。注册会计师行业是一个知识密集型的行业，作为一名注册会计师所应具备的知识和技能，我们在前面已经做了分析，如果资格考生在参加注册会计师考试之前，没有系统地学习过会计、审计等专业知识，知识结构不完善，仅靠突击性学习或复习参加考试，即使考试过关，他们的专业知识和综合运用能力也是捉襟见肘，难以应付复杂多变的审计业务。因此，将注册会计师资格考生的学历从大专提高到本科，并适当要求考生具有一定的会计教育背景。第二，应逐步完善考试内容。我国注册会计师的考试内容稍嫌狭窄。从目前我国注册会计师考试科目的设置和内容安排上看，基本上符合我国会计师执业的需要。但随着市场经济的发展，注册会计师的服务对象将由单个企业扩大到企业集团，由国内企业扩大到国外企业，其服务内容也将由单一的审计扩大到会计咨询、资产评估、税务规划、代理记账等多种业务，这就要求注册会计师不仅要掌握财务会计的理论与实务，还要能了解管理会计、非盈利会计、政府会计、国际会计、外国税制等内容。因此，应不断地补充注册会计师考试的内容，使其不仅满足于现实的需要，还要有一定的超前性。目前我国的注册会计师考试应增补管理会计、非盈利会计等内容。另外，在会计和审计科目中，应随时吸纳新的会计准则和独立审计准则的内容。总之，要随着职业服务市场的发展和职业技术进步不断修订注册会计师执业资格考试的课程体系与内容，使之充分反映前两者的发展。第三，可增加考试的层次。目前，我国的注册会计师考试每年实行一次、一个层次的考试，这在考试实施不久、考试科目内容变化更新比较快的情况下是适当的。但随着考试的规范化和制度化，以及学科内容基本趋于完善稳定，每年可增加一次考试，以满足考生的不同参考需求。同时，在报考条件提高后，对于不符合学历条件的考生可实行分次考试，采取两次不同层次的考试制度。第一次考试的目的是判断考生是否具有规定学历的知识，第二次考试是专业知识测试。另外，对于执行特殊业务的注册会计师还要进行更高层次的资格考试，如对执行证券业务、金融业务、跨国公司等业务的注册会计师要实行专项考试，逐步实现注册会计师考试的层次性和多样性。第四，考试命题应有明确的导向。考试首先应在突出重点的情况下全面考核，测试考生是否具备了成为一个执业会计师的基本知识。考试不应仅仅测试考生对书本知识的记忆情况，而应重视测试考生对知识的理解、应用和职业判断能力，综合考察考生分析问题和解决问题的能力，即测试考生是否具备成为一个注册会计师的基本执业能力和较强的综合分析能力。同时，考试还应重视对新知识、新内容的测试。信息时代知识更新特别快，一名合格的注册会计师必须坚持终生学习。不断关注和掌握新知识，有较强的知识更新能力，是对注册会计师在市场经济条件下不因技术不断变革而落后的基本素质要求之一。

4. 做好服务，协调矛盾

注册会计师协会应加大处罚透明度，在处罚前，应给注册会计师和会计师事务所一个书面通知，列出处罚理由，举出处罚证据，给予注册会计师和会计师事务所申辩的机会并允许其上诉。各级注册会计师协会通过监管发现问题后，应及时指导会计师事务所和注册会计师改进，其监管目的应是帮助注册会计师提高执业质量，降低执业风险。做好个人会员与团体会员的日常服务工作，协调矛盾，解决纠纷，及时向政府部门、立法机构反映会员呼声，真正成为会员的核心组织。

健全协会自律组织体系，及早建立相应的自律委员会当前，我们首要的任务是尽快研究建立相应的专门委员会和专业委员会，如在行业协会发挥执业标准制定、职业道德管理、投诉举报和案件的受理调查、执业质量检查指导、违规行为惩戒等功能方面建立相应的专门委员会，在上市公司、中小企业审计和评估等专业领域，建立相应的专业委员会等。同时，还要研究制定各个委员会的工作规则和工作程序，以使各委员会能够有效地开展工作。通过这些专门委员会和专业委员会，一方面可以真正实现对行业、对会员的自律管理，另一方面，可以为会员执业活动提供研究、咨询和指导服务，同时也为会员参与行业自律管理提供了一个重要通道。

首先，制定全国统一的审计服务收费标准的指导价。目前我国注册会计师审计收费标准是由各省级财政部门会同同级物价管理部门制定的，注册会计师审计收费的标准各地不一，全国没有一个统一的注册会计师审计收费标准。应该以协会、物价部门为主体，财政部门适当介入的方式，制定全国统一的审计服务收费标准的指导价。

具体做法解释如下：第一，以审计工作小时为基本依据制定审计服务收费标准的指导价。一般而言，公司规模、业务复杂程度、审计风险等都与审计工作小时密切相关，因此，我国注册会计师协会、物价部门和财政监管部门可以考虑以审计工作小时为基本依据来制定全国统一的审计收费标准的指导价。第二，审计服务收费标准的指导价是审计服务收费的下限。审计服务收费标准的指导价是最低限价，与市场调节相结合，给予较大的浮动幅度。这样，就可以在一定程度上解决我国审计收费总体上偏低，或有收费现象严重的问题。第三，制定不同级别审计人员的小时收费标准的指导价。按审计质量，将主任会计师、副主任会计师、高级专家、部门经理、项目经理、注册会计师、一般会计师划分级别，制定不同级别审计人员的小时收费标准的指导价。第四，合理体现地区差价。鉴于我国地域辽阔及各地区经济发展的差异，在制定全国统一的收费标准的指导价时，还应体现出合理的地区差价。

其次，设立"审计收费监管委员会"，改革审计委托模式。针对目前审计委托人和被审计人合一，注册会计师容易被上市公司管理层重金收买、出具虚假的审计报告的现象，建议在财政部设立"审计收费监管委员会"，作为审计委托关系中独立的第四方。由国家监管部门制定相应的制度，将上市公司的财务报表审计委托权由上市公司转移到"审计收费监管委员会"。同时，制定上市公司财务报表审计的招投标制度。

"审计收费监管委员会"的具体工作包括：

①接受上市公司委托聘任合适的会计师事务所，并按照相关主管机关批准的收费标准向上市公司收取审计费用和手续费。上市公司交给该委员会的审计费用由中标的会计师事务所根据公司的规模、销售收入、财务状况和所处行业会计处理的复杂程度等多方面因素，事先预测出工作量和不同级别审计人员的配备需要，并根据不同级别人员的小时收费标准，来决定最终的审计费用。

②"审计收费监管委员会"在充分考虑会计师事务所执业质量、执业能力和执业记录等因素的基础上，采用公开招标的方式决定上市公司财务报表由哪家会计师事务所审计并签订契约，接受注册会计师出具的审计报告并向社会公布、支付审计费用，将审计报告转交给上市公司。

最后，强化审计收费信息披露制度。中国证监会要求上市公司披露审计费用，但许多上市公司在审计费用披露方面仍不规范，无法让利益相关者取得有用信息。第一，少数上市公司拒不披露审计费用，被迫之下才发表年报补充公告；第二，披露信息不完整。如对中期解聘的会计师事务所支付的费用，没有披露，只披露在年底接聘的会计师事务所支付的审计费用；第三，部分上市公司故意含糊不清，或者审计费、差旅费、咨询费混合在一起披露。

（二）会计师事务所内部治理

首先，规范组织模式。事务所的体制是影响审计质量的深层次的原因，会计师事务所组织形式的恰当选择是保证注册会计师行业执业质量的一个重要环节。会计师事务所要想有效地运转，向社会提供优质的审计服务，必须建立和保持符合事物发展规律的组织形式。

必须加强会计师事务所体制建设，积极推进有限责任事务所向合伙制经营方式过渡。实践证明，当前我国绝大多数事务所采取的有限责任组织形式，并不适合会计师事务所这一"人合"组织。在实际运作中，这种组织形式已经对事务所的内部决策、人事管理、利益分配等带来不同程度的负面影响。在推动事务所转型的过程中，要研究现有有限责任会计师事务所向合伙制过渡的合适途径和具体方案。在此同时要加强对主任会计师、发起人的变更管理，严格其思想素质和业务素质的考核。

从不同的合伙组织形式可以看出，虽然在不同的合伙形式中合伙人对于合伙企业债务所负的个人连带责任有不同的体现，但是合伙的本质并没有改变，都是一种由两个以上的合伙人共同出资运营一个组织的联合，负直接责任的合伙人的无限连带责任也未发生根本的转变。合伙制是国际注册会计师行业通行的组织形式。

从世界范围来看，规模比较大的会计师事务所的通用体制是合伙制。尽管在近些年来英美和中国香港等地已经允许有限合伙的存在，但这是建立在雄厚的风险基金之上的合伙制，其实质还是合伙制。这是注册会计师这一特殊行业对其体制的客观要求，因为没有承担无限责任这把利剑高悬在注册会计师的头上，就很难让社会公众相信注册会计师的独立、客观和公正，失去了社会的公信力，整个注册会计师行业就失去了存在的基础。

我国的《中华人民共和国注册会计师法》规定，事务所可采取有限责任公司和合伙制两种形式。这两种形式的事务所所承担的法律责任是不对等的，合伙所的合伙人是以其全部资产对事务所的债务承担无限连带责任，而有限责任事务所的出资人所负责任仅以其出资额为限。由于这两种组织形式所承担的法律责任存在很大的区别，前者重，后者轻，所以绝大部分的事务所选择了有限责任公司的形式。《中华人民共和国注册会计师法》规定有限责任事务所的最低注册资本为 30 万元，如此低的注册资本客观上不利于强化事务所的风险意识，不利于其提高执业质量，也不利于整个行业的长远发展。

完善会计师事务所的内部管理制度。由于会计师事务所是以人力资本为主的知识密集型服务行业，注册会计师的专业水平及工作态度将对事务所的发展起关键作用。因此，在事务所进行内部治理时，除了要有科学合理的组织结构，管理中更应突出以人为本的理念，使刚性的结构与柔性的理念相得益彰，这样才能使事务所显出勃勃生机。

合伙制事务所是中国的必然选择，但由于目前采用合伙制的事务所并不多，已有的合伙制事务所在管理上也存在较多的问题，面对国外事务所进入中国的严峻局面，中国会计师事务所应通过强化内部管理，积极应对，抓住机遇，迎接挑战。

目前，我国会计师事务所的内部人员主要由主任会计师、副主任会计师、部门经理、注册会计师、业务助理及其他工作人员构成。采用的是所长负责制和董事会（或管理委员会）领导下的主任会计师负责制。但这些人员在事务所内部的责任、权力划分不明确，即尚未建立合理的内部组织结构，因此，我们应建立明确的内部组织结构，按不同等级确定各自的责任、权力，并与其薪酬相挂钩，逐步形成主任会计师或首席合伙人领导，其他合伙人分工负责的管理体制。

建立一套完整的内部管理制度。事务所各方合伙人必须树立平等互利的观念，在管理和决策时，应沟通协商达成共识，共同有效的管理事务所。而这一切都是建立在对各合伙人的权利、责任、义务、利益有明确的制度保证和契约保证基础上的。在健全的制度保证下，所有合伙人及其他成员都必须承担合伙协议和事务所规章制度上规定的义务，在事务所内形成一个共同抵抗风险的责任体系。

我国目前已采用合伙制的会计师事务所，为了有效地规避风险，应建立一套完整的内部管理制度，合理划分合伙人之间的分工与责任，妥善解决合伙人与员工之间的矛盾，保证服务质量控制及合理地进行利益分配。这些制度应包括人事管理制度、财务管理制度、质量控制制度、民主管理制度等。

会计师事务所是以人力资源为主的知识密集型企业，内部管理主要是对人及人所作的工作进行管理，因此，事务所如果没有规范的人事管理制度，也就不可能有规范的财产管理、质量控制制度等，就无法激励合伙人的工作热情、留住优秀人才、保证服务质量、促进事务所的发展。在人事制度中，应形成各层次人员的责、权、利相结合的管理机制，妥善处理两个关系，即合伙人之间的关系和合伙人与员工之间的关系，并把这些内容在合伙章程及其他相关制度中明确规定。

在目前的合伙制事务所中，合伙人之间的矛盾比较突出。主要表现在利益分配、业务质量控制、员工聘用等方面，这都是由于人事制度不明确造成的。因此，在合伙人关系中，应强调以专业水平、职业道德、经验阅历、组织协调能力的高低，作为管理合伙人评选的首要条件，在重大问题决策中，应有明确的表决程序和通过标准。如吸收新人作为合伙人，是否要全体合伙人同意才能通过，还是只要过半数或三分之二合伙人同意就能通过，管理合伙人是否有一票否决权？在表决时，是按出资比例、业务量来确定投票数，还是按专业技术水平的高低来确定，或是单纯按人数来确定呢？这些都应该明确。另外，对入伙和退伙问题也应作出相关规定，尤其是对合伙人退休年龄的规定，由于注册会计师行业是知识密集型的行业，当合伙人到了一定年龄后，可能会出现力不从心的现象，如不退休就会引起其他合伙人的不满或争议。最后，还有合伙人之间的责任分工一定要明确，以免出现推诿或扯皮。如果这些没有在人事制度中明确，就会引发许多矛盾。

此外，许多事务所改制为合伙制后，许多员工普遍感到工作压力和强度大了，但收入却低了，怨声载道。因此，合伙制事务所应建立合理的人事管理制度，在人员聘用、工资福利与保险、培训与开发人才、考核与晋升等各个环节形成一套完善的制度，让努力工作的员工有希望成为合伙人，充分体现公正、公平、公开、激励的原则。只有这样，才能使高素质的人才留下来，减少事务所内部矛盾，加强整个事务所团结合作，目标一致，走上可持续发展道路。

但是，从我国注册会计师发展历史较短这一现实出发，我国也应当允许有限合伙的存在。因为在脱钩改制过程中产生的有限责任事务所，往往有合伙人和出资人两个层次，其中合伙人出资比例比较高，一般也都担负着事务所的管理工作，而出资人则一般级别较低，不参与事务所的管理。为了充分体现其责任的不同，可采取非普通合伙制来对其进行改造，将其注册为有限责任合伙或有限合伙。

对于会计报表使用者来说，有限合伙制的事务所的赔偿能力相对较低，因为非直接责任合伙人不必为直接责任合伙人负责，所以要求事务所购买足够的责任保险或提取高比例的风险基金。但从另一个角度讲，有限合伙制的普通合伙人的责任更大，因为一旦面临赔偿责任，有限合伙人的赔偿责任只限于其出资额，而普通合伙人必须对合伙企业的债务负完全连带个人责任。有限合伙制事务所在促进事务所提高执业质量、防范风险方面有着与合伙制事务所相类似的效果，但却比普通合伙制更能保护"无辜"的合伙人的利益。

事务所应根据自身的特点及不同的发展阶段来设置和调整组织结构。根据事务所的运行特征并参照国内外大中型事务所的组织机构的设置情况，事务所的组织机构的设计要遵循依据企业的规模、业务特征和发展目标，保证事务所内部信息通畅和控制有效的原则，具体的模式不是唯一的。

目前我国会计师事务所还有相当部分是有限责任制形式。有限责任制的组建成本比合伙制要高，但其造假成本显然比合伙制的造假成本要低几十倍甚至几百倍。有限责任制下，注册会计师与事务所承担的责任十分有限，所以审计师不讲信誉的代价很低，违规操作的可能性较大，不利于在社会公众中确立良好的职业服务形象。有限责任的形式与事务所所承担的社会责任和执业风险不相匹配，作为高执业风险的行业，如果它不能面向社会承担无限责任，它的职业道德和执业质量就失去了最根本的机制约束和保障。但是对于不成熟的中国独立审计行业来说，贸然推进事务所的合伙制改革也是不可取的。

其次，提高注册会计师市场准入的门槛。一要提高考生学历要求。提高注册会计师资格考试的报名门槛，将学历要求提高至本科层次，且必须有会计或相关专业的学分才能报考，这样可使许多其他专业的考生，想从事注册会计师职业，必须得修满一定的会计学或相关专业学分，从而为提高注册会计师整体素质奠定良好基础。二要增加注册会计师考试的广度和深度。在课程的设置上，有必要增加与事务所执业密切相关的课程，最应该增加的科目是审计与内部控制，然后是战略财务管理和高级税务。目前的考试试题与实务联系不足，命题人应由经验丰富的实务工作者与高校或研究所的专家共同组成。强调考生会计理论和相关知识体系的建立，以及执业能力的培养。

从世界范围看，事务所内部的组织结构通常以直线制结构为主。这种结构一般有四个层次：合伙人、经理、高级审计人员或督导人员、助理人员或实习生。各个层次之间保持比较固定的人员比例，每个层次承担不同的责任。合伙人负责处理上层客户关系，审核审计工作，签署审计报告，批复向客户的收款单，对与审计报告有关的一切事项负最终责任。经理人员的责任包括与客户直接联系，对审计业务进行直接的监督，解决审计过程中出现的问题，对审计工作进行详细的审核，向客户发收款单等。高级审计人员的责任是直接负责审计工作的计划和执行，分派、督导和检查助理人员的工作，汇总审计工作底稿，编写阶段总结等。助理人员负责计划部分审计工作，直接负责被分派的审计任务的外勤工作，包括在适当的时候对所做的每部分工作发表意见。

每一层次的人员只有经过严格的资格考核，具备规定的工作年限后，才能晋升到上一级。如合伙人必须是注册会计师或具有相应的资格，一般至少具有十年的审计经验；经理也必须是注册会计师或具有相应的水平，通常应具有五年至十年的审计经验；高级审计人员应具备注册会计师或相应资格，一般应具有三至五年的审计经验；实习生和助理审计人员主要是在经理和高级审计人员的监督下，完成所承担的任务，一般也要有一定的工作经验。各层次人员的比例一般是，一名合伙人配备 2 名经理人员，3～4 名高级审计人员，5～6 名助理人员。

管理层次的设置应结合事务所的规模，对于大型事务所来说，设置四个层次是比较适当的，管理层次增多，信息的上下传递就会发生困难，随着传递层次的增加，信息失真的可能性就会增大，决策过程就会缺乏灵活性。对于小规模的事务所，可只设置两个管理层次，由若干个作业小组形成作业管理层。

完善的事务所内部治理结构包括：由拥有资本和资格双重所有权的所有者组成的出资人或合伙人大会或管理委员会，是事务所的最高权力和战略决策机构，行使的是所有者的控制权；由合伙人或出资人大会或管理委员会选举出来的主任会计师，是在委托代理机制的约束下，代理所有的合伙人和出资人行使事务所的经营权，他有自身的经营管理自主权，但受到合伙人或出资人管理委员会的制约。在事务所内部，要根据需要设置业务部门，如人事部门、审计业务部门、税务服务部门、业务商谈部门等，在执行合伙人或主任会计师的直接领导下开展工作。此外，还可以由合伙人或出资人、聘请的专家及资深的注册会计师组成审计质量标准执行委员会或专家委员会，对会计师事务所的业务质量进行全面的监督，并牵制事务所的所有权控制和经营权控制。

会计师事务所不同于一般企业，会计市场也不同于一般的商品市场。会计市场的竞争，说到底是人才的竞争，人才是事务所生存和发展的基础。事务所开拓市场，提供服务，赢得收益，靠的既不是资本的投入，也不是机器设备等有形资产的更新，而是靠注册会计师的专业知识、专业技能等无形的智力劳动。事务所是高智力人才组成的群体，财务资本的核心资源就是人力资本，人才是事务所的第一生产要素，人力资源是事务所之间竞争的最宝贵的资源，是事务所在竞争中生存和取胜的根本。从这种意义上讲，事务所的命运掌握在注册会计师等专业人士手中，没有广大注册会计师的不懈努力，事务所将失去生存和发展的基础。注册会计师如果不具备事务所提供服务所需要的品德、知识、技能和经验，就不可能有高质量的执业，事务所的发展也将变成一句空话。因此，对人力资源的管理就成为事务所内部治理的关键。为此，事务所必须建立和保持完善的人力资源管理系统，来保证事务所可以吸引优秀的注册会计师加盟，并且使现有的员工忠诚于事务所，保证员工在专业上能够得到不断的发展，在个人价值上能够得到不断提升。

事务所人力资源管理是根据其发展的总体目标，建立一套科学合理的人力资源开发和管理机制，有效地控制员工的招聘、使用、培训和考核，在激发全体员工的最大潜能的基础上，实现事务所效益的最大化。因为注册会计师是会计师事务所最重要的生产要素，所以事务所的人力资源管理系统必须遵循以人为本的原则。充分理解和尊重员工的价值取向，形成一套科学的人才引进、员工晋升、干部选拔、后续教育、激励与淘汰机制，同时还要有一套高效的人才培训体系，给每一个员工提供发挥特长和潜能的机会，帮助他们实现自己的理想。

二、外部环境

（一）促进证券市场规范化

培育市场化独立监管主体，建立公平、有序的市场竞争氛围，除了政府部门和行业协会的监管外，还必须发挥市场机制的作用，积极培育市场化程度高的独立监管主体，进行市场的直接监管。首先，建立信用诚信及信用评级机制。信用评级公司这种扬善抑恶的市场机制的建立，一方面，便于信誉良好的会计师事务所获得"信誉租金"，这种"信誉租金"就是对会计师事务所享有良好信用的报酬；另一方面，让负面信息、失信记录方便地在社会传播，从而使败德者在道德上付出昂贵的代价，整个社会对败德者的道德进行谴责的同时保持有限信任。关于对信用评级公司的监管，我们可以授权给政府部门，比如工商管理部门，让政府部门对信用评级业务进行监管，这样，虽然增加了部分成本，但是大大增加了信用评级公司的公正性。

其次，充分发挥新闻媒体和市场参与者的监督作用。市场化机制下自发形成的监管者更具独立性，因为它是既独立于政府部门又独立于行业协会的利益第三方，对资本市场各利益主体都能行使独立的监督权，它是政府监管和行业自律监管的再监督和必要补充，能够发挥对审计市场监管者的监管的作用。

政府要维护中介行业的外部秩序，为中介行业发展创造有利的外部环境。注册会计师作用的发挥依赖资本市场的信息传导机制的建立，这个机制包括信息需求、信息披露、信息监管等多种要素。会计师事务所需要有一个良好的外部执业环境，以便站在第三者的立场，独立、客观、公正地发表审计意见。政府要为注册会计师行业营造一个有序的、高质量审计服务需求的买方市场，促使作为买方的企业需求高质量的审计服务。要通过各种渠道宣传注册会计师行业，不要只发布行业的负面消息，也要发布行业的正面消息，使公众对注册会计师行业的职能和作用有一个正确的认识，以免过分夸大其作用、不合理地加大其责任。

（二）宏观利益协调机制

协调指导机制是联系注册会计师行业行政监管机制各个环节的链条，行政监管机制的有效运转在很大程度上有赖于协调指导机制的健全和科学管理。协调指导机制要重点处理好以下几个方面的关系：一是应处理好行政机关与行业协会的内外协调关系；二是应处理好财政部门与其他政府监管部门之间的横向协调关系；三是应处理好财政部门内部纵向协调关系。

建议新建由各部门派员参加的专门监管机构，以协调财政部和证监会的监管职能；

或者在财政部内部剥离注册会计师监管职能，合并证监会的监管职能，但仍由财政部进行管理。不管采用哪种方式，必须有专门的机构和力量负责除行政复议外的监管工作。该机构在执法能力上须高于中国注册会计师协会——必须具有政府监管部门的检查资格、配备精通行业知识和法律知识的人才，并拥有同职业组织、证券管理机构、法院和社会公众沟通的能力。

财政部门在行业监管工作中，应与稽查特派员总署和审计署密切配合，对为国有大型骨干企业承担财务审计的事务所进行严格的监督检查，同时也要特别关注为各类金融机构提供审计的事务所的工作质量。

建立政府各监管部门对注册会计师行业的监督协调机制，确立了政府监管与行业自律相结合的开放性监管模式，明确了政府监管部门与行业组织的职能分工后，接下来应明确政府部门谁来负责监管，以及如何监管的问题。第一，注册会计师行业行政管理权在各相关政府部门的分配。注册会计师行业行政管理权在各相关政府部门分配应遵循如下原则：权力的非重复配置、各权力主体之间权限清晰、权力分配给适当的行为主体、各监管主体之间相互制衡。从宏观面上看，对会计师事务所和注册会计师的管理可以分为进入管理、执业管理、退出管理。进入管理是指会计师事务所和注册会计师进入注册会计师行业从事注册会计师相关业务的管理。显然，作为进入管理权，应该分配给行业主管部门——财政部。执业管理分为执业标准管理和执业过程管理。执业标准是整个行业中应遵循的专业标准，其管理权应给予行业主管部门。执业过程管理权，则除了行业主管部门享有外，其他接受注册会计师服务的主管部门，作为注册会计师行业的派生监管部门也应享有管理权，如证监会对从事证券期货相关业务的事务所具有检查权，但具体行使执业检查、监督权时应考虑与直接监管部门的协调配合，以免造成重复检查，甚至多重检查标准等问题。退出管理，是指行政主管部门根据会计师事务所、注册会计师的违规情况，作出吊销事务所营业执照、取消注册会计师执业资格等行政措施，终止事务所或注册会计师从事注册会计师相关业务的权力，使其退出注册会计师行业的管理。退出管理权应赋予行政主管部门。第二，注册会计师行业行政管理权在各相关政府部门的协调。政府监管要以一个部门为主导其他相关部门只是互通信息、相互配合或参与间接监管。我国会计法赋予财政部门会计监管主体的地位，财政部门作为注册会计师行业监管的主体有其历史渊源。我国的注册会计师行业一直是在财政部门的领导组织下发展起来的，财政部主要履行制定会计准则、对会计师事务所和注册会计师资格认定及其违法处罚的职责。无论是从现实的需要，还是从行业的未来发展考虑，财政部门仍然是当之无愧的主导监管部门，其作为注册会计师行业的核心监管部门的地位是不可动摇的，也是其他政府部门所不能替代的。因此，要理顺政府各部门对注册会计师行业监管关系，必须以财政部为核心，建立纵横双向的协调机制和统一监管政策。建立政府各部门间的协调机制。

首先，建立政府各部门间横向协调机制。政府各部门间横向协调主要包括各监管主体，如财政部、审计署、证监会等相关部门的协调。证监会作为证券市场的直接监管者，有权对上市公司会计欺诈行为、披露虚假会计信息行为进行严厉惩处，对具有证券期货相关业务从业资格的注册会计师、会计师事务所可以进行延伸检查。但为了避免多头监管、重复检查，在对注册会计师或事务所进行检查时，应与财政部门沟通或共同组织调查组，对违规注册会计师或会计师事务所的行政处罚，如取消证券从业资格等，由财政部门来统一执行。财政部门作为注册会计师行业的主要监管部门，有责任就规范行业监管问题同有关部门进行协调，在职能交叉环节的监管问题上要力争达成共识，并联手建立注册会计师行业监管新机制，以促进行业健康有序发展。政府各部门间的协调机制至少应包括以下三个方面：其一，财政部门在行业监管工作中，对为国有大型骨干企业承担财务审计的事务所进行严格的监督检查时，应与审计署密切配合，交流信息。其二，为切实加强对具有执行证券期货相关业务资格事务所的监督管理，财政部应和证监会联合，按规定开展对这一类事务所的监督检查，并联合对违法违规注册会计师及事务所作出相应的处罚。其三，证监会、审计署等相关部门在对注册会计师行业履行间接监管职能时，应尽可能地与财政部门及注册会计师协会联手开展工作，如发现注册会计师或事务所存在违法违规行为，应由相关部门及注册会计师协会对违法违规注册会计师或事务所向财政部门提出处罚意见，按规定程序作出行政处罚决定。

其次，建立财政部门内部纵向协调机制。财政部门内部纵向协调包括财政部门内部及中央与地方财政部门之间的协调。根据职能分工，建立财政部门内部相关司局的协作机制，沟通和协调财政部内部部门之间的工作。具体来看，一是监督检查局与会计司合作，结合会计师事务所和注册会计师报备制度，督促协会建立注册会计师行业诚信档案库，报财政部门备案，跟踪全国会计师事务所和注册会计师的诚信记录，重点掌握其历年接受检查和被处罚的情况。结合实施事务所业务报备制度，建立执业质量分析检查网络系统，实现对会计师事务所的实时监控和分析评价，并据此确定检查的重点对象。二是监督检查局与法规司合作，配合修改行政处罚的有关法律法规，通过进行调查研究，总结实践经验，向条法司提供修改有关法律法规的需求及具体建议。三是监督检查局应与其他业务司合作，充分利用相关的企业会计信息，进行具体分析，并将检查结果及时提供给相关司局，以利于跟踪监控。另外一个可能更有效的管理方式是，在财政部门单设注册会计师行业行政管理机构，整合现有针对注册会计师行业的公共管理职能，下设若干职能部门和专业委员会，全面负责注册会计师行业行政管理。

为了落实好对注册会计师行业的行政监督和处罚职能，一项重要的工作是明确划分中央财政部门、专员办与地方财政部门的监督检查和行政处罚权限。财政部重点抓好全国性、重大性和引导性工作，负责组织、协调全国注册会计师行业的行政监督检查和制定行政处罚的规章、制度及政策，指导地方财政部门和专员办的工作，重点监管从事上市公司审计的会计师事务所和注册会计师。各专员办在财政部门的统一部署下，开展对会计师事务所及注册会计师的监督检查，并延伸检查相关企业。地方财政部门可根据当地的实际情况或按照全国的统一部署，开展对本行政区所辖会计师事务所和注册会计师的行政监督检查和行政处罚工作。

　　推进制度创新，为注册会计师执业营造一个良好的社会制度环境，培养社会道德意识。注册会计师职业道德建设是一个系统工程，实际上也是向社会提出了提高道德觉悟、重视道德修养、净化环境的基本要求，各行业都应提高职业道德意识，从而营造出建设会计职业道德的和谐环境。我国的会计制度正处于过渡中，一些制度已落后于时代；另一方面，会计制度改革的目标就是要与国际惯例接轨。所以，改革时应注意使会计制度适应我国国情，不宜过于精细、复杂和专业化。依据相关规定，引导公司优化股权结构，完善独立董事和职工董事制度，健全对经理人的激励和约束机制，从而在制度上保证公司股东大会、董事会、监事会和高层经理之间内部监控和制衡功能的充分发挥，防止造假和随意变更事务所以购买会计原则。应建立健全企业及其主要负责人、注册会计师及事务所的信用评级制度，实行信用等级管理和动态管理，以立法的形式对信用档案的记录与移交、管理与评级、披露与使用及评级机构与被评级单位的责任与权益作出明确的规定。

　　综上所述，我国社会主义审计制度需要创新，需要优化其运行环境。本章重点分析了如何通过建设社会主义审计文化、健全审计法制、完善审计体制、抓住审计重点、创新审计方式、强化审计队伍建设等措施创新我国社会主义审计制度等问题，如何通过从内部和外部优化社会主义审计制度的运行环境。应该说，创新我国社会主义审计制度并优化其运行环境是一项系统工程，需要我们谋求长远规划，全面、系统、完整地进行操作和实施。

参考文献

[1] 鲍秀芝，王进，杜磊 . 财务管理与审计统计分析研究 [M]. 长春：吉林科学技术出版社，2022.08.

[2] 令伟锋，任昊源，孙美娇 . 商业伦理与会计职业道德 [M]. 北京：北京理工大学出版社，2022.03.

[3] 吴娜，韩传模 . 高级财务会计 [M]. 厦门：厦门大学出版社，2022.04.

[4] 潘文富 . 金融企业会计 [M]. 北京：高等教育出版社，2022.06.

[5] 乔鹏程 . 区块链会计理论研究 [M]. 厦门：厦门大学出版社，2022.01.

[6] 崔改，姜小花，刘玉松 . 企业财务管理与内部审计研究 [M]. 北京：中国商业出版社，2022.06.

[7] 黄世忠，叶钦华，叶凡 . 财务舞弊识别与审计失败防范 [M]. 北京：中国财政经济出版社，2022.10.

[8] 王化中，强凤娇 . 会计信息化方案设计与实施基于财务软件应用 [M]. 西安：西安交通大学出版社，2022.02.

[9] 刘贤仕，许珂 . 管理会计 [M]. 北京：经济管理出版社，2022.01.

[10] 李文君 . 审计基础与实务 [M]. 北京：高等教育出版社，2022.01.

[11] 程淮中，王浩 . 财务大数据分析 [M]. 上海：立信会计出版社，2022.02.

[12] 吴娜，韩传模 . 会计学基础 [M]. 上海：立信会计出版社，2022.03.

[13] 全浙玉 . 基础会计学 [M]. 西安：西安电子科学技术大学出版社，2022.03.

[14] 胡云慧，史彬芳，王浩 . 财务会计与审计管理 [M]. 长春：吉林科学技术出版社，2021.06.

[15] 宋大龙 . 新形势下高校财务管理与审计监督 [M]. 长春：吉林人民出版社，2021.02.

[16] 阮晓菲，王宏刚，秦娇 . 财务管理模式与会计实务 [M]. 吉林人民出版社，2021.09.

[17] 解勤华，王春峰，李璇 . 财务管理与会计实践研究 [M]. 长春：吉林出版集团股份有限公司，2021.12.

[18] 朱学义，朱林，黄燕 . 财务管理学 [M]. 北京：北京理工大学出版社，2021.01.

[19] 马春静，邓露露，董旗 . 审计原理与实务 [M]. 北京：中国人民大学出版社，2021.03.

[20] 徐晓鹏 . 计算机审计 [M]. 重庆：重庆大学出版社，2021.06.

[21] 陈伟 . 智能审计 [M]. 北京：机械工业出版社，2021.06.

[22] 李峰.会计学与财务分析基础 [M].上海：上海财经大学出版社，2021.08.

[23] 胡仁昱.会计信息系统 [M].沈阳：东北财经大学出版社，2021.01.

[24] 刘欣，魏驰东，田晓霞.财务会计与审计决策 [M].沈阳：辽海出版社，2020.01.

[25] 张恩霞，刘岩，王如彩.财务会计与审计实践研究 [M].延吉：延边大学出版社，
2020.

[26] 陈媛.财务审计与会计管理研究 [M].延吉：延边大学出版社，2020.

[27] 赵娟.财务会计与资产审计管理研究 [M].吉林出版集团股份有限公司，2020.03.

[28] 颜永廷.审计基础与实务 [M].沈阳：东北财经大学出版社，2020.08.

[29] 杜兴强.儒家文化与会计审计行为 [M].厦门：厦门大学出版社，2020.08.

[30] 李端生，王玉兰.会计制度设计 [M].沈阳：东北财经大学出版社，2020.08.

[31] 郭艳蕊，李果.现代财务会计与企业管理 [M].天津：天津科学技术出版社，
2020.05.

[32] 张书玲，肖顺松，冯燕梁.现代财务管理与审计 [M].天津：天津科学技术出版社，
2020.04.

[33] 蔡维灿，林克明.审计基础与实务 [M].北京：北京理工大学出版社，2020.06.

[34] 徐卫永，凌玉，朱华银.审计学 [M].成都：电子科学技术大学出版社，2020.06.

[35] 阎德玉.会计学原理 [M].武汉：湖北科学技术出版社，2020.04.